AF224846

LA
SOCIÉTÉ FRANÇAISE

DU XVIᵉ SIÈCLE AU XXᵉ SIÈCLE

PAR

VICTOR DU BLED

~~~~~~~

4ᵉ SÉRIE

XVIIᵉ SIÈCLE

LA SOCIÉTÉ ET LES SCIENCES OCCULTES
LES COUVENTS DE FEMMES AVANT 1789. — LES LIBERTINS ET SAINT-ÉVREMOND
LA GRANDE MADEMOISELLE. — L'AMOUR PLATONIQUE AU XVIIᵉ SIÈCLE

Librairie académique PERRIN et Cᵉ
~~~~~~~

LA SOCIÉTÉ FRANÇAISE

DU XVIᵉ AU XXᵉ SIÈCLE

XVIIᵉ SIÈCLE

OUVRAGES DU MÊME AUTEUR

ACADÉMIE FRANÇAISE : PRIX MONBINNE, 1903

La Société française du XVIe au XXe siècle : XVIe et XVIIe siècles : LA SOCIÉTÉ, LES FEMMES AU XVIe SIÈCLE ; L'ACADÉMIE DE CHARLES IX ET DE HENRI III ; LE ROMAN DE L'ASTRÉE ; LA COUR DE HENRI IV ; L'HOTEL DE RAMBOUILLET ; LES AMIS DU CARDINAL DE RICHELIEU ; LA SOCIÉTÉ ET PORT-ROYAL, 1re série, 1 vol. in-12. Perrin.

La Société française du XVIe au XXe siècle : XVIIe siècle : LES PRÉDICATEURS ; LE CARDINAL DE RETZ ; LA FAMILLE DE MAZARIN ; LE SALON DE Mlle DE SCUDÉRY ; LES AMIS DE Mme DE SÉVIGNÉ ; MODES ET COSTUMES, 2e série, 1 vol. in-12. Perrin.

La Société française du XVIe au XXe siècle : XVIIe siècle : LES DIPLOMATES ; LES GRANDES DAMES DE LA FRONDE ; LA COUR, LES COURTISANS, LES FAVORIS, 3e série, 1 vol. in-12. Perrin.

Histoire de la Monarchie de Juillet, 2 vol. in-8°. Calmann-Lévy, éditeur.
> *Couronné par l'Académie française : Prix Thérouanne.*

Les Causeurs de la Révolution, 1 vol. in-12. Calmann-Lévy.
> *Couronné par l'Académie française : Prix Montyon.*

Le Prince de Ligne et ses contemporains, 1 vol. in-12. Calmann-Lévy.

Orateurs et Tribuns, 1 vol. in-12. Calmann-Lévy.

La Société française avant et après 1789, 1 vol. in-12. Calmann-Lévy.

La Comédie de société au XVIIIe siècle, 1 vol. in-12. Calmann-Lévy.

LA
SOCIÉTÉ FRANÇAISE

DU XVIᵉ SIÈCLE AU XXᵉ SIÈCLE

PAR

VICTOR DU BLED

~~~~~~~~

4ᵉ SÉRIE

XVIIᵉ SIÈCLE

LA SOCIÉTÉ ET LES SCIENCES OCCULTES
LES COUVENTS DE FEMMES AVANT 1789. — LES LIBERTINS ET SAINT-ÉVREMOND
LA GRANDE MADEMOISELLE. — L'AMOUR PLATONIQUE AU XVIIᵉ SIÈCLE

PARIS

LIBRAIRIE ACADÉMIQUE DIDIER

PERRIN ET Cⁱᵉ, LIBRAIRES-ÉDITEURS
35, quai des Grands-Augustins, 35
1904
~~~~~~~~

A MONSIEUR ALFRED MÉZIÈRES

de l'Académie Française

HOMMAGE RESPECTUEUX DE SON AMI FIDÈLE ET RECONNAISSANT

VICTOR DU BLED

PRÉFACE

C'est presque un lieu commun de dire que l'antiquité a peu connu le sentiment de la nature, et même, qu'étranger aux xviᵉ et xviiᵉ siècles, celui-ci n'a fait irruption dans le monde moral et littéraire qu'avec Diderot, Bernardin de Saint-Pierre et Jean-Jacques Rousseau. Comme si la littérature hindoue, la littérature grecque, la littérature romaine, pour ne rappeler que celles-là, ne renfermaient pas maintes pages qui protestent contre une affirmation si téméraire ; il est vrai que le sentiment de la nature, assez vif et profond chez les Romains par exemple, présente souvent un caractère religieux, qu'il est en général restreint aux bords de la mer et des lacs, aux plaines longues et douces, que parcourent de lentes rivières, que sertissent des collines modérées aux forêts peu profondes. Bien qu'ils voyagent beaucoup, les anciens ne comprennent point les merveilles du monde alpestre : ils se représentent les hautes montagnes comme le séjour du désespoir et d'une terreur sacrée, ne font presque aucun cas des lieux sauvages et romantiques ; ils eussent pleinement accepté le mot de Mme de Staël sur la Suisse : *une magnifique horreur*. Ils ignorent aussi la beauté variée des jeux de la lumière, la perspective aérienne et linéaire ; très peu possèdent l'art descriptif qui évoque le paysage absent, et groupe les phénomènes particuliers dans des vues d'ensemble (1).

A travers les poèmes et chroniques du moyen âge, on rencontre souvent une sorte d'amour ingénu de la nature qui a la grâce de sa sincérité, de même qu'il éclate dans les œuvres en pierre des moines et des seigneurs féodaux, dans le goût pittoresque avec lequel ils choisissent l'emplacement des couvents et des châteaux. Sans doute, les écrivains du xviie siècle et leurs prédécesseurs ne rendent jamais l'ivresse des champs, la calme splendeur des forêts, les poèmes de la mer et de la montagne, comme le font Chateaubriand, George Sand, Lamartine, Leconte de Lisle, Théophile Gautier, Fromentin, Pierre Loti, André Theuriet,

---

(1) Les Romains se plaisaient à établir des jardins et des parcs dans le voisinage des tombes, « afin de procurer aux âmes des défunts la facilité de mieux jouir de la belle nature ». FRIEDLAENDER, t. IV, p. 478.

René Bazin, etc.; le pinceau des premiers n'a point ce coloris, parfois flamboyant, ni leur dessin cette finesse, cette précision dans le grand et dans le petit, cette science du détail, qui nous font toucher en quelque sorte et respirer les paysages des seconds, si bien que ceux-ci semblent des symphonies de lumière et de parfums, qu'une feuille, une goutte d'eau, une motte de terre, paraissent renfermer toute l'âme palpitante de l'univers. Mais nos aïeux eurent à leur manière l'amour de la nature, et, pour n'en pas parler beaucoup, ils ne laissaient pas d'en jouir fortement, puisqu'ils passaient presque toute leur existence en province, face à face avec leurs bois, leurs montagnes et leurs rivières, qu'ils semblaient y puiser une force morale qui se répandait en sérénité, en gaieté, et n'étaient pas, comme nous, de grands inquiets.

Certes ils admiraient la nature, mais d'une manière paisible, platonique si l'on veut, sans emportement romanesque, sans cette fureur de description qui nous possède : le verbe lyrique leur manquait en général, peut-être en abuse-t-on à notre époque. Observons cependant que nombre d'écrivains d'alors exprimèrent avec bonheur leurs impressions : on a trop oublié Rabelais, Marguerite de Navarre, Ronsard, d'Urfé, Segrais, M\ me des Houlières, M\ lle de Scudéry, M\ me de Sévigné, La Fontaine. Tout le monde n'imitait pas d'Ablancourt, qui, ayant à traduire une page de Lucien où celui-ci montre des peupliers dans un paysage de la Grèce païenne, les remplaça par des clochers, parce que « cela faisait mieux ». Et si l'on voulait établir la contre-partie, énumérer ceux qui au XIXᵉ siècle ont passé à côté de la nature sans la comprendre et sans l'aimer, on n'en finirait pas. Combien d'hommes distingués ressemblent à Auber qui, pendant cinquante ans et plus, ne vit d'autre verdure que celle des Champs-Élysées, à Roqueplan, qui s'endormait devant les plus beaux sites, et envoyait son domestique visiter à sa place les curiosités des villes qu'il traversait ! Que de faux admirateurs, que d'extases niaises ou peu sincères, comme celles de cette dame à laquelle sa fille demandait naïvement : « Maman, que vous fait donc la verdure des arbres ? » On est toujours le Philistin de quelqu'un ou de quelque chose.

Forcé de choisir, je citerai une page, peu connue je crois, de Mˡˡᵉ de Scudéry ; elle décrit le paysage qui s'épanouit devant la maison des champs où Conrart, secrétaire perpétuel de l'Académie française, recevait ses amis à Athis pendant la belle saison. Rien de plus simple, de plus uni, mais cette simplicité même du style a son agrément.

« On voit une grande ceinture de montagnes éloignées qui sont couronnées des derniers rangs d'arbres d'une célèbre forêt (Sénart), et qui, sans

contraindre la vue, l'arrêtent et la bornent agréablement. Mais on ne voit ces montagnes et cette forêt
qu'après avoir vu une grande et belle rivière (la
Seine) qui, pour se montrer de meilleure grâce, fait
un grand croissant dont les cornes d'argent, s'il est
permis de parler ainsi en une description qu'on fait
en prose, se cachent dans les herbes de deux admirables prairies. Mais comme si ce n'était pas assez
que de voir cette belle et grande rivière, il y en a
encore une petite qui, n'osant, ce semble, paraître
si près de l'autre, ne présente qu'un petit ruisseau
qu'elle cache et montre à diverses fois ; car tantôt le
détour qu'il fait le dérobe aux yeux, et tantôt on le
voit briller à travers des saules et rouler dans un
petit vallon qu'on dirait être fait exprès pour des
dames modestes qui voudraient se baigner à l'ombre.
Ce beau vallon est au pied d'un coteau qui a mille
agréables inégalités : on y voit des bosquets, de
petites maisons rustiques, un village à demi caché,
des pelouses, des bruyères, un petit temple, et mille
autres choses que je ne dis pas. Mais ce qui plaît
encore infiniment, c'est que de ce côté-là, entre la
grande et la petite rivière, on voit divers grands
carrés de prairies enfermées de saules, comme si
c'étaient diverses salles destinées à faire des assemblées de bergers et de bergères pour des jeux rustiques et pour des fêtes champêtres. Ce paysage est
même si étendu du côté du parterre qu'on y voit de

tout ce que l'industrie et l'agriculture a fait trouver aux hommes pour la commodité de la vie. Et il s'y forme une nuance différente, ou par les fleurs des prairies, ou par la diversité des couleurs des terres cultivées et non cultivées, qui fait le plus bel objet du monde. De plus, ce paysage est pour ainsi dire un paysage animé, et il a aussi toute la tranquillité d'une solitude, sans être affreux comme les déserts ; car la grande rivière a des bateaux de toute sorte ; la petite a quelquefois des bergers qui s'y baignent, et toutes ces prairies sont semées de troupeaux et de pasteurs qui les gardent.

« Les arbres (du petit bois) sont si beaux, le vert en est si frais et l'ombrage si charmant, qu'il n'est presque pas possible d'être, en ce lieu-là, sans plai-sir et sans esprit. Il semble qu'on n'ose y être ma-lade ni malheureux... »

Conrart avait un colombier à Athis, et ses pi-geons, ses fauvettes entretenaient grand commerce de petits vers avec la fauvette et la pigeonne de Mlle de Scudéry. Ces versiculets ne valent pas le dialogue de Pellisson entre la *Tourterelle et le Passant*, dialogue dont la simplicité touchante rappelle certaines pièces de l'anthologie grecque :

LE PASSANT

Que fais-tu dans ce bois, plaintive tourterelle ?

LA TOURTERELLE
Je gémis, j'ai perdu ma compagne fidèle.

LE PASSANT

Ne crains-tu pas que l'oiseleur
Ne te fasse mourir comme elle ?

LA TOURTERELLE

Si ce n'est lui, ce sera ma douleur.

On leur trouva le ton le plus galant du monde. C'est qu'alors le ton galant ne consiste pas seulement à posséder esprit, jugement, savoir, à étaler grand train de maison, luxe de parure et de costumes ; on peut, avec tout cela, rester un sot et un pédant : il y faut une disposition naturelle, fortifiée par le commerce du monde et des femmes ; les docteurs en pareille matière ajoutent : par une légère inclination. Mais pour qu'une dame ait cet air là, il suffit qu'elle ait reçu en naissant une disposition favorable, fréquenté la bonne compagnie, avec le dessein de plaire en général, sans aimer rien en particulier. Et, observe Mlle de Scudéry, « ce je ne sais quoi galant, répandu en toute la personne qui le possède, soit en son esprit, en ses paroles, en ses actions ou même en ses habillements, est ce qui achève les honnêtes gens, ce qui les rend aimables et ce qui les fait aimer. En effet, il y a un biais de dire les choses qui leur donne un nouveau prix, et il est constamment vrai que ceux qui ont un tour galant dans l'esprit peuvent souvent dire ce que les autres n'oseraient seulement penser. Quant à l'air galant de la conversation, il consistait surtout à penser les choses d'une manière aisée et naturelle, à pencher plutôt vers la douceur et vers l'enjouement que vers le sérieux et le brusque, à parler facilement et en termes propres, sans affectation. » C'est aussi, quand on écrit, une sorte de politesse amoureuse qui semble si nécessaire vis-à-vis des dames, qu'un prêtre comme Fléchier ne craint pas d'en user avec Mlle de La Vigne et autres précieuses de bon aloi ; simples lieux communs de ruelle, amusements de bel esprit, livrée galante et passe-partout presque aussi utile pour se mettre en crédit dans les salons que l'est aujourd'hui le baccalauréat pour entrer dans les fonctions de l'État.

Voici une autre application de la galanterie qui consacre l'honnête homme au XVIIe siècle : on se promène avec des dames ; tout d'un coup elles se trouvent en présence d'une table élégamment servie, des musiciens préludent, le concert, le bal commencent. C'est la collation, le *cadeau*, comme on dit alors ; et la plupart du temps il vise une personne qui en devinait bien l'auteur. Rappelez-vous la sérénade imaginaire si bien contée dans le *Menteur* de Corneille, les fêtes offertes par le prince de Condé au grand Dauphin dans la forêt de Chantilly, lisez dans le *Cyrus* de Mlle de Scudéry le récit de plusieurs de ces galanteries. Comme on pense, conversations raffinées et propos tendres alternent avec la musique et doublent le plaisir de la collation. Pendant une partie de campagne, la comtesse de Brégy et d'autres précieuses demandent à leurs admirateurs des impromptus sur certains points de casuistique sentimentale qui font songer aux thèses des cours d'amour (1). Voici deux de ces questions, avec les réponses de Quinault.

Dire l'embarras où se trouve une personne quand son cœur tient un parti, et la raison un autre.

> On ne peut exprimer le trouble où l'on s'expose,
> Lorsqu'en aimant un cœur prend un parti
> Où la raison s'oppose ;

---

(1) Une erreur d'impression (p. 249) m'a fait mettre le charmant roman d'*Amitié amoureuse*, qui appartient à Mme H. L. du Nouy, au compte d'un excellent écrivain, M. Henry Bordeaux, l'auteur de : *La Voie sans retour; Le Pays natal; La Vie et l'Art*, etc.

> Souvent cette cruelle est cause
> Qu'on se repent de s'être assujetti
> Aux douces lois qu'un tendre amour impose ;
> Mais enfin, quoy qu'on se propose,
> On se repent toujours de s'être repenti.

Est-il plus doux d'aimer une personne dont le cœur est préoccupé, qu'une autre dont le cœur est insensible ?

> Il n'est point de mépris qui ne soit rigoureux ;
> Mais c'est un moindre mal de se voir amoureux
> D'une beauté pour tous inexorable,
> Que d'un objet qui brûle d'autres feux,
> La gloire est grande à vaincre une insensible aimable ;
> Et du moins en l'aimant si l'on est misérable,
> On n'a point de rival heureux.

A Paris, les principaux buts de promenade sont : la foire Saint-Germain et le Cours-la-Reine.

Pendant deux mois, chaque année, du 3 février au 3 avril, la foire Saint-Germain fait courir tout Paris, le peuple pendant le jour, les gens du bel air pendant la nuit : ils s'y rendent masqués, déguisés, dans des carrosses sans armoiries, avec des cochers et des laquais sans livrées, vêtus de gris, qu'on appelait des grisons. On y accédait par sept portes principales : chaque profession avait son quartier séparé, chaque chose sa place distincte : bijoux, dentelles, riches étoffes, tableaux, miroirs (alors réputés objets rares), animaux exotiques, baladins et farceurs, loteries, jeux de hasard, allées obscures favorables aux mystérieux entretiens, — on y trouvait représentés toutes les industries, tous les moyens de plaisir. Le terrain, qui appartenait jadis à un couvent de religieux, est devenu aujourd'hui le marché Saint-Germain.

La promenade à la mode, c'est le Cours-la-Reine, situé comme maintenant sur les bords de la Seine, entre les Tuileries et Chaillot. Paris au xviie siècle ne ressemblait guère au Paris de nos jours ; point de boulevards, une ceinture formidable, mais cependant déjà vieillie, de remparts et de fossés, des rues étroites ; les jardins du Luxembourg, du palais Cardinal ou Palais-Royal, ne sont pas publics ; point d'autres promenades que la place Royale au Marais, le jardin du Temple et les Tuileries, celles-ci un peu plus resserrées qu'en leur état actuel. Au-delà, ce sont des terres labourables et des cultures dont les plus proches formeront la place de la Concorde ; trois routes les coupent : celle du milieu deviendra l'Avenue des Champs-Élysées. Quant au Cours-la-Reine, nommé ainsi parce que Marie de Médicis l'avait établi pendant sa régence, il se composait de trois allées bordées de beaux arbres, longues de 600 toises, protégées

par des fossés et deux grands portails de fer aux
extrémités. C'était le Bois de Boulogne, le Hyde-
Park de l'époque, où se rendait la bonne compagnie, les dames en voiture, les hommes à cheval,
paradant aux portières, rivalisant de grâce et de
galanterie : on se disait les nouvelles, on se faisait les invitations. C'était comme un grand salon
en plein air ; et les carrosses marchaient au pas
ou s'arrêtaient sans cesse pour faciliter la causerie. Au retour du Cours-la-Reine, on allait faire
collation au cabaret de Renard, situé à l'extrémité
des Tuileries. Plus tard, vint l'usage de se promener au bois de Boulogne le dimanche, dans l'allée
de Longchamps.

Et voici une nouvelle grâce de cette vieille société française, la fidélité épistolaire, gage et témoin
de la fidélité du cœur. Autrefois, moins qu'aujour-
d'hui, on laissait tomber des amitiés exquises, faute
d'écrire. Moins qu'aujourd'hui on avait besoin de
répéter le mot du prince de Ligne : jouissez de la
présence réelle ! Il n'existe de véritable, de profonde amitié que là où il y a dévouement, sacrifice, communication incessante des pensées, des
esprits. Et comment prouver tout cela, quand on
est éloigné, sinon par la correspondance ? Donner
une heure de son temps à l'ami absent, c'est lui
donner une parcelle de sa vie, c'est le préférer à

soi-même pendant une heure. Les lettres sont des reflets d'âme, des consolations, des victoires de l'idéal : divines messagères du cœur, par-delà les mers, les frontières morales et matérielles, elles apportent à l'exilé la sensation balsamique de la patrie, la vision réconfortante du berceau, du foyer où l'on a grandi, des grands et des petits bonheurs du passé, de tout ce qu'on a fait, dit ou rêvé avec des êtres de sympathie. L'amitié ne se nourrit pas d'abstractions, d'entités philosophiques : les lettres attestent la reconnaissance, la personnalité, elles disent que la vie vaut la peine d'être vécue, elles protestent contre l'oubli et l'égoïsme, ces deux lèpres du sentiment qui font tomber l'âme en paralysie, et la privent du plaisir d'aimer les autres à travers eux-mêmes. Il n'y a de bonheur que celui qu'on donne ou qu'on partage. Si l'ordre est le pain quotidien, et la liberté le sel de l'humanité, l'affection en est le sourire, et il en va de celle-ci comme de la foi : celle qui n'agit point semblera toujours peu sincère. On sait la définition de la télépathie : l'apparition d'une personne absente, lointaine, à une autre ; les lettres, par leur puissance d'évocation, constituent une sorte de télépathie du cœur. Et, puisque la littérature reste l'expression de la société, quelle vogue le roman par lettres n'a-t-il pas eue autrefois, vogue non encore

épuisée, car des écrivains de grand talent, MM. de
Vogüé, Paul Hervieu, lui ont dû de brillants succès ! Enfin les lettres n'ont-elles pas fait, du moins
accru et consacré la réputation de Mmes de Sévigné, de Choiseul, du Deffand, de Mlle de Lespinasse, de Voltaire, Diderot, Galiani, Mérimée,
Doudan, et de tant d'autres qui ne songeaient
qu'à plaire ou à prouver leur tendresse en écrivant :
la renommée est venue par surcroît.

Dans les premiers volumes de cet ouvrage, j'ai
noté plusieurs déduits de l'ancienne société ; dans
les volumes qui vont suivre, *la Comédie d'amateur*, *les Cabinets de curiosités ou collections*, *la
Vie des eaux*, etc., feront l'objet de chapitres spéciaux. Les sports et jeux d'exercice tels que tournois, joutes et pas d'armes, tir à l'arc, quintaine,
lutte, chasse, paume, soule, crosse, cricket, mail,
fêtes équestres, courses, escrime, mériteraient
aussi une étude détaillée : elle a été faite par
M. Jusserand dans un livre très documenté (1). Et
il est assez piquant de constater avec lui que plusieurs jeux, très accrédités aujourd'hui, existaient

---

(1) *Les Sports et Jeux d'exercice dans l'ancienne France*,
par M. JUSSERAND, 1 vol., Plon, 1901. — Voir aussi dans
Rabelais, au chapitre de l'Éducation de Gargantua, la
fameuse énumération des jeux en usage au XVIe siècle.

déjà dans l'ancienne France, où l'étranger est allé les chercher, et nous les a rapportés démarqués, pourvus seulement de nouveaux sobriquets : ce qui les a mis à la mode. Le même phénomène ne s'est-il pas produit pour certaines légendes qui ont enrichi la littérature allemande, et que nous admirons, comme nouvelles, dans les opéras de Wagner? Même les noms de ces jeux, dont l'étranger s'attribue l'invention, n'ont pas toujours été changés, et le mot sport nous appartient aussi ; « ce n'est pas un emprunt fait à nos voisins, mais une reprise exercée sur eux ; » c'est notre ancien mot *desport, desporter.* On disait dès le XIIIe siècle :

> Pour déduire, pour desporter,
> Et pour son corps reconforter,
> Porter faisait faucons.

En France comme en Angleterre, le mot s'appliquait à tous les jeux de paroles ou d'action ; il s'employait dans le même sens au figuré : *prendre en desport, take in sport,* prendre en plaisanterie. Et le *flirt* n'est-il pas le joli *fleureter* de l'ancien langage (1)?

---

(1) Nos aïeux disaient : *Parler fleurs, conter fleurette, fleureter.*

Avec le chapitre de la Grande Mademoiselle, j'ai achevé la revue des sujets particuliers au xviie siècle, ou plutôt de ceux qui rentraient dans le plan que je me suis tracé : d'autres, en effet, ont été omis ou à peine effleurés, mais ils m'auraient entraîné trop loin, forcé d'abuser de la patience du lecteur, et il est temps d'aborder le xviiie siècle qui offre le champ d'exploration le plus varié. Du moins ai-je indiqué les sources où les curieux pourront satisfaire leur goût d'érudition. D'ailleurs, j'aurai encore l'occasion de revenir au xviie et au xvie siècles, même à l'époque médiévale, puisque, dans un livre de ce genre, un certain nombre de sujets sont en quelque sorte d'ordre général, et qu'il y a, ce me semble, plus d'avantages que d'inconvénients à les traiter d'un bloc, en une seule fois, au lieu de respecter les limites des siècles, limites artificielles et de pure convention. Certaines institutions, mœurs, habitudes sociales, se développent pendant des centaines d'années, forment un tout sans solution de continuité : les soumettre à des divisions forcément arbitraires, les présenter par fragments, ce serait leur enlever une partie de leur physionomie originale et mutiler le tableau. On dit : le siècle de Périclès, le siècle de Léon X : Périclès a dirigé moins d'un quart de siècle les destinées d'Athènes ;

Jean de Médicis n'a été pape que pendant huit ans. Le xviiie siècle commence à la mort de Louis XIV, le 1er septembre 1715, et finit le 4 mai 1789. Il faut dater finement, disait Michelet; il faut ici consulter la logique et la raison plutôt que le calendrier, reconnaître qu'il existe plusieurs manières d'obtenir l'unité historique, et que la meilleure pour un récit n'est pas toujours la bonne pour un autre.

VICTOR DU BLED.

PREMIÈRE CONFÉRENCE

LA SOCIÉTÉ ET LES SCIENCES OCCULTES

MESDAMES, MESSIEURS,

Il y avait au xviiie siècle un homme facétieux, surnommé milord Gover, parce qu'il contrefaisait en perfection les Anglais, à tel point qu'on l'avait employé
comme espion de l'armée britannique dans la guerre de
Sept ans, et que les courtisans se servaient de lui pour
mystifier les gens crédules. On imagina de le présenter
dans certaines maisons de Paris, sous le nom d'un
célèbre thaumaturge, le comte de Saint-Germain, afin
de satisfaire la curiosité des dames et des badauds
badaudant en pays de badauderie. Il se contenta d'abord
de jouer son rôle avec modération, mais, voyant qu'on
acceptait toutes ses billevesées comme des oracles, il
remonta de siècle en siècle jusqu'à Jésus-Christ, dont
il parlait familièrement, comme s'il eût été son ami :
« Je l'ai connu intimement, disait-il ; c'était le meilleur
homme du monde, mais romanesque et inconsidéré ; je
lui ai souvent prédit qu'il finirait mal. » Puis il s'éten-

dait sur les bons offices qu'il avait cherché à lui rendre par l'intermédiaire de Mme Pilate, donnait mille détails sur la sainte Vierge, sainte Élisabeth et sainte Anne. « Pour celle-ci, continuait-il, je lui ai rendu un grand service après sa mort. Sans moi, elle n'aurait jamais été canonisée. Pour son bonheur, je me suis trouvé au concile de Nicée, où je connaissais bon nombre des évêques qui le composaient ; à force de les prier, de leur répéter que c'était une excellente femme, que cela leur coûterait peu d'en faire une sainte, j'ai obtenu gain de cause. » Et, chose admirable, Gleichen affirme que cette mystification grossière valut à Saint-Germain le renom de posséder un élixir qui rajeunissait et rendait immortel : d'où le conte bouffon de la vieille femme de chambre d'une dame qui avait caché une fiole pleine de cette eau de Jouvence : la soubrette, l'ayant dénichée, en avala tant et tant, qu'à force de rajeunir elle redevint petit enfant.

Ce qui ressort de cette singulière aventure, qui s'ajoute à des milliers d'autres du même ordre, c'est l'insondable crédulité de l'homme, l'inutilité des expériences faites par autrui, la vanité des leçons de l'histoire, l'attrait inéluctable du merveilleux ; c'est la tyrannie de la mode, car il y a des modes pour l'occultisme comme pour les toilettes ; c'est le besoin de trouver du nouveau, même en rééditant les vieilles chimères, les fausses applications de l'idéal, du sentiment divin. En plein XVIIIe siècle, dans ce siècle de la philosophie et du scepticisme, Saint-Germain, Cagliostro, Mesmer, Swedenborg, les Rose-Croix comptent par milliers leurs adeptes, même dans la société la plus cultivée. Un certain Martinez Pasqualis, fondateur de l'ordre mystique des Martinézistes, contre lesquels Catherine II composa deux comédies, se permettait tout, malgré sa sévérité pour les autres, escroquait ses disciples, donnant ensuite leur argent au premier venu, disant à ceux qu'étonnait sa conduite : « J'agis comme la Providence; ne m'en demandez pas davantage (1). »

En 1728, des foules recommencent les extravagances des convulsionnaires du moyen âge, sans que les arrêts de la justice les puissent détromper; elles justifient le mot très sage d'un évêque d'autrefois : « Il me semble que les miracles devraient être faits pour guérir les maladies et non pour en donner. » On croyait à des convulsions miraculeuses sur le tombeau du diacre

---

(1) *Historiettes* de TALLEMANT DES RÉAUX. — MICHELET : *La Sorcière.* — FRANKLIN : *La Vie d'autrefois.* — BARESTE : *Nostradamus.* — SALVERTE : *Des Sciences occultes,* avec une introduction de LITTRÉ. — *Souvenirs* du Baron DE GLEICHEN. — Édouard FOURNIER : *Variétés historiques et littéraires,* I et IV. — HOUSSAYE : *Le Cardinal de Bérulle et Richelieu,* t. I. — *Mémoires* de D'AUBIGNÉ. — DE LESCURE : *Les Amours de Henri IV.* — BRANTOME, t. VII, p. 347. — E. CARO : *Étude sur la vie et la doctrine de Saint-Martin,* Hachette, 1852. — DUCLOS : *Mémoires secrets.* — MATTER : *Emmanuel de Swedenborg; Saint-Martin.* — L. RAYNAL : *Histoire du Berry,* t. IV, p. 299. — *Correspondance de Madame* (La Palatine), t. II, pp. 221, 372. — Vicomte D'AVENEL : *Richelieu et la Monarchie absolue,* II, p. 152, III, p. 390. — *Œuvres* de SEGRAIS : t. I, pp. 51, 137, 244. — DEBAY : *Sciences occultes.* — COMBES : *Mme de Sévigné historien.* — A. DESJARDINS : *Les Sentiments moraux au XVIe siècle.* — Édouard BOURCIEZ : *Les Mœurs et la littérature sous Henri II.* — *Correspondance de* GRIMM. — *Mémoires* de CASANOVA. — DE MAULDE : *Les Femmes de la Renaissance,* pp. 82 et s., 582 et s. — Jules BOIS : *Le Satanisme et la Magie.* — HUYSMANS : *Là-bas.* — Honoré DE BALZAC;

Paris. « On ne parlait, dit Voltaire, que de sourds qui avaient entendu quelques paroles, d'aveugles qui avaient entrevu, d'estropiés qui avaient marché droit quelques instants ; ces prodiges étaient attestés par d'innombrables témoins qui les avaient presque vus, parce qu'ils étaient venus dans l'espérance de les voir. » Le gouvernement ayant fait fermer et garder les portes du cimetière, un plaisant écrivit sur la porte :

> De par le roi, défense à Dieu
> De faire miracle en ce lieu,

les mêmes enthousiastes et leurs barnums allèrent opérer dans les maisons : cette folie se perpétua trente ans et plus. Comme le Bourgeois Gentilhomme faisait de la prose sans le savoir, ainsi faisaient-ils de l'hypnotisme avec ces femmes hystériques qu'ils crucifiaient, dont

---

La Recherche de l'Absolu, Seraphitus Seraphita. — *Mémoires* d'Horace DE VIELCASTEL, III, p. 16 ; IV, pp. 29, 258, 293. — *Le comte de Gabalis* ou *Entretiens sur les Sciences occultes*, par l'abbé DE VILLARS, 2 vol., 1888. — Théophile GAUTIER : *Spirite*. — VOLTAIRE : *Table générale*, aux mots *Sorcellerie*, *Magie*, *Astrologie*. — MARILLIER : *Les Hallucinations télépathiques*. — AKSAKOFF : *Animisme et Spiritisme*. — Girard DE CAUDEMBERG : *Le Monde spirituel*. — SAINTE-BEUVE : *Causeries du Lundi*, t. X. — Pierre LE BRUN : *Histoire critique des pratiques superstitieuses*, 4 vol. — PHILOSTRATE : *Apollonius de Tyane*. — DE ROCHAS : *L'Extériorisation de la Sensibilité*. — VILLEMARQUÉ : *L'Enchanteur Merlin*. — Olympe AUDOUARD : *Souvenirs*, p. 286 à 350. — *Mémoires* de DUFORT DE CHEVERNY, t. I, p. 268 et s., t. II, pp. 1 et s. — *Mémoires* de Mᵐᵉ DU HAUSSET, de la baronne D'OBERKIRCH, de la comtesse POTOCKA. — *Souvenirs* de Daniel STERN, pp. 385 et s. — Paul DE SAINT-VICTOR : *Hommes et Dieux*, pp. 277, 294. — Franz FUNCK-BRENTANO : *L'Affaire du Collier*. — DESNOIRETERRES : *La Comédie satirique au XVIIIᵉ siècle*, pp. 250 et s.

ils clouaient les mains et les pieds à coups de marteau,
piquaient le visage avec des épées (pas bien fort), et
qui ne laissaient pas de se répandre en prophéties,
dans un mélange de charlatanisme et de sincérité qui
se retrouve à toutes les époques. Ceci ne se passait pas
sans de fâcheux accidents, auxquels fait allusion un
couplet de chanson attribué à la duchesse du Maine :

> Un décrotteur à la royale,
> Du talon gauche estropié,
> Obtint par grâce spéciale
> D'être boiteux de l'autre pied.

Et cette superstition en vint au point qu'un conseiller du parlement présenta au roi, en 1736, un recueil
de prétendus prodiges accomplis et attestés par mille
témoins.

Le baron de Gleichen, dans ses spirituels *Souvenirs*,
portraiture les principaux théosophes du xviiie siècle,
et, semi-croyant, semi-moqueur, analyse quelques-unes
des folies occultistes : « ... Les convulsionnaires étaient
un objet bien digne d'attirer M. de La Condamine :
aussi se donne-t-il toutes les peines nécessaires pour
être admis à leurs mystères, fort gênés alors par la
police. Il promit le secret, et surtout de se conduire
comme un prosélyte, qui venait s'édifier chez eux et se
persuader de la vérité de leurs miracles. Mais, après
avoir vu crucifier une jeune fille fort jolie, il s'approcha
d'elle, après qu'elle fut détachée, et, comme il était
sourd, il lui dit tout haut à l'oreille : « Mademoiselle,
« vous faites ici un bien vilain métier; si c'est pour

« gagner de l'argent, je vous en fournirai un autre qui
« assurément vous donnera beaucoup plus de plaisir. »
Ce propos, qui fut entendu par toute l'assemblée, causa
un si grand scandale, que M. de La Condamine pensa
être assommé, qu'il fut chassé honteusement, et que,
malgré toutes ses sollicitations, il ne put jamais obtenir
l'entrée d'aucune des maisons où ces fanatiques se
rassemblaient. »

Gleichen parle aussi de divers procédés proposés ou
tentés pour obtenir la pierre philosophale : « ... Un
nommé Clavières, Genevois, depuis ministre des Finances pendant la Révolution, était possesseur du
manuscrit qui contenait ce secret, et il le vendit à la
loge des *Amis réunis,* dans le temps qu'il n'était qu'un
pauvre petit commis au Trésor royal. Voici à quoi ce
procédé bizarre et horrible se réduisait : il fallait avoir
un jeune homme et une jeune fille, tous deux vierges,
les unir par le mariage sous une constellation marquée.
Il fallait que leur premier enfant fût mâle, et cet enfant
devait entrer en naissant dans un récipient de verre...,
mis ensuite au feu, pour calciner ce malheureux enfant,
lequel, à ce que disait l'auteur du manuscrit, deviendrait le bienheureux Sauveur du monde. Car, après un
procédé alchimique fort étendu, ...l'enfant devait se
convertir en un trésor suffisant pour enrichir et immortaliser tout le genre humain, puisque, non seulement
il serait médecine universelle et pierre philosophale,
mais ses vertus se multiplieraient à l'infini, étant décu-
plées à chaque procédé réitéré. Tout cela était présenté
sous des formes si spécieuses, et avec des explications

si ingénieuses de diverses allégories de la Fable, et surtout des douze travaux d'Hercule, qu'on ne pouvait pas s'empêcher d'admirer l'érudition de l'auteur, en détestant sa folie et sa cruauté... » Casanova, de son côté, raconte les procédés, beaucoup plus bénins, qu'il employa pour extorquer de l'argent à ses dupes.

Cinquante ans après, un quasi thaumaturge, le Dr Mesmer (1), fait merveille avec son *magnétisme animal,* dont il propage les vertus par d'autres corps, baquets remplis d'eau, tables, baguettes d'acier qui guérissent toutes les maladies. Sa théorie ressemble assez aux anciennes rêveries de la cabale : on y renouvelle le système de l'influence des corps célestes sur la terre et les corps animés, le fluide universellement répandu étant le véhicule de cette influence, son action réciproque soumise à des lois inconnues jusqu'ici, ses effets pouvant être assimilés à ceux du flux et du reflux de la mer. Le gouvernement autrichien ayant chassé Mesmer comme un vulgaire imposteur, il se dit que, Paris étant la ville du monde où il y avait le plus de

---

(1) M. E. d'Hauterive, qui a publié un excellent travail sur *Le Merveilleux au XVIIIe siècle,* rapporte ces réflexions de Mesmer : « Les Français qui prétendent le mieux connaître leur nation, assurent qu'il lui est impossible d'accueillir une bonne raison que préalablement elle ne se soit épuisée en mauvais raisonnements. S'il en était ainsi, je dois être très incessamment écouté avec la dernière attention, car la quantité de propos insensés auxquels j'ai donné lieu est inconcevable... En France, la guérison d'une personne pauvre n'est rien : quatre cures bourgeoises ne valen pas celle d'un marquis ou d'un comte; quatre cures de marquis équivalent à peine à celle d'un duc, et quatre cures de duc ne seraient plus rien devant celle d'un prince... »

gens d'esprit et le plus de naïfs, avec beaucoup de personnes ayant un pied dans les deux camps, il avait plus de chances qu'ailleurs d'y faire fortune : des femmes, des médecins, s'engouèrent du nouveau Paracelse, les journaux prirent parti pour ou contre, quelques guérisons furent portées aux nues, on ne négligea aucun moyen de jeter de la poudre aux yeux. Les gens du monde retenaient à l'avance leur place au baquet de Mesmer, ou même, comme il y avait plusieurs baquets, ils en prenaient un tout entier, et adressaient à leurs amis des invitations dans ce genre : « Viendrez-vous ce soir avec nous ? J'ai mon baquet. » Un peu comme les gens du bel air en 1903 s'invitent à prendre le thé chez Ritz, au Palace, au Pavillon d'Armenonville. Il y eut une véritable épidémie de baquets : Mesmer vendit beaucoup de petits baquets préparés selon les rites dont il conservait le secret. Il magnétisa un arbre du boulevard, à l'extrémité de la rue de Bondy, et l'on vit force malades s'y attacher avec des cordes : on traita les chevaux par le magnétisme ; les fidèles demandaient au grand homme de magnétiser les arbres de leur jardin, des baguettes, de l'eau, des cadrans. Un certain nombre de malades se mirent en pension chez lui au prix de dix louis par mois. L'animosité maladroite de la Faculté de Médecine accrut encore la popularité du docteur : ouvriers, bourgeois, nobles, tous rivalisaient d'enthousiasme. « La maison de Mesmer, écrit Nougaret, est comme le temple de la divinité qui réunit tous les états ; on y voit des cordons bleus, des abbés, des marquis, des grisettes, des militaires, des traitants, des freluquets, des médecins, des jeunes filles, des accoucheurs, des gens d'esprit, des têtes à perruque, des moribonds, des hommes forts et vigoureux... » Chansons, pamphlets, faisaient rage pour et contre : on joua à la Comédie-Italienne les *Docteurs modernes,* vaudeville hostile au mesmérisme : les dévotes les plus ferventes du baquet montèrent une cabale pour témoigner de leur sympathie : le laquais d'une enthousiaste se trompa de pièce et siffla avec acharnement le lever de rideau.

Le docteur ayant offert de découvrir les secrets du magnétisme à un certain nombre de souscripteurs à cent louis par tête, près de trois cents disciples répondirent à son appel, déposèrent leur argent chez le notaire. Louis XVI raillait un des adeptes, La Fayette : « Que pensera Washington, dit-il, quand il saura que vous êtes devenu le premier garçon apothicaire de Mesmer ? »

Pendant qu'il se rend à la messe, un jeune homme fend la foule, se jette à ses pieds en s'écriant : « Grâce, sire ! ce damné de Mesmer m'a ensorcelé. — Messieurs, répond le roi en se retournant vers ses chapelains, il s'agit du démon, et cette affaire par conséquent vous regarde (1). »

Court de Gébelin lança un manifeste où il célébrait le magnétisme, qui l'avait guéri d'une cruelle maladie :

----

(1) Voir encore, sur Mesmer et Deslon, les *Mémoires* du général THIÉBAULT, t. I*, p. 80 à 100. Thiébault, qui est un adepte, rapporte cette singulière affirmation d'un comte d'Hannache qui, trouvant dans la Bible la révélation entière du magnétisme, pré-

il mourut quelques jours après, et des journaux annon-
cèrent l'événement en ces termes : « M. Court de Gébelin, auteur du *Monde primitif*, vient de mourir, guéri
par le magnétisme animal. »

Malheureusement, un rapport des commissaires
royaux (1784) proscrivit le mesmérisme et ralentit l'enthousiasme. Les fabricants d'épigrammes se mirent de
la partie :

> Le magnétisme est aux abois :
> La Faculté, l'Académie,
> L'ont condamné tout d'une voix
> Et l'ont couvert d'ignominie.
> Après ce jugement bien sage et bien légal,
> Si quelque esprit original
> Persiste encor dans son délire,
> Il sera permis de lui dire :
> Crois au magnétisme, animal !

Quand Mesmer quitta Paris en 1785, sa popularité
était plus qu'ébranlée : le jour de son départ, une mont-
golfière s'éleva des Tuileries. Une large bande portait
ces mots : *Le Vendangeur ;* un énorme dessin représentait une tête chargée d'un cuvier sur laquelle on
lisait, en lettres de feu : « Adieu, baquet, vendanges
sont faites ! »

Voici un rêveur, tout désintéressé, le plus charmant

---

tendait que tous les gestes des prêtres, l'imposition des mains, le
signe de la croix et la bénédiction elle-même n'étaient que des
manières de magnétiser. Le Dr Deslon, célébré longuement par
Thiébault, définissait le magnétisme : l'action de la volonté sur
la matière animée.

des illuminés, Saint-Martin, le *Philosophe inconnu*, le *Robinson de la spiritualité*, le *défenseur officieux de la Providence*; il compte parmi ses adeptes ou amis une foule de personnages distingués : la Marquise de la Croix, qui avait tant d'esprit et de crédulité, se flattait d'exorciser les possédés, racontait si aimablement ses visions, et trouvait des disciples comme Cazotte ; — le comte d'Hauterive, Boufflers, Lalande, Mme de Chabanais, la duchesse de Bourbon, Mme de Becklin, le duc de Bouillon, Mmes de Noailles, de Coislin, etc.; car les théosophes du xviiie siècle se mêlent beaucoup à la société de leur temps, cette société si vivante, si intelligente, si éprise des nouveautés dans tous les ordres. Après avoir eu leur directeur de conscience, leur bel esprit, leur abbé, leur géomètre, leur philosophe, les grandes dames veulent avoir leur théosophe. Très apprécié aussi par l'aristocratie russe, anglaise et romaine, Saint-Martin cherche partout des recrues pour ce qu'il appelle : *ses grands objets*, les sciences occultes, mais il se voyait souvent obligé de semer *là même où il n'y avait pas de terre*. Chemin faisant, il émet des réflexions piquantes sur les personnes qu'il fréquente. Par exemple, la marquise de Coislin exerçait sur lui plus d'influence qu'il ne l'aurait voulu : « Elle aurait desséché mon esprit »; sans doute cherchait-elle à le faire descendre un peu de son Empyrée mystique. Voici comment il parle des femmes qu'il a connues : « Plusieurs personnes ont été funestes à mon esprit, mais non pas de la même manière. La première voulait le faire mourir d'inanition; la seconde, qui était ma tante, voulait ne le nourrir que de vent ; la troisième, qui est W..., opérait sur lui comme un étouffoir ; la quatrième, qui est Mme de la G..., lui mettait les fers aux pieds et aux mains ; la cinquième, qui est Mme de L..., lui eût été utile si elle n'avait pas voulu le couper en deux ; la sixième, qui est Mme de Cosl..., le grattait en dessous et le déracinait ; la septième, qui est Mme de B... B..., lui mettait un cilice pointu sur tout le corps. » Le fond de la pensée est sans doute aussi exagéré que la forme en est tourmentée. Ailleurs Saint-Martin reproche aux femmes, *et aux hommes qui se laissent féminiser dans leur esprit, de nationaliser les questions de choses, de mettre plutôt à couvert leur individu que la vérité et la justice, de sacrifier l'harmonie des sentiments à l'harmonie des opinions.* C'est un spiritualiste à la quatrième puissance : il attaque l'idéologie sensualiste, prétend devenir le missionnaire du mysticisme. Par moments, il lui échappe des jugements assez fins, un peu caustiques. Ainsi, par exemple, sur le baron de Gleichen : « C'est un homme de beaucoup d'esprit.... tellement habitué à voir du faux et de l'erreur, qu'il ne cherche que cela..., il donnerait trente vérités pour un mensonge. » Gleichen était fort épris des problèmes ésotériques, et les chefs de secte ont toujours eu quelque peine à supporter ceux qui s'occupent des mêmes questions qu'eux. Et puis Gleichen était infiniment curieux, presque aussi curieux que La Condamine, et Saint-Martin, dont il a parlé joliment, pressentait peut-être que le baron ferait toucher du doigt les nuages, le vide de sa doctrine. En revanche Saint-Martin apprécie Chateaubriand « le seul homme de lettres honnête avec qui je me sois trouvé en présence depuis que j'existe ». Chateaubriand ne garda pas un aussi bon souvenir de son entrevue qu'il a rapportée d'une manière assez infidèle : « ...J'arrivais au rendez-vous à six heures ; le philosophe du ciel était déjà à son poste... M. de Saint-Martin, s'échauffant peu à peu, se mit à parler en façon d'archange ; plus il parlait, plus son langage devenait ténébreux... depuis six mortelles heures j'écoutais et je ne découvrais rien. A minuit, l'homme des visions se lève tout à coup ; je crus que l'Esprit descendait, mais M. de Saint-Martin déclara qu'il était épuisé ; il prit son chapeau et s'en alla. » A son tour, Joseph de Maistre a défini, caractérisé avec force les illuminés, leurs théories, *leur christianisme transcendantal,* mélange de platonisme, d'origénianisme et de philosophie hermétique, sur une base chrétienne : « Tout ce qu'ils disaient de vrai n'était que le catéchisme couvert de mots étranges (1). » Saint-Martin avait un orgueil naïf qu'il enduisait de procédés modestes. On trouve aussi en lui un moraliste qui, écrivant avec son cœur et ses larmes, dit des paroles d'or, celle-ci par exemple : « C'est un grand tort aux yeux des hommes que d'être un tableau sans cadre, tant ils sont habitués à voir des cadres sans tableaux. »

Il y a des questions qui se résolvent par un sourire,

---

(1) Matter, dans son étude sur Saint-Martin, parle de Cazotte dont j'ai rapporté la fameuse prophétie sur la Révolution, prophétie imaginée après coup par La Harpe. Voir mon volume : *Le Prince de Ligne et ses contemporains,* pp. 221 et suiv., in-18. Calmann-Lévy.

d'autres par un haussement d'épaules, celles-ci par un signe de croix, celles-là par un point d'interrogation. Comme Mme de Sévigné, qui demeurait entre Dieu et le diable au point de vue chrétien, comme le tombeau de Mahomet qu'une belle légende place entre ciel et terre, beaucoup de bons esprits sont, à l'égard de l'occultisme, entre le sourire et le point d'interrogation : un sourire mélancolique lorsqu'ils étudient les croyances d'autrefois; un point d'interrogation, un état d'âme incertain, lorsqu'ils suivent les recherches si curieuses de Charcot, Aksakoff, de MM. Charles Richet, Baraduc, Dumontpallier, du colonel de Rochas, et de quelques autres, non sans craindre un peu que la science elle-même ne verse quelquefois dans le mythe, comme faisaient ses interprètes sous l'ancien régime. Sans doute, grâce à ces hommes remarquables, la télépathie, l'hypnotisme, conquièrent petit à petit droit de cité, montent au rang de sciences expérimentales, émergent des brumes de l'occultisme comme le papillon sort d'une chenille; sans doute *les hypothèses sont les poteaux indicateurs que suivent les travailleurs*, l'inexplicable n'est que l'inexpliqué, et les occultistes peuvent, s'il leur plaît, invoquer les beaux vers de Baudelaire :

> Et c'est encor, Seigneur, le meilleur témoignage
> Que nous puissions donner de notre dignité,
> Que cet ardent sanglot qui roule d'âge en âge,
> Et vient mourir au bord de votre éternité !

M. Charles Richet, professeur à la Faculté de Médecinc de Paris, enregistre de très nombreux cas de télépathie ; à Milan, dans son île solitaire en face d'Hyères, il constate auprès d'Eusapia Paladino des transports d'objets sans contact, des attouchements de mains fluidiques, des phénomènes d'ectoplasie, de lévitation, le médium en transe, placé sur une balance romaine, s'allégeant de huit kilos.

D'après le Dr Dariex (*Annales des Sciences psychiques*), les faits de télépathie sont si fréquents, et quelquefois accompagnés de détails si précis, « qu'il serait tout à fait puéril, absurde même, de n'y voir qu'une hallucination purement fortuite où le hasard serait seul en jeu, et sans relations de cause à effet entre l'agent A et le percipient B ».

Le colonel de Rochas, administrateur de l'École polytechnique, poursuivait des expériences intéressantes sur ce qu'il appelle l'*extériorisation de la sensibilité, de la motricité*. En plein jour, à distance, sur un seul geste, Eusapia Paladino aurait fait monter de quinze grammes le pèse-lettres qui était devant elle, ouvert des serrures en ébauchant le geste de tordre une clef : ainsi donc la sensibilité, la force motrice, se dégageraient au loin par la suggestion (1).

Le Dr Baraduc, le plus hardi de tous, affirme qu'il

---

(1) Voici, d'après le *Gaulois*, un cas de télépathie assez curieux. C'était pendant la terrible révolte des Cipayes, aux Indes, en 1857. Dans une ville de l'intérieur, assiégée depuis des mois par les rebelles, la garnison anglaise était réduite à la dernière extrémité. Les hôpitaux regorgeaient de malades et de blessés ; les médicaments manquaient, les vivres aussi, de même que les munitions.

enregistre le mouvement des âmes avec le magnétomètre de l'abbé Fortin; mieux encore, il retient avec des plaques la lumière des âmes; il obtient ainsi les psychicones, les photographies des rêves, des émotions et des pensées. Enfin, il prétend, avec son *biomètre* ou *vibromètre*, mesurer et définir notre force vitale, fait servir ses découvertes à la guérison des maladies morales et nerveuses.

Là-dessus M. Jules Bois, mage aimable et disert, entonne un chant de triomphe : « Donc nous ne sommes pas terminés par la peau. L'homme ne se nourrit pas de pain, a-t-il été dit. En effet, l'homme se nourrit des émanations de l'esprit universel. Le voile d'Isis n'est plus un mythe pour qui a vu les psychicones, pas plus que le manteau de Tanit, la robe de Psyché. Les anges laissent transparaître sur ce verre innocent leur bouche

---

Se rendre, c'était se livrer à une mort certaine, précédée de mille tortures.

Au milieu, cette désolation sans espoir, pendant que les soldats anglais, amaigris par les privations, hâves, de vrais squelettes, se traînaient péniblement sur les remparts de la ville, ils virent tout à coup une femme — la femme d'un officier — s'élancer au milieu d'eux, parcourir leurs rangs et leur crier : « Courage! Ils arrivent, j'entends la fanfare! » Et elle leur expliqua que les troupes de secours arrivaient et qu'elle entendait en ce moment leur musique militaire jouer telle marche.

On ne fit pas attention aux paroles de cette femme; on crut qu'elle avait perdu la raison à force de souffrir. Elle disait vrai cependant. Le surlendemain, les troupes de secours entraient dans la ville après avoir dispersé les assiégeants. Elles se trouvaient à une distance de *cent kilomètres* lorsque la femme de l'officier entendit la musique et elles jouaient au même moment la marche que cette femme avait entendue par télépathie.

pure et leurs grands yeux, les animaux monstrueux de l'*Apocalypse* s'y reflètent, au milieu de cette pluie mystérieuse des âmes, de ces protoplasmes psychiques dont parle Hermès Toht. Les mythes dorment là, dans cette chimie merveilleuse ; les poètes mystiques ont dit vrai. Et c'est un savant venu de la profonde Auvergne, qui, écoutant les voix celtiques, nous a donné de l'au-delà la preuve la plus suprême qu'il ait été donné d'apporter à un enfant des hommes. »

Mais M. Jules Bois n'est pas un savant : il donne dans la théosophie, non toutefois sans quelques réserves ; il accepte la succession hermétique sous bénéfice d'inventaire ; il y a en lui du saint Thomas : tout de même le croyant l'emporte. Et comme il a de l'esprit, de la littérature, la parole élégante et nombreuse, ses conférences de la Bodinière sur l'envoûtement de haine et l'envoûtement d'amour furent très achalandées : en examinant son public mondain, je croyais, aux costumes près, reconnaître les ferventes de l'occultisme aux XVIe, XVIIe, XVIIIe siècles ; la forme a changé, la crédulité est presque aussi forte, et, aujourd'hui comme autrefois, les belles dames se sentent attirées vers le piège délicieux du mystère.

Donc, le jeune démonologue dissertait fort agréablement sur la télépathie, les philtres (1), les rites de la

---

(1) On abusait autrefois des philtres amoureux, des breuvages de bonheur ; c'était ce qu'on appelait vendre le diable en bouteilles. Cette croyance aux philtres d'amour remonte à la plus haute antiquité.

messe noire, et les différentes manières d'évoquer le diable : l'envoûtement jouait un grand rôle dans ces causeries. Avec de la cire vierge, vous façonnez une figurine ressemblant à votre ennemi, vous l'habillez de morceaux d'étoffe lui ayant appartenu ; si vous pouvez vous procurer des cheveux et des dents, le succès est bien plus assuré. Après quoi, tout en récitant des formules magiques, avec des épingles ou des aiguilles à tricoter, vous transpercez le visage, le corps de la statuette ; et votre ennemi souffre aux endroits correspondants ; vous jetez la figurine au feu, et il meurt.

Les rites de l'envoûtement d'amour ne diffèrent pas beaucoup de ceux de l'envoûtement de haine : cette fois, l'amoureux manipule la statuette de cire pour prendre possession du modèle ; il la jette au feu, non afin de tuer celui-ci, mais afin de faire dégeler et fondre son cœur. Envoûtement d'amour, envoûtement de haine, messieurs les mages, selon le mot de M. Jules Lemaître, expliquent ces prétendus phénomènes par des raisons qui ne les expliqueraient nullement, même s'ils existaient.

L'envoûtement avait ses rites, ses formules, ses attaques, ses défenses. Enguerrand de Marigny fut accusé d'avoir fait envoûter le roi et plusieurs de ses barons ; le pape Jean XXII se plaint officiellement (1317) que ses ennemis aient voulu l'envoûter ; les procès d'envoûtement sont innombrables autrefois. De notre temps, des thaumaturges ont cru sérieusement qu'ils avaient été envoûtés par des thaumaturges rivaux. Il paraît que l'envoûtement a trois facteurs : 1° la volonté de l'envoûteur ; 2° l'intervention d'esprits invoqués par les sacrilèges ou les amoureux; 3° une action physique déterminée par l'usage d'objets ayant appartenu à l'envoûté (poupées, manies, etc.).

En 1589 « furent faites, à Paris, force images de cire que les plus fanatiques tenaient sur l'autel, et les piquaient à chacune des quarante messes qu'ils faisaient dire durant les Quarante Heures en plusieurs paroisses de Paris; et à la quarantième piquaient l'image à l'endroit du cœur, disant à chaque piqûre quelque parole de magie pour essayer de faire mourir le roi. Aux processions pareillement, et pour le même effet, ils portaient certains cierges magiques qu'ils appelaient par moquerie *cierges bénits,* qu'ils faisaient éteindre au lieu où ils allaient, renversant la lumière contre-bas, disant je ne sais quelles paroles que des sorciers leur avaient apprises. » Sans doute, ce simulacre d'assassinat était vain par lui-même, mais il surexcitait les imaginations, et l'on finissait par exécuter soi-même l'œuvre que Satan tardait à accomplir.

Aux savants et aux mages, il est bon de crier : Qui vive! Tant de raisons commandent la défiance, imposent la nécessité de n'ajouter foi qu'à des faits mille fois, dix mille fois contrôlés, de répéter le vers du poète :

Montaigne eût dit : Que sais-je? et Rabelais : Peut-être.

Et l'on peut rappeler aussi aux occultistes l'argument de Jean-Jacques : « Aucune prophétie ne saurait faire autorité pour moi, parce que, pour qu'elle le fît, il faudrait trois choses dont le concours est impossible, savoir : que j'eusse été témoin de la prophétie, que je fusse témoin de l'événement, et qu'il me fût démontré que cet événement n'a pu cadrer fortuitement avec la prophétie ; car, fût-elle plus précise, plus claire, plus lumineuse qu'un axiome de géométrie, puisque la clarté d'une prédiction faite au hasard n'en rend pas l'accomplissement impossible, cet accomplissement, quand il a lieu, ne prouve rien à la rigueur, pour celui qui l'a prédit. »

Il faut d'ailleurs tenir compte à M. Jules Bois de certains aveux significatifs : « En somme, le mage le plus habile cède à l'éloquence d'un bâton solide ; c'est toujours l'histoire du merveilleux androïde d'Albert le Grand qui ne résiste pas à une correction bien appliquée... Le diable ésotérique a peu de prise sur l'homme ou la femme sains ; il ne commence à devenir dangereux que lorsque, selon les termes de l'antique grimoire, *les enfants blancs ont tué les enfants rouges,* quand la lymphe l'emporte sur le sang... » Que devient alors cette science ?

Ainsi donc, tout en faisant bonne garde autour de la citadelle du bon sens, n'oublions pas que la folie d'un siècle semble quelquefois la sagesse du siècle qui vient après.

I

L'occultisme a ses journaux, ses revues, ses littérateurs, ses salons, ses conférenciers ; des romanciers de talent, MM. Gilbert Augustin-Thierry, Huysmans, l'ont mis ou remis à la mode; comme la religion, comme la science, il a encore ses croyants, ses fanatiques, ses prêtres, ses demi-sceptiques, ses athées, ses poètes et ses charlatans. D'un côté, l'athée pur et simple, qui prend pour devise cette définition de Laurent-Jean : « Magie, sorcellerie, spiritisme : voir pour les exploiteurs l'article 405 du Code pénal, et pour les exploités l'article 489 du Code civil (de l'imbécillité)... » A l'autre pôle du monde ésotérique, les fanatiques qui, peut-être autant que les imposteurs, ont contribué à discréditer ces croyances (1).

Sorcellerie, magie, astrologie, alchimie, cabalistes, théosophes, succubes, incubes, lycanthropes, loups-garous, vampires, poudre de sympathie, convulsionnaires, envoûtements, maléfices, philtres, incantations, enchantements, spiritisme, tous ces noms désignent une même chose ou peu s'en faut, tous ces effets procèdent d'une seule cause, ces doctrines et leurs fidèles ont un point de départ commun : une maladie, un trouble de l'âme ou du corps, une curiosité exaspérée de l'imagination, une dépravation de l'amour du divin, de l'esprit de foi et de l'esprit de science. Car il y aurait de l'outre-cuidance à nier le surnaturel, à s'inscrire en faux contre les élans du mysticisme qui parfois découvrent des vérités sublimes; mais l'astrologie, la magie, sont à la

---

(1) Parlant des ondines, des salamandres, des gnomes, Henri Heine émet cette réflexion qu'on peut sans doute appliquer à d'autres esprits : « Je doutais qu'ils fussent autre chose que des produits de notre imagination; ils n'habitent pas les éléments, mais seulement le cerveau de l'homme. »

religion, à la science, ce que la mauvaise herbe est au blé, le lierre au mur, le gui aux chênes, elles renferment une poésie sombre et attrayante, mais entre les unes et les autres les bons esprits doivent établir une cloison étanche, et méditer le mot du cardinal Bessarion : « Ne me parlez pas des nouveaux miracles, vous me dégoûteriez des anciens. »

Au reste, depuis que le monde est monde, l'occultisme n'a cessé d'exister, de prospérer, de sévir : les foules ont toujours cru que quelques hommes avaient le pouvoir de faire ce que ne peut ou ne semble pouvoir faire la nature, de disposer de la vie des autres par des envoûtements, par des poupées (manies ou dayades) arrangées de certaines façons, selon certains rites et conjurations. Il y a eu des sortilèges dans l'Inde, en Chine, en Perse, en Égypte, chez les Juifs, les Grecs, les Romains, les Germains, chez les peuples civilisés et chez les sauvages. C'est l'erreur générale de l'antiquité, qui se transmet au moyen âge, au monde moderne, mais en se dépouillant de sa barbarie, à mesure que l'on monte vers la grande lumière du xixe siècle. Pères de l'Église, conciles, discutent l'envoûtement, assimilent la sorcellerie à l'hérésie : des conciles confèrent aux clercs le pouvoir d'exorciser les démons, fulminent l'anathème contre les sorciers qui jettent ceux-ci dans le corps de leurs victimes. Il y eut une jurisprudence fondée sur la magie, comme on a des lois sur le vol et l'homicide, des jurisconsultes démoniaques, un code du diable, spécifiant les cas où Satan daignait agir en personne, et ceux où il employait ses ministres. Jacques Ier, roi d'Angleterre, écrit un traité de démonologie. « Le monde, dit Voltaire, fut rempli de sorciers et d'ensorcelés, de possédants et de possédés. »

La science n'ayant, au xvi⁰ siècle, ni méthode, ni patience, les savants eux-mêmes ne se montrent guère plus sages que le public. Bacon interprète les songes, classe l'astrologie parmi les sciences officielles; de Thou admet les pronostics; Bodin écrit un traité sur la démonologie, une foule de médecins sont astrologues. Paracelse enseigne qu'il y a dans la nature des gnomes, des salamandres, des sylvains qui peuvent devenir visibles à l'homme; ce même Paracelse couchait toujours avec un sabre de bourreau dans son lit, afin de chasser les larves, les fantômes vampiriques. Corneille Agrippa déclare que l'esprit se répand dans les objets matériels par la lumière astrale, à travers les rayons des étoiles. Jusqu'au milieu du xvii⁰ siècle, la médecine astrologique joue un grand rôle. Le savant Nicolas Elluin, doyen de la Faculté de Médecine, écrit en propres termes que les maladies ont pour cause l'inopportune conjonction de deux astres, et que l'astrologie doit servir de base à tout traitement raisonné et efficace. En 1619, Jean de Lampérière dénonce les causes premières de la peste : « Ce sont, dit-il, les comètes..., le tremblement des étoiles, le mauvais esprit des planètes... » Même langage de Gui de La Brosse, de Citoye, médecin de Richelieu. En 1699, on soutient gravement devant la Faculté une thèse qui a pour titre : « Les comètes sont-elles des pronostics de maladies, de fléaux ? »

Une comète s'étant montrée directement au-dessus du

palais de Windsor, on prétendit que c'était la même que celle qui apparut la veille de la mort d'Édouard VI et de Marie Tudor. « Cela a mis la reine Élisabeth en mélancolie, écrit Castelnau, d'autant qu'elle est prise d'un catarrhe sur les dents et de maux de tête, et qu'on l'attribue à la mauvaise influence de la comète ; les esprits en sont si frappés que l'évêque de Londres en a parlé en chaire, et que d'autres ministres, pour détourner le peuple de ces fâcheuses appréhensions, ont affirmé que le feu de la comète était dirigé contre l'Espagne et contre la France. »

Nostradamus, le fameux médecin de Salon, n'attendait pas toujours qu'on vînt le consulter, il envoyait de lui-même des prophéties à Côme Ier de Médicis. « Il y a ici, conte Tallemant des Réaux, un maître des requêtes, nommé Villayer, qui affirme que son frère était fort des amis de Nostradamus, et que celui-ci lui dit un jour : « Je veux vous révéler votre fortune et celle de vos enfants, mais je veux que cela soit passé par-devant notaire, et en présence de six témoins, afin que vous ne doutiez pas de ma science. » On appela donc le notaire, et entre autres choses Nostradamus prédit à son ami qu'il serait marié deux fois, ferait couper le cou à sa première femme, aurait trois fils et plusieurs filles qui mourraient toutes avant lui, et dans des circonstances assez étranges ; et tout se passa comme il avait prophétisé. Ce Villayer avait une fille d'environ trente-deux ans, d'un naturel fort enjoué, et qui badinait sans cesse avec lui. « Tu as beau faire, disait-il, il faut que tu « passes la première. » En effet il l'enterra. »

Pour Képler, l'astrologie n'était pas seulement un métier lucratif, mais il croyait à l'action des astres sur nos penchants et nos destinées, et avait tiré l'horoscope de Wallenstein. Cet horoscope plus ou moins prophétique portait, qu'étant né le 14 septembre 1583 à quatre heures de l'après-midi, sous la conjonction de Saturne et de Jupiter, ce jeune seigneur bohémien aurait un tempérament mélancolique et bilieux, un esprit inquiet, un cœur peu tendre, qu'à une ambition démesurée il joindrait le mépris des lois humaines et divines, mais que, dans son âge mûr, l'influence heureuse de Jupiter convertirait quelques-uns de ces défauts en vertus ; qu'avide d'honneurs et de puissance, son éternelle inquiétude le pousserait à faire de grandes choses par des moyens nouveaux, qu'il aurait raison de ses envieux et laisserait un grand nom.

Alchimistes, astrologues, sorciers, tiennent le record de la vogue au xvie siècle. Comme les Pharaons ont leurs sorciers officiels, ainsi beaucoup de princes attachent des astrologues à leurs maisons ; petits et grands sont convaincus qu'il existe une solidarité étroite entre Saturne et la vie humaine, entre Jupiter et les richesses de ce monde, entre Mars et la guerre, la Lune et les songes, Vénus et l'amour : le corps humain se transforme en un véritable système sidéral. Princes et capitaines se font tirer leur horoscope, et les parents ne manquent point de demander au magicien le thème de nativité de leurs nouveau-nés. Voltaire affirme qu'on eut soin de tenir un astrologue caché près de la chambre d'Anne d'Autriche au moment de la naissance de Louis XIV. Le maréchal de Biron, Wallenstein, l'empereur Rodolphe, Mathias Corvin, de nombreux dignitaires de l'Église, n'entreprennent aucune affaire importante sans consulter les oracles. Charles-Quint ajoute foi aux amulettes. Telle prédiction détermine une prise d'armes, une action, une abstention, qui projettent des conséquences graves ; on s'adresse aux astrologues pour découvrir des conspirations. En 1589, aux États de Blois, Étienne Bernard, au nom du tiers, parla de la magie, qui, dit-il, passait pour une preuve honorable d'un génie extraordinaire. Ronsard parle, comme d'un article de foi, des démons qui, nés à l'origine des amours des femmes et des anges, vivent dans l'air ou les planètes.

> D'autres ont estimé qu'il n'y avoit planette
> Qui n'en eût dessous elle une bande sujette,
> Par qui sont les mortels ici-bas gouvernés,
> Selon l'astre du ciel sous lequel ils sont nés.
> Ceux de Saturne font l'homme mélancolique,
> Ceux de Mars bon guerrier ; ceux de Vénus lubrique ;
> Ceux de la Lune prompt ; caut les Mercuriens ;
> Ceux du Soleil aimé ; heureux les Joviens.
> L'un bon, l'autre est mauvais ; le bon nous pousse à faire
> Tout acte vertueux ; le mauvais au contraire.

Ailleurs le grand poète du xvie siècle appelle Nostradamus *le prophète choisi,* et reproche à la France de le dédaigner. Il invoque aussi les êtres surnaturels comme témoins de son cœur.

> Ailés démons, qui tenez de la terre
> Et du haut ciel justement le milieu.
> Postes divins, divins postes de Dieu...

Luther se servit de l'astrologie à l'appui de sa doctrine. Michel Servet, ayant vainement essayé de la théologie et de la médecine, professe avec succès l'astrologie transcendante. Catherine Sforza passe des heures à vérifier des formules « d'eau céleste », une cérébrine en moelle d'âne, un aimant qui doit réconcilier les ménages.

Il est vrai que messieurs les astrologues et sorciers opèrent parfois à leurs risques et périls. En 1393, on appelle de la Guyenne un certain Arnaud Guillaume, qui s'était vanté de pouvoir guérir Charles VI par un seul mot, *solo sermone* : celui-là fut assez heureux pour retourner dans son pays sain et sauf. Quatre ans après, arrivent encore de Guyenne deux moines augustins, qui se qualifiaient de magiciens. Ils font prendre au roi des perles réduites en poudre et finissent par être décapités en place de Grève. En 1403 le malheureux monarque est encore livré à deux sorciers venus de Dijon. Ils emploient divers sortilèges et, en guise d'honoraires, sont invités à monter sur un bûcher élevé place de Grève à leur intention. Le sorcier est l'anarchiste du moyen âge, et la sorcellerie abrite une foule de crimes de droit commun.

Catherine de Médicis amène d'Italie Luc Gauric, fait construire pour les Ruggieri la tour de *la Halle aux Blés,* prend ses résolutions les plus graves d'après les prétendus aspects du ciel. Pour la sûreté de sa personne, elle porte le fameux talisman dit de Médicis : c'était une peau de vélin constellée de figures bizarrement enluminées, d'invocations en plusieurs langues. Elle n'alla plus à Saint-Germain, parce qu'une sentence cabalistique lui recommandait de s'en défier ; aussi, lorsqu'étant tombée malade à Blois, après l'assassinat du duc de Guise, on lui apprit que le prêtre qui l'assistait avait nom Saint-Germain, elle s'écria : « Je suis morte! » et trépassa en effet le lendemain. Mieux encore, elle se croyait douée d'une sorte de sens divinatoire : elle avait vu en rêve l'issue tragique du tournoi où Montgomery tua Henri II, et vainement elle avait supplié son mari de n'y point prendre part. Dans ses charmants *Mémoires,* Marguerite de Navarre rapporte fort sérieusement que sa mère ne perdit jamais un de ses enfants sans avoir été avertie par une grande femme noire; elle cite aussi un cas de télépathie, c'est-à-dire d'apparition, à travers de grandes distances, d'une ou de plusieurs personnes à une autre. Lors de sa grande maladie, à Metz, en 1569, on entendit la reine-mère s'écrier comme dans un cauchemar : « Voyez-vous comme ils fuient! Mon fils a la victoire! Hé! mon Dieu! relevez mon fils! Il est par terre! Voyez, voyez, dans cette haie, le prince de Condé mort! » Les courtisans crurent qu'elle délirait. Quelle ne fut pas leur stupéfaction lorsque, la nuit suivante, un courrier vint à franc étrier annoncer la victoire de Jarnac et confirma divers points de la vision : le duc d'Anjou démonté dans une charge, mais demeurant vainqueur, Condé assassiné après la bataille. Lorsqu'on introduisit le messager dans la chambre, la reine se plaignit d'être troublée dans son sommeil pour une nouvelle qu'elle savait par avance : « Vous êtes fâcheux, dit-elle à de Losse, de m'avoir éveillée pour cela, je le savais bien; ne l'avais-je pas vu devant hier? » Alors, ajoute Marguérite, on reconnut que ce n'était pas une rêverie de la fièvre, mais un avertissement particulier que Dieu donne aux personnes illustres et rares. Elle cite d'autres exemples de télépathie (1), et répète ce vers qu'elle s'applique comme devise de sa destinée :

De mon bien ou mon mal mon esprit est oracle.

Agrippa d'Aubigné, le rude compagnon d'Henri IV, écrivain très original et vigoureux esprit, trace le portrait d'un merveilleux muet qui lui rendit des services signalés, devinait les plus secrètes pensées d'un chacun, et avait le don de prophétie :

« C'était un homme (si homme se peut dire, car les plus doctes l'ont tenu pour démon encharné), qui se montrait âgé de dix-neuf à vingt ans, sourd et muet, l'œil très horrible, la face livide, qui avait inventé un alphabet par les gestes et les doigts, par le moyen duquel il s'expliquait merveilleusement... On lui amenait quelquefois trente personnes auxquelles il contait toute leur généalogie, les métiers des bisaïeux, aïeux et grands-pères, combien de mariages chacun, combien d'enfants, et enfin toutes les monnaies pièce à pièce que chacun avait à sa bourse.

« Mais tout cela n'était rien auprès des choses à venir

---

(1) Un cas de télépathie très cité par les théosophes est celui de saint Benoît, en prière, voyant passer dans un feu céleste l'âme de l'évêque de Capoue : on envoie aussitôt un messager à Capoue; l'évêque était mort, en effet. — Louis XIII, sept jours d'avance, aurait vu en rêve la bataille de Rocroy.

et des pensées les plus occultes, desquelles il faisait rougir et pâlir chacun ; et sachent messieurs les théologiens (de qui la censure est à craindre en cet endroit) que ce furent les ministres les plus estimés en ce pays qui donnèrent connaissance de ce monstre-là à Aubigné. Étant arrivé en sa maison, il fit défense à ses enfants et domestiques, sous peine de punition, de consulter le muet sur les choses à venir, et comme le fruit défendu a un attrait irrésistible, ils ne l'enquéraient que de cela.

« ... Il faudroit une histoire à part pour vous dire comment cet homme-là montroit ce que faisoient tous les grands de la France, les propos qu'ils tenoient à l'heure qu'on l'enquéroit. On eut soin de savoir de la cour, un mois durant, les heures des promenades du roi, qui lui avoit parlé le long du jour ; et cela, confronté de cent lieues avec les réponses du muet, ne manquoit jamais. Les filles de la maison l'enquirent combien vivroit le roy et de sa mort. Il leur marqua trois ans et demi, le carrosse, la ville, la rue et trois coups de couteau dans le cœur. Il leur marqua tout ce que fait aujourd'hui le roi Louis, comme les combats maritimes de La Rochelle, son siège, son démantèlement, et les ruines du parti protestant... »

Un astrologue de Turin, dit la Palatine, avait tiré l'horoscope de la duchesse de Bourgogne, où elle trouvait tout ce qui devait lui advenir, et qu'elle mourrait à vingt-sept ans. Elle en parlait fréquemment, et un jour elle dit à son mari : « Voici le temps qui approche où je dois mourir ; vous ne pouvez pas rester sans femme à cause de votre rang et de votre dévotion ; dites-moi, je vous prie, qui épouserez-vous ? Il répondit : « J'espère que Dieu ne me punira jamais assez pour vous voir mourir ; mais si ce malheur devait m'arriver, je ne me remarierais jamais, car, dans huit jours, je vous suivrais au tombeau. » Et, en effet, le septième jour après la mort de la dauphine, il trépassa aussi.

La crédulité du public faillit jouer un méchant tour à Brioché dans une tournée qu'il faisait en Suisse avec ses *Comédiens de bois*. Il ouvrit son théâtre à Soleure, où l'on n'avait jamais vu de marionnettes. Voilà nos Suisses étonnés, émus, et, comme la sorcellerie se mêlait alors à toutes choses, flairant là-dessous quelque diablerie. On tient conseil, on délibère, on conclut que l'*impresario* est un magicien redoutable à la tête d'une troupe de diablotins. Dénoncé, jeté en prison, peut-être eût-il payé cher son habileté si un capitaine aux gardes suisses, venu à Soleure pour faire des recrues, ne l'eût reconnu, et n'eût obtenu son élargissement en expliquant à ses naïfs compatriotes le mécanisme des comédiens de bois.

Beaucoup d'astrologues, au xvie siècle, se font alchimistes, mêlent aux prophéties la recherche du grand œuvre, du secret de faire de l'or. Au xviie siècle, la pierre philosophale ne tente plus guère les savants sérieux, mais elle sert aux charlatans pour enrôler des dupes. Déageant, secrétaire du roi, dépensa 10,000 écus de la sorte. Un nommé Dubois s'était présenté à Richelieu sous les auspices du P. Joseph, et l'on s'imagina un moment que sa science remplirait les caisses de l'État. Il y eut, au Louvre, une épreuve solennelle : l'aventurier mit dans son creuset la substance merveilleuse, les balles de mousquet, et, au signal donné, le roi, chassant la cendre, découvrit un lingot d'or pur. Dubois poursuivit, demanda du temps, ne produisit rien : à la fin, Richelieu reconnut qu'il l'avait berné et le fit pendre (1637) sous une accusation supposée de magie. En général, le secret des industriels de cet acabit consistait dans la fabrication de la fausse monnaie.

Les Gallicans accusèrent le P. Cotton, jésuite, d'avoir capté la confiance de Henri IV par ses sortilèges, en particulier au moyen d'un miroir magique dans lequel il pouvait à volonté lui dévoiler l'état des cours étrangères et leurs trames secrètes.

La pierre philosophale, assez discréditée au XVIIe siècle, rencontre déjà des sceptiques au XVIe : le protestant La Noue opine qu'il n'y a que le pape qui l'ait trouvée, puisque tous les ans, rien qu'en France, il transforme et multiplie 40 livres de plomb, qui peuvent valoir 2 écus, en 40,000 livres d'or, qui valent 600,000 écus, puis les attire jusqu'à Rome (ce plomb servait à sceller les bulles que le Saint-Siège octroyait moyennant finances). Aujourd'hui, il y a un bien plus grand alchimiste : l'État, qui, avec quelques signatures, donne à un papier la valeur qu'il lui plaît, 50, 100, 500, 1,000 francs, jusqu'à concurrence de plusieurs milliards. Voilà la véritable pierre philosophale qui a pour base le crédit, cette alchimie de la richesse.

Cependant le bon sens, l'esprit, la moquerie, n'avaient pas abdiqué. « Laisse-moi l'astrologie divinatrice et l'art de Lullius, comme abus et vanité », écrit Gar-

gantua à son fils Pantagruel. Citons encore parmi les
adversaires de l'occultisme, Pétrarque, Jean et Mathieu Villani, Savonarole, Pic de La Mirandole qui
accable les astrologues sous le poids d'une réfutation
théologique et scolastique.

II

La sorcellerie (1), une des plaies morales du vieux
temps, s'imprègne d'horreur, de démence hideuse,
quand, au lieu d'examiner ses suggestions, son rôle
social, on s'avise de consulter le code pénal d'antan,
quand on constate que cette épidémie de l'esprit n'épargnait pas les hommes éclairés, puisqu'un Boguet, grand
juge de la terre de Saint-Claude, nommé conseiller au
parlement de Besançon en 1618, se vante, dans ses
Discours des sorciers, d'avoir fait brûler des centaines

---

(1) Adolphe REUSS : *La Sorcellerie au XVIe et au XVIIe siècle,*
1879. — ROSKOPF : *Histoire du diable,* 1869. — A. MAURY : *La Magie
et l'Astrologie dans l'antiquité et le moyen âge; Croyances et
Légendes de l'antiquité ; Le sommeil et les rêves.* — GŒRRES : *Mystique chrétienne,* 5 vol. — SHUBERT : *Le péché de magie dans ses
formes anciennes et modernes.* — Jules BAISSAC : *Les grands jours
de la sorcellerie,* 1890. — Edmond DUPOUY : *Le moyen âge médical.*
— Albert GIRAUD : *Fragments d'histoire de la folie.* — Paul
REGNARD : *Les maladies épidémiques de l'esprit.* — THOMAS : *Les
procès de sorcellerie.* — TURTEY : *La Sorcellerie dans le pays de
Montbéliard au XVIIIe siècle.* — Pierre STERNON : *Les Moines et les
sorcières d'Aury au XVIe siècle.* — Yve PLESSIS : *Essai d'une bio-
graphie française de la sorcellerie et de la possession démoniaque,*
Paris, Chacornac, 1900, in-8°.

de personnes pour ce prétendu forfait. De songer qu'au xvie siècle la grande majorité des habitants de la campagne et des villes croyait fermement aux lycanthropes, aux loups-garous et démoniaques, que beaucoup de pauvres hères (il y avait toujours vingt sorcières pour un sorcier), relevant en réalité des médecins, des aliénistes, comparaissaient devant de graves magistrats, que, pressés de questions, soumis à la torture, ils confessaient leurs maléfices, envoûtements, sorts jetés à leurs ennemis ou aux ennemis de leurs clients, que, dans toute l'Europe, il se trouvait des juges pour prendre au sérieux de tels aveux et baser là-dessus des sentences de mort, cette pensée n'a-t-elle pas de quoi attrister ? Et peut-être s'étonnera-t-on un peu moins si de pareilles misères ont inspiré d'âpres critiques aux esprits généreux, absolus, qui oublient que les fanatiques eux-mêmes doivent être appréciés sans parti pris, sans passion, avec tolérance, et tout ce que ce mot comporte de sereine douceur, d'élévation philosophique, de discernement généreux. Quels sentiments devaient agiter l'âme d'Érasme, de Rabelais, de Montaigne, devant cette frénésie de superstitions et cette accumulation de mythes fantastiques qui forment en quelque sorte le code de l'absurde : apparitions infernales, rites, épreuves d'initiation, conciliabules où le diable apparaît sous la forme d'un bouc ou d'un chat auquel chacun rend hommage en le baisant au derrière, trames ourdies par le malin et ses suppôts ? Consultez Boguet, grand docteur ès sciences magiques, il vous édifiera pleinement sur la baguette, la main, la poudre, la bague de sortilège, la grêle des sorciers : oui, la grêle qu'ils fabriquent au sabbat afin de gâter les fruits de la terre, en battant l'eau avec une baguette et jetant en l'air une poudre diabolique ; mais, notez ce détail, il y a des sorciers pauvres qui n'aiment pas la grêle, parce qu'ils craignent de mourir de faim ; et alors bataille avec les riches ; les dés prononcent entre les deux camps. D'ailleurs Satan ne vous prend pas en traître : dès l'abord il décline ses noms et qualités, fait renoncer Dieu, chrême et baptême, puis administre à son nouveau sujet le baptême du diable, non sans lui avoir raclé le front avec son onglé pour enlever toute trace du chrême. Le magistrat intègre n'a rien à redouter de l'un et des autres, à condition toutefois qu'il évite de se laisser toucher à mains et bras nus par le sorcier : ainsi le veut Dieu pour que sa justice suive son cours.

Ce qui se passe aux sabbats comtois, à ces sabbats ruraux où l'on va sur une *ramasse* (balai), et qui devaient être singulièrement fréquentés, puisque cette province, alors espagnole, une vraie province de diablerie, ne comptait pas moins de 3o,ooo sorciers, Boguet le dira de même avec la plus extrême précision. Contentons-nous de résumer, d'après lui, l'aventure de Rollande du Vernois, dénoncée par un sorcier et une sorcière, et enfermée dans une prison si froide qu'elle consent à tout révéler si on la laisse se chauffer.

« On lui demanda ce qui se faisait au sabbat, mais elle demeura muette sur ce point, sans pouvoir répondre autre chose, sinon qu'elle était empêchée de dire la vérité par le malin esprit qui la possédait et lequel elle sentait comme un gros morceau dans l'estomac, montrant avec la main le lieu où le mal la tenait. Elle tomba encore à terre et commença à japper comme un chien contre le juge, roulant les yeux dans la tête avec un regard affreux et épouvantable, d'où l'on conjectura qu'elle était possédée. Ce qui fut mieux reconnu par deux prêtres que l'on fit venir vers elle, auxquels elle déclara avec grand'peine qu'il y avait environ demi-an qu'elle n'avait été au sabbat; qu'elle y avait été menée un jeudi soir par Gros-Jacques; que le diable y était sous la forme d'un gros chat noir; que tous ceux qui étaient au sabbat allaient baiser ce gros chat noir au derrière. Sur ce, le malin esprit la tourmenta plus fort qu'auparavant; il ne la laissa que le matin. Alors elle confessa, qu'étant au sabbat, elle s'était baillée au diable; qu'elle avait au préalable renoncé Dieu, chrême et baptême; que Satan l'avait connue charnellement par deux fois à Croya. Elle n'eut pas plus tôt fait cette réponse, que le malin esprit renouvela ses assauts et lui ferma la bouche. Le lendemain elle confessa de nouveau qu'elle avait assisté avec ceux qui avaient fait la grêle au sabbat, mais qu'elle ne s'était aidée à en faire; que Gros-Jacques lui avait baillé les démons dont elle était possédée, et que ces démons étaient dans une pomme qu'il lui fit manger... Le prêtre donc s'étant préparé, donna au préalable à la possédée la Vierge Marie pour avocate, lui mit l'étole au cou, et puis passa aux exorcismes. Il conjure en premier lieu le démon de lui dire son nom. Le démon se montre alors difficile à répondre; toutefois, comme il fut pressé, il dit qu'il s'appelait *Chat...* C'est alors que le combat commença grand entre le prêtre et Satan. Le prêtre s'aidait de prières et de conjurations ; le diable se défendait avec blasphèmes et moqueries. C'était chose étrange comme ce malheureux se servait du corps et des membres de la possédée ; car, tantôt elle regardait le prêtre de travers et d'un œil courroucé, tantôt elle hochait la tête, lui faisait la grimace, et lui tordait la bouche en se moquant de lui... Quand on aspergeait la possédée d'eau bénite, elle faisait tout son possible pour n'en pas recevoir une goutte, tantôt à l'aide de ses mains, tantôt en penchant son visage contre terre. Quand on voulait lui en faire boire, il fallait que deux ou trois hommes s'employassent pour lui ouvrir la bouche, et dès qu'elle en avait avalé une goutte, le démon jappait comme un chien, criant : « Tu me brûles ! « tu me brûles !... » Le prêtre, le voyant si opiniâtre, fait allumer un feu dans lequel il jette du soufre et d'autres parfums, puis écrit le nom du démon sur un billet qu'il brûle à l'instant. Le démon alors hurle et jappe furieusement, si bien que les cheveux nous hérissaient sur la tête en l'entendant, et en voyant d'un autre côté la Rollande tellement exténuée du travail, qu'à peine pouvait-elle respirer. Et comme la nuit approchait, on se retira. Cependant le démon sortit trois heures plus tard sous la même forme (celle d'une limace noire) et de la même manière que le premier. »

Et, lugubre épilogue de l'histoire, une fois délivrée comme possédée, Rollande fut poursuivie comme sorcière, mise à la torture, condamnée ; elle fit appel à la cour qui, confirmant le premier jugement, ordonna qu'elle fût conduite sur le *tertre,* attachée à un poteau et brûlée : ce qu'on exécuta le 7 septembre 1600.

Encore un exemple de la crédulité meurtrière de Boguet. Notez qu'il eut des émules. Il raconte que, dans les montagnes d'Auvergne, un chasseur ayant blessé de nuit une louve, celle-ci s'enfuit en boitant, qu'il vint au château voisin demander l'hospitalité, et, tirant de sa gibecière la patte qu'il venait de couper à la louve, trouva celle-ci changée en main, et à l'un des doigts un anneau que le gentilhomme reconnut pour être celui de sa femme. Il se rend auprès d'elle : son bras n'avait plus de main, et force fut à la dame de confesser que, sous forme de louve, elle avait attaqué le chasseur et s'était sauvée ensuite, laissant une patte sur le terrain (1).

Tous les juges ne ressemblaient pas à Boguet, et, par exemple, Molitor tenait pour axiome qu'on ne

---

(1) On est tenté de regretter qu'un despote éclairé, le bon despote de Renan, n'ait pas appliqué à de semblables magistrats le traitement que Tibère réservait aux méchants devins.

Tibère n'admettait ni l'astrologie judiciaire, ni les prophéties, et, si l'on en croit Tacite, il n'avait pas de plus grand plaisir que de jeter au gouffre les soi-disant devins, lorsque ceux-ci ne lui disaient pas la vérité. Un de ses amis lui ayant parlé d'un certain Thrasyle qu'on disait aussi habile que modeste, Tibère le mande et le questionne sur sa destinée. « Tu seras empereur, répond Thrasyle. — Mais qui te l'a appris ? — L'astrologie. — Alors, puisque tu es si savant, dis-moi si tu dois bientôt mourir. » L'astrologue se met à l'œuvre, calcule, soudain il chancelle et pâlit : « Qu'as-tu donc ? — Seigneur, ma vie est menacée, et vous avez l'intention de me faire périr. » Tibère, étonné, l'embrasse, et, devenu empereur, le garde comme ami et confident.

pouvait prendre au sérieux les aveux des sorcières, puisqu'en elles celui qui parlait, c'était justement le père du mensonge.

Ne l'oublions jamais, Jeanne d'Arc est brûlée comme sorcière ; la justice frappe barbarement, questionne, torture dans toutes nos provinces et à l'étranger : des foules de malheureux meurent victimes de cette folie objective et subjective, folie de se croire sorciers, folie d'être crus sorciers par leurs juges, folie qui les entraîne souvent à des actes vraiment coupables, de même que, derrière beaucoup de procès, s'embusquent des arrière-pensées de lucre, de confiscation, des cupidités d'héritiers trop pressés. En 1609, de nombreux sorciers sont condamnés dans le ressort du seul parlement de Bordeaux, et la plupart brûlés. Nicolas Remi, dans sa *Démonolâtrie*, rapporte neuf cents arrêts rendus en quinze ans contre des sorciers en Lorraine. Rien de plus commun que d'éprouver ceux-ci en les plongeant dans l'eau, liés de cordes : s'ils surnageaient, ils étaient convaincus. On distinguait parmi les auteurs une classe de démonographes, savants, magistrats, prêtres : il y avait des règles pour distinguer les vrais magiciens, les vrais possédés d'avec les faux.

A la fin du xvi⁰ siècle, Bérulle publie son curieux traité des *Énergumènes*, voit dans la possession la contrefaçon du mystère de l'Incarnation par le diable, qu'il appelle le *Singe de Dieu*. « La providence de Dieu, ajoute-t-il, coule incessamment par la permission du mal et par l'opération du bien ; et il y a toujours entre les deux une mystérieuse proportion. »

Avec le xviie siècle se lève en France une aurore de bon sens ; alors s'opère une métamorphose, sinon dans les esprits, du moins dans la législation et la jurisprudence. Ce qui était la règle devient l'exception, et si l'occultisme exerce toujours d'énormes ravages dans les âmes populaires, même dans le monde élégant, beaucoup échappent à cette hantise, n'hésitent point à condamner ces aberrations, applaudissent ces vers de Pellisson :

> Trois fois trente-trois journées
> Achèveront mes années,
> Disait, en bien supputant,
> Un astrologue important.
> Chacun commença d'attendre :
> Mais voyant venir les cent,
> Sans que la mort le vint prendre,
> De dépit il s'alla pendre.
> Il a deviné pourtant.

Mais qu'elles sont encore vivaces, ces superstitions ! Combien lent le progrès de la raison ! Que d'exemples douloureux de l'injustice de la justice ! Ici encore citons quelques exemples (1).

Une des faiblesses du P. Mascaron était d'avoir subi le préjugé de l'astrologie dont se moque Bossuet : pour expliquer les héros de ses oraisons funèbres, souvent il fait intervenir la conjonction des astres, leur influence maligne ou leurs regards propices. De même,

---

(1) Voir dans la *Revue de Paris* du 15 Février 1902 une très intéressante étude de M. Louis Batiffol sur le *Magicien Jean Michel brûlé vif en 1623.*

Charles II s'enfermait des heures entières avec Buckingham pour faire souffler ou pour lire dans les astres. On lui envoya un théatin, l'abbé Pregnani, bon chimiste et fort réputé comme astrologue, « ce qui lui avait donné un grand renom dans Paris, observe Lionne, et particulièrement auprès des dames ». Mais l'abbé débuta piteusement : aux courses de New-Market, où le roi l'avait emmené, il s'avisa de tirer l'horoscope des chevaux qui devaient disputer le prix, et il perdit beaucoup d'argent en pariant sur la foi de ses propres prédictions.

L'abbé Arnauld raconte, dans ses *Mémoires,* qu'avant d'entrer dans les ordres, il se trouvait en garnison à Verdun en 1638, et qu'il y avait parmi les ennemis un très hardi partisan, un Croate, qui incommodait fort les Français. « Le bruit était qu'il était *charmé ;* et nous nous en moquions. Cependant, ayant été un jour arrêté par un de nos partis, il vérifia bien ce qu'on en disait : car, comme on ne faisait point de quartier à ces sortes de gens, que l'on considérait plutôt comme voleurs que comme soldats, on lui donna plusieurs coups d'épée, on lui tira des coups de mousquet à bout portant, sans jamais pouvoir le blesser. Et nos soldats furent contraints, pour s'en défaire, de l'assommer à coups de mousquet. » Pourquoi ne s'était-il pas *charmé* contre les coups de crosse ? Il paraît qu'on ne pense pas à tout dans la magie.

Un certain Patris, ami de Segrais, fort incrédule, vit une chaise fort pesante quitter sa place en venant vers lui, comme soutenue en l'air. Il l'interpella : « Monsieur le diable, les intérêts de Dieu à part, je suis bien votre serviteur, mais je vous prie de ne me pas faire peur davantage. » — La chaise alors retourna à la même place d'où elle était venue. — Cela fit une forte impression sur l'esprit de M. Patris et ne contribua pas peu à le rendre dévot — du moins le dit-il à Segrais qui le croit sincère et incapable d'imposture.

En 1660, une municipalité du Languedoc décide, après mûre délibération, d'appeler le « connaisseur des sorciers » qui réside dans la ville voisine, afin qu'il visite les sorciers enfermés dans la maison communale.

En 1680, Bernouilli, célèbre mathématicien, répondant au sujet d'une comète, observe que sa chevelure ne saurait être un signe de la colère divine, *parce que cette chevelure est éternelle, mais que la queue pourrait bien en être un.*

Charles II d'Espagne, ce fantôme de roi, s'étant mis en tête que la comtesse de Soissons lui avait jeté un sort pour l'empêcher d'avoir des enfants, la camarilla autrichienne exploite cette vision, un complot se noue pour obtenir la répudiation de la reine, qu'on eût accusée d'ensorcellement. Notre ambassadeur, le comte de Rebenac, qui démasqua à temps les jongleurs, raconte à Louis XIV cette triste comédie du *Possédé imaginaire* couronné : « Un certain moine dominicain, amy du confesseur du roi, eut une révélation que le roy et la reyne estaient charmés. Il estait question de lever le charme, pourvu qu'il eust été jeté depuis le mariage; s'il l'avait été avant, il n'y avait point de remède tant qu'il durerait. La cérémonie estait horrible, car, Sire, le roy et la reyne devaient être déshabillés tout nuds. Le moyne, revêtu d'habits d'église, devait faire des exorcismes, mais d'une manière infâme... Tout cela s'était passé fort secrètement, je n'en avais nulle connaissance, lorsque je reçus un billet non signé, par lequel on m'avertissait que si la reyne avait la complaisance de consentir à ce que ce moine proposait... qu'elle serait perdue, et que c'estait un piège que le comte d'Oropesa lui tendait. Le dessein estait d'en conclure que la reyne estait charmée avant son mariage, que par conséquent il devenait nul... » Il a fallu supprimer quelques mots trop crus ; comme dit Paul de Saint-Victor, « la diplomatie de ce temps-là a l'audace de la casuistique ; elle consulte, au besoin, le *De Matrimonio* de Sanchez ».

Plus tard, la camarilla fait encore appel aux magiciens et aux exorcistes : « Le Diable fut évoqué et interrogé devant le roi ; il affirma que sa maladie était produite par un sortilège : une drogue, composée avec un cerveau humain et administrée dans du chocolat, avait desséché ses nerfs et vicié son sang. Pour guérir du fluide infernal, il devait avaler chaque jour une tasse d'huile consacrée. L'Inquisition intervint et arrêta les sorciers... mais Charles II ne se remit jamais de ce cauchemar. Comme Oreste aux Furies, il appartint dès lors aux Démons... »

En 1611, le parlement d'Aix condamne l'abbé Gaufridi, curé de l'église collégiale des Acoules de Marseille, à être brûlé vif, comme coupable de magie, de sorcellerie, d'impiété et de débauche abominables : il avait séduit plusieurs religieuses d'un couvent d'Ursulines en leur faisant croire qu'une légion de diables s'était emparée ou allait s'emparer de leur monastère; l'une d'elles se prétendit possédée par le démon Asmodée.

Même châtiment frappe Urbain Grandier, curé de Loudun, pour crime imaginaire de magie, et crime réel de séduction, celle-ci s'appuyant sur celle-là. Le diable, interrogé sur l'auteur des maléfices, avait répondu par la bouche des Ursulines exorcisées que c'était Urbain Grandier, et que le sortilège avait eu pour instrument une branche de rosier fleuri, de telle sorte que celles qui avaient respiré ces roses s'étaient trouvées ensorcelées. Le 8 juillet 1634, une commission extraordinaire de quatorze magistrats le déclara « atteint et convaincu du crime de magie, maléfice et possession, arrivés par son fait ès personnes d'aucunes religieuses Ursulines et autres séculières, et condamné à faire amende honorable, nu-tête, et être son corps brûlé vif avec les pactes et caractères magiques restés au greffe... » On le tortura atrocement pour l'obliger à dénoncer des complices : il protesta qu'il n'en avait point, qu'il n'était nullement magicien et n'avait commis d'autre crime que ceux de *fragilité humaine.*

D'après Ménage, c'est un homme du monde, Cérisante, qui découvrit le premier qu'il y avait de la fourberie dans cette affaire. Il était allé à Loudun avec Mlles de Combalet et de Rambouillet, qui depuis épousèrent le duc d'Aiguillon et le marquis de Montausier; on leur fit voir une religieuse que quatre hommes ne pouvaient lever de terre. C'est qu'elle s'asseyait à terre d'une telle sorte qu'en la prenant par le milieu du corps, on ne pouvait venir à bout de la mettre sur ses jambes. Cérisante lui seul la prit par la tête et la leva très facilement; cela fit que Mme d'Aiguillon se détrompa et arriva à détromper son oncle le cardinal de Richelieu. Segrais raconte, en se moquant aussi, l'histoire d'un certain abbé Brigalier, aumônier de la Grande Mademoiselle, qui émerveillait des naïfs en ressuscitant des moineaux morts, et en changeant un poulet en coq d'Inde. Le bruit en courut à la cour, et la reine, fort crédule elle-même, dit à Mademoiselle avec un grand sérieux : « Savez-vous bien, Mademoiselle, que vous ne devriez point garder cet aumônier que vous avez, qui change des poulets en coqs d'Inde? » Quatre ou cinq jours après, l'abbé de Cambray, autre aumônier de Mademoiselle, étant entré dans la chambre de la reine avec celle-ci, Sa Majesté lui demanda si c'était l'aumônier au coq d'Inde. Mademoiselle répondit que ce n'était pas lui, mais un autre de ses aumôniers, qui venait d'entrer en quartier.

En 1652, on brûle à Genève Michelle Chaudron en lui persuadant qu'elle était sorcière. Michelle ayant rencontré le diable en sortant de la ville, il lui donna un baiser, reçut son hommage et imprima sur son corps son sceau, petit seing qui rend la peau insensible, d'après les jurisconsultes démonologues... Puis il lui ordonna d'ensorceler deux filles, et elle obéit; les parents de celles-ci l'ayant accusée de diablerie, des médecins cherchèrent sur Michelle les marques sataniques, y enfoncèrent une longue aiguille : elle cria, saigna, on lui donna la question, et alors elle confessa tout ce qu'on voulut; et, comme les mœurs commençaient à s'adoucir, l'arrêt porta qu'elle ne serait brûlée qu'après qu'on l'aurait pendue et étranglée.

En 1658, une religieuse d'Auxonne, Barbe Buvée, est accusée de magie, d'actes criminels, par quatre exorcistes et trente de ses compagnes. Le 13 novembre 1660, on la met au secret, les fers aux pieds et aux mains; elle allait être sacrifiée, comme tant d'autres, au Moloch de la sorcellerie, lorsque ses parents saisirent le parlement de Bourgogne. Enlevée à ses persécuteurs, elle fut transférée à Dijon, et, par arrêt du 4 août 1662, pleinement reconnue innocente.

Au XVIIIe siècle, trois procès de sorcellerie, 1749, 1775, 1782, aboutissent encore au supplice des prévenus; mais ils n'ont pas lieu en France, c'est en Autriche, en Bavière, en Suisse. On cite plusieurs exemples d'autodafés de sorciers au XVIIIe siècle, dans les colonies d'Amérique.

Donc, à partir de 1672, les sorciers ne sont plus poursuivis comme tels, si leur affaire ne se complique d'escroqueries, de profanations, d'empoisonnements; ce qui avait lieu souvent, comme il apparut dans l'affaire de la Voisin, le fameux drame des Poisons de 1679, où l'on vit grands seigneurs, grandes dames, prêtres, généraux, entrer en prison pêle-mêle avec les prévenus du commun (1). Trente-six accusés périrent

____

(1) Franz FUNCK-BRENTANO : *Le Drame des Poisons*, 1 vol.; RAVAISSON : *Archives de la Bastille.* — Voir aussi la conférence sur *La famille de Mazarin* dans mon volume : *La Société française du XVIe au XXe siècle*, 2e série, in-18, Perrin.

par la corde, le fer et le feu, après avoir subi la question ordinaire et extraordinaire; beaucoup furent condamnés à la prison perpétuelle, aux galères, à l'exil.

La maréchale de La Ferté, une de ces célèbres dévergondées qui prenaient leurs favoris sans attachement, les gardaient par convenance et les quittaient sans regret, figura un instant parmi les inculpés, mais elle prouva un alibi. Elle a eu dans cette affaire, écrit Mme de Sévigné, un plaisir qu'elle n'a pas d'ordinaire, c'est d'entendre dire qu'elle est innocente.

Quant à la Voisin, toute brisée qu'elle était par la torture, elle montra jusqu'au bout un cynisme d'impiété et un courage singuliers, narguant les juges, le bourreau, Dieu, refusant de se confesser, chantant en dérision l'*Ave maris stella*, le *Salve*, repoussant avec violence le crucifix même lorsqu'elle était sur le tombereau qui la conduisit au bûcher.

« Le 21 février 1680, à cinq heures, on la lia, et, avec une torche à la main, elle parut dans le tombereau, habillée de blanc : c'est une sorte d'habit pour être brûlée. Elle était fort rouge, et l'on voyait qu'elle repoussait le confesseur et le crucifix avec violence. Nous la vîmes passer, à l'hôtel de Sully, Mme de Chaulnes, Mme de Sully, la comtesse de Fiesque, et bien d'autres. A Notre-Dame, elle ne voulut jamais prononcer l'amende honorable, et à la Grève, elle se défendit autant qu'elle put de sortir du tombereau. On l'en tira de force, on la mit sur le bûcher, assise et liée avec du fer; on la couvrit de paille, qu'elle repoussa cinq ou six fois; mais enfin le feu augmenta, et on la perdit de vue, et ses cendres sont en l'air présentement. »

III

La chiromancie (1) est un des rameaux de l'arbre occultiste, un arbre dont on peut comparer les fruits à ceux du mancenillier; du moins cette branche-là semble-t-elle plus inoffensive que les autres. D'ailleurs la plupart des professionnels de la chiromancie, les convaincus du moins, acceptent en bloc les dogmes ésotériques, et les arguments favorables ou défavorables aux uns servent pour ou contre les autres. Aussi bien la chiromancie, depuis soixante ans environ, devient,

---

(1) Sur la chiromancie, la graphologie, la physiognomonie, on peut consulter Desbarolles : *Les Mystères de la main.* — D'Arpentigny : *La Science de la main.* — Élie-Moïse Galeno : *Traité de chiromancie,* Vilna, 1869.

Eugène Ledos : *Traité de la physionomie humaine.* — Richard Foerster : *Die Physiognomik der Griechen,* Kiel, 1884. — Piderit : *La Mimique et la Physiognomonie,* traduit de l'allemand par Girot, 1888. — Sophus Schack : *Physiognomische Studien,* Iéna, 1881. — J.-H. Michon : *Système de graphologie.* — Arsène Aruss : *Graphologie simplifiée,* Paris, 1891. — Alcide Couilliaux : *Études sur la graphologie,* 1890. — Crépieux-Jamin : *L'écriture et le caractère; Traité pratique de graphologie; La graphologie en exemples.* — Louis Deschamps : *La philosophie de l'écriture.* — Dubois : *Notions élémentaire de graphologie.* — Albert de Rougemont : *Causerie sur la graphologie.* — Ruys : *Traité de graphologie,* 1899. — Suire : *Dictionnaire de graphologie,* 1892. — Varinard : *Cours de graphologie en sept leçons.* — Alfred Giraud : *Petit dictionnaire de graphologie.* — Hans Busse : *Bismarcks charakter. Eine graphologische studie,* Leipzig, 1898, etc...

dans quelque mesure, un jeu de société, un moyen de conversation, de flirt, et mérite, à ce titre, de figurer dans une histoire de la société polie. Qui n'a assisté à des soirées dans lesquelles on offrait comme *clou* Mmes de Thèbes ou Fraya? La maîtresse de maison leur réserve un petit salon, les amateurs ne manquent pas, et, de dix heures à une heure, une vingtaine passent au confessionnal. En général la chiromancienne n'y va pas de main morte, elle dit tout ou presque tout, ce qui à mon sens est une faute grave. La chiromancie mondaine doit demeurer une chiromancie aimable, une chiromancie à l'eau de rose, l'art de dire la bonne et non la mauvaise aventure. Que de gens affectent le plus parfait dédain à l'égard de ces hypothèses prophétiques, et se retirent très impressionnés des pronostics fâcheux qu'ils ont eux-mêmes provoqués! Mais les professionnels de la chiromancie tiennent avant tout à frapper fort, à tirer des coups de pistolet au nez de leurs clients, quitte à les blesser.

Lorsque, d'après le conseil de son protecteur Pantagruel, Panurge alla demander s'il devait ou non prendre femme à Herr Trippa, lequel, au dire de Rabelais, voyait toutes choses éthérées et terrestres sans besicles, discourait de tous cas passés et présents, prédisait tout l'avenir, mais, semblable à l'astrologue de la fable, ne se doutait point de ce qui se passait dans sa propre demeure, — ce singulier savant fit grand étalage de ses connaissances, et proposa à son client de lui tirer son horoscope de vingt façons différentes : le feu, l'air, l'eau, un miroir, un crible, des tenailles, la farine d'orge, le jeu d'osselets, le visage, les cartes, la sternomancie, la libanomancie, la ventriloquie, les charbons ardents, l'huile, la botanomancie, l'astrologie, l'ichtyomancie, les vers des sibylles, les aruspices, le vol des oiseaux, la nécromancie, etc. Et, pour terminer cette kyrielle de noms plus ou moins hétéroclites, la chiromancie et la métopomancie, qui sont l'art de la divination par les lignes de la main et du front. — « Va, s'exclama Panurge, fol enragé, au diable ! A tous les diables soit le sorcier, l'enchanteur de l'Antechrist ! Vrai Dieu, comme il m'a parfumé de fascherie et diablerie, de charme et de sorcellerie ! Je ne ferai bonne chère de deux, non, de quatre jours ! »

Ceci prouve que la chiromancie ne date pas d'hier, et qu'au moyen âge on la pratiquait moult bien, qu'elle entrait dans le bagage de ces prétendus sorciers dont on faisait jadis de si beaux autodafés, et dont les gens sages se contentent de sourire aujourd'hui. Alors florissaient zingaras, bohémiennes, tireuses de cartes, sibylles, sorciers et autres personnes qui se prétendaient employées chez la Providence ou tout au moins chez Belzébuth. Et si, pour rendre une croyance respectable, il suffisait d'invoquer son ancienneté, on pourrait rappeler avec Desbarolles lui-même que la chiromancie nous vient des Grecs, qui l'avaient empruntée aux Égyptiens, ceux-ci aux Asiatiques, aux prêtres chaldéens.

Science ou non, la chiromancie se perd dans la nuit des temps ; mais il faut rendre cette justice à Desbarolles, qu'il lui a donné des allures régulières, qu'il a codifié ses règlements épars, et cherché à les accommoder avec les idées modernes. Il en est pour ainsi dire le·Malherbe, le Victor Cousin, et son livre justifie un peu l'intérêt qui s'attachera désormais à cette tentative. Imitateurs, pasticheurs, plagiaires, rivaux, disciples, rien n'a manqué à sa gloire ou à sa gloriole : ceux qui ont écrit après lui ne font en général que rééditer sous une forme plus ou moins aimable ses idées, ce sont de médiocres copies d'un bon original.

Rien en lui du thaumaturge, de l'hiérophante qui aimerait mieux mourir que de rompre d'une ligne. Représentez-vous un vieillard doux, fin, à la parole élégante et facile, avec des yeux observateurs qui semblaient fouiller au fond de la conscience : les chiromanciens regardent autant la figure que la main, ils font appel à la graphologie, à la physiognomonie, et une sorcière trop célèbre, la Voisin, refusait de tirer leur horoscope aux personnes qui se présentaient avec un masque, par cette raison qu'elle ne se connaissait point aux physionomies de velours. Et c'est pourquoi ils se gardent bien de dire la bonne aventure aux clients qui ne veulent montrer que leurs mains, et cachent leur visage ; d'ailleurs ils proclament que l'ensemble du corps, aussi bien que les lignes, révèle, les aptitudes et les tendances de chaque personne : un tel est influencé par Jupiter, celui-ci par Vénus, celui-là par Mars, d'aucuns par plusieurs astres à la fois ; le corps entier serait donc, en chiromancie, un macrocosme, et la main un microcosme ; la main est le résumé de l'homme.

Alexandre Dumas fils tenait en grande estime Desbarolles, et il lui amena souvent des curieux qu'il étonnait, paraît-il, par la justesse de ses aperçus et de ses intuitions. Parfois aussi le chiromancien voyait à côté. Un député va le trouver pour faire plaisir à une belle dame dont il était fort épris, et qui, bien entendu, l'accompagnait. Desbarolles, ayant observé qu'il portait à sa cravate une épingle en forme de fer à cheval, s'attache plus que de raison à cet indice, annonçant que mon ami devait s'occuper beaucoup de chevaux, d'armes et de chasse, que plusieurs signes infaillibles pronostiquaient un goût irrésistible pour la carrière militaire. Or, X... n'est jamais monté à cheval, il n'a jamais tiré un perdreau, il est pékin dans l'âme, il n'aime que la politique, et il est devenu un des grands personnages de la République. Une autre fois, Desbarolles crut reconnaître dans l'historien B... le musicien Salvayre, et il s'embourba profondément.

La grande objection au système de Desbarolles est l'argument tiré du libre arbitre, de l'éducation. Si vous prétendez prédire à chacun sa destinée, vous remplacez tout par la fatalité, et il n'y a plus qu'à répondre : c'était écrit. L'assassin qui coupe sa victime en petits morceaux pourra riposter au juge que ses lignes le condamnaient à tuer ; saint Vincent de Paul, les Petites Sœurs des Pauvres, si elles font le bien parce qu'une force supérieure les y contraint, n'ont pas plus de mérite qu'un Harpagon qui laisse mourir de misère son prochain. Du même coup vous supprimez le vice et la vertu, les codes et les tribunaux, la vie future et le droit à la récompense. Et puis, quel compte tenez-vous de l'éducation, de la pression des événements et des hommes sur celui que vous étudiez ? « Vous ne m'avez pas bien compris, répliquait Desbarolles : je reconnais le libre arbitre, l'influence de l'éducation, de la société ; mes prédictions n'enchaînent pas mon sujet dans un cercle d'airain, et ma chiromancie se base, non seulement sur l'astrologie, mais aussi sur la physiologie et la logique. Je dis par exemple : Faites attention, votre nature dénote telles tendances qui pourraient vous perdre, et, si vous n'y prenez garde, vous succomberez un jour. Un homme averti en vaut deux ; je mets à votre disposition un instrument orthopédique qui permettra de vous redresser, je pose un phare qui dénoncera l'écueil à fleur d'eau, des parapets, des garde-fous qui vous empêcheront de tomber dans le précipice. L'Observatoire prédit, lui aussi : s'il annonce huit jours à l'avance une effroyable tempête, les marins avisés ne s'embarqueront pas. Huit jours, c'est l'avenir, c'est la fatalité combattue par la divination, par l'intelligence, et aussi par le libre arbitre. Et moi, fais-je autre chose ? J'annonce les tempêtes de la vie, l'époque probable de ces tempêtes ; et je dis : « Restez dans le port ou changez de voie, et vous « éviterez la fatalité. »

Ainsi la chiromancie de Desbarolles n'exclut pas, elle concilie, elle admet même que les changements de caractère viennent se refléter dans les lignes de la main. Elle dérive de l'astrologie, enseigne que le soleil, la lune, les autres planètes ont une influence sur la terre, que nous sommes en rapport de lumière, de magnétisme, d'électricité, avec les astres. Swedenborg affirme que la lune est un homme, Paracelse vaticine que toutes les étoiles se trouvent en communication directe avec la terre, et correspondent à une importante découverte : selon lui, il y a des étoiles qui ne se montrent, ne s'illuminent pour la terre, que lorsqu'une invention éclôt sur notre globe.

Je ne suivrai pas Desbarolles dans ses explications quelque peu entortillées sur la Cabale, le symbole indien Adda-Nari, les mystères orphiques et la lumière astrale, Jakin et Bohas, Hermès et la Table d'Émeraude. Il y a dans ses pages, comme il y avait dans ses conversations, à prendre et à laisser ; je préfère donner quelques aperçus rapides sur les conclusions originales qu'il tire de prémisses amphigouriques.

Voulez-vous savoir comment d'Arpentigny inventa ou ressuscita la *Chirognomonie ?* Étant très jeune, il fréquentait chez un riche propriétaire qui, épris de sciences exactes, recevait force géomètres, mécaniciens, physiciens ; sa femme au contraire ne s'occupait que de littérature, de musique, de peinture, et chacun avait son jour de réception. D'Arpentigny, qui cultivait avec éclectisme les deux réunions, remarqua que les doigts des savants étaient plutôt noueux, tandis que ceux des artistes étaient lisses. Après de nombreuses observations, il établit sa première division : doigts lisses, doigts noueux. Aux premiers, il reconnut l'intuition, la spontanéité, la faculté de juger à première vue ; aux seconds, la réflexion, l'aptitude aux chiffres et aux sciences exactes. Selon lui, la première phalange, celle qui porte l'ongle, représente la volonté, l'invention, l'initiative ; la seconde est le séjour de la logique, c'est-à-dire du jugement, du raisonnement ; la troisième est celle de la matière. Rappelons en passant qu'un homme d'esprit se piquait d'avoir inventé *l'onglomancie,* la bonne aventure par le simple examen des ongles de la main. Un de mes amis fit mieux encore : par manière de jeu, et dans un but de flirt, il créa la *pédomancie,* l'art de dire la bonne aventure par les pieds des jolies femmes : il n'opérait par sur les hommes, et je n'ai pas besoin de dire que les maris ou amis très intimes lui faisaient grise mine. Il prétendait avoir vu beaucoup de pieds, et arrivait aux mêmes conclusions que les chiromanciens : des variétés à l'infini, des signes extraordinaires permettant des prophéties confirmées par l'événement. *Forse,* comme disent les Italiens !

M. Ledos, dont Alexandre Dumas appréciait fort la perspicacité, se contente de l'examen attentif du visage ; c'est la *physiognomonie,* système tiré sans doute de Gall et de Lavater : M. Ledos a, paraît-il, beaucoup de clients.

La première phalange, la phalange onglée, a trois modes : 1° pointue avec des doigts lisses ; 2° carrée avec des doigts lisses ; 3° spatulée avec des doigts lisses. Les doigts pointus signifient : religiosité, extase, divination, invention, poésie, monde divin ; — les doigts carrés : ordre, obéissance aux choses convenues, organisation, symétrie, pensée, raison, monde abstractif ; — les doigts spatulés, ainsi nommés parce que chaque doigt offre la forme d'une spatule plus ou moins évasée, disent : résolution, besoin de mouvement physique, action quand même, sentiment de la vie positive, recherche du confortable, audace; monde matériel.

Les nœuds forment la transition entre les trois mondes. Le nœud philosophique, placé entre la première phalange et la seconde, sépare le monde divin et le monde moral; il symbolise la lutte entre l'idée et la raison. Celui qui l'a aime à examiner les idées qui viennent à lui, et puis celles qui viennent aux autres, il se fait douteur, raisonneur, indépendant; ce nœud se rencontre souvent chez les républicains. Le nœud d'ordre matériel, qui marque la limite entre la seconde et la troisième phalange, se rencontre chez les commerçants, les calculateurs, les spéculateurs, et, s'il y a excès, chez les égoïstes.

Les doigts courts jugent instantanément et ne s'occupent guère que des masses, de l'aspect général des choses. — Les mains longues indiquent l'amour des détails : avec elles on se propose plutôt le fini que le grand. Desbarolles affirme que le peintre de fleurs Redouté avait de grasses et grandes mains; que Balzac, l'homme de la description minutieuse, avait de grandes mains pointues. — Les gens à doigts lisses, avec des nœuds, sont des gens à précautions et à manies.

Passons aux monts de la main. Nous sommes influencés directement par les planètes, nous avons en nous une foule de signes planétaires, nous communiquons avec le monde sidéral par la lumière astrale, par l'aspir et le respir fluidique. Les chiromanciens acceptent les riantes imaginations des poètes, et ne croient pas, comme Hegel, que les étoiles soient une lèpre luisante à la surface du ciel. « Cet aspir, observe Desbarolles, a été, de toute antiquité, admis par la Kabbale, et les mystiques Paracelse, Swedenborg, Baptiste Porta, Athanasius Kircher, Maxvell, Van Helmont, Tenzel Wirdig, Robert Fludd et Jacob Bohme l'expliquent par la communication magnétique avec les astres. Et non seulement les mystiques, mais les grands hommes de tous les âges se sont préoccupés, sous un nom ou sous un autre, de l'aspir fluidique, et l'ont pressenti sans le définir. La médecine elle-même, sur ce point, n'est nullement en désaccord avec nous ; elle n'affirme ni ne rejette, elle doute comme la médecine doit toujours faire, jusqu'au moment où vient la preuve. »

Jupiter se trouve sous l'index, le doigt qui ordonne, montre, menace ; il donne la religion fervente, l'ambition noble, les honneurs, la gaîté, les mariages heureux ; quand il y a excès, c'est orgueil violent, amour de la domination ; en cas d'absence : paresse, égoïsme, irréligion, tendances vulgaires.

Saturne, sous le doigt du milieu, représente la fatalité, bonne ou mauvaise ; quand il sourit, c'est prudence, sagesse, réussite ; en cas contraire : tristesse, ascétisme, taciturnité, vie insignifiante ou malheureuse.

Apollon, placé sous l'annulaire (le doigt où l'on passe les bagues d'or), apporte le goût à ceux qui en ont le sceau, et avec le goût, le succès, la célébrité, la lumière, le calme de l'âme, la beauté qui fait aimer. S'il y a excès, c'est le défaut de la qualité, amour de l'or, de la dépense, de la célébrité à tout prix, fatuité, légèreté, paradoxe.

Le mont de Mercure, sous le petit doigt, confère la science, l'éloquence, la spéculation intelligente, les inventions, la diplomatie, l'aptitude aux sciences occultes. Mais voici le revers de la médaille : Mercure étant le dieu des voleurs, inspire aussi la ruse, le mensonge, l'agiotage effréné, l'ignorance prétentieuse. J'ai vu un homme qui, pourvu d'un énorme mont de Mercure, en poussait les défauts aux dernières limites ; il m'arriva un jour de citer devant lui le mot de Goncourt : « Le commerce est l'art d'abuser du besoin que quelqu'un a de quelque chose. » Cette formule le ravit, et, pour un peu, il l'aurait fait graver en lettres d'or dans sa chambre à coucher.

Mars, dieu de la guerre, a son domaine en-dessous de la ligne de tête. Qualités : courage, résignation, dévouement ; excès : brusquerie, colère, tyrannie, cruauté ; absence du mont : lâcheté, puérilité, manque de sang-froid.

Au-dessous de Mars, le mont de la Lune. Qualités : imagination, poésie, rêverie ; excès : caprices, folle du logis, mobilité excessive, fanatisme, vapeurs, migraines ; absence du mont : manque d'idées, de poésie, sécheresse d'âme.

Le mont de Vénus est formé par la racine du pouce ; il est cerclé et comme enlacé par la ligne de vie. Qualités : beauté, grâce, mélodie en musique, désir de plaire, bienveillance, charité, tendresse ; excès : effronterie, licence, vanité, inconstance ; absence : froideur, égoïsme, manque d'action et d'âme dans les arts.

Ainsi les monts, selon leur degré de développement, indiquent des qualités plus ou moins grandes. C'est le système suivi en phrénologie, et il en va de même des lignes.

Quatre lignes mères : la ligne de cœur, la ligne de tête, la ligne de vie, la ligne de chance.

La ligne de cœur, celle qui court au pied des monts, doit être bien nette, bien colorée, aller jusqu'à la percussion de la main, en partant de Jupiter ; alors elle signifie bon cœur, affection forte et heureuse.

La ligne de tête prend naissance entre le pouce et l'index ; droite, longue, elle se traduit par un jugement sain, une volonté forte, car elle traverse la plaine de Mars et va finir sur le mont de Mars : elle s'avance donc, toujours calme, à travers les luttes de la vie, sans les éviter, sans les craindre, sachant au contraire s'en faire un auxiliaire. Si elle descend du côté du mont de la Lune, on jugera moins sainement la vie, on la verra en artiste. Si elle ne s'avance que jusqu'au milieu de la main, elle annonce des idées sans portée, la faiblesse de caractère, l'indécision.

La ligne de vie contourne le pouce. Longue, bien formée, doucement colorée, elle présage une vie longue, heureuse, exempte de maladies graves. Pâle et large, c'est mauvaise santé, instincts méchants. Courte, c'est une vie de peu de durée. Si elle se brise au même endroit dans les deux mains, c'est la mort ; si elle est double, il y a luxe d'existence. Les anciens chiromanciens partageaient cette ligne en neuf ou dix compartiments représentant chacun dix années d'existence, et ils annonçaient les époques des maladies et blessures, d'après le compartiment où les signes se trouvaient placés.

La ligne saturnienne part de la ligne de vie, de la plaine de Mars ou du mont de la Lune, et arrive sur le mont de Saturne. Si elle est favorable, elle prophétise le bonheur, et remplace la Mascotte ou la corde de pendu pour ses heureux propriétaires. On a vu, paraît-il, des lignes de bonheur se former après coup, comme aussi les organes du crâne diminuer ou augmenter, selon l'exercice plus ou moins grand des facultés qu'ils représentent. D'Arpentigny affirme que George Sand avait d'abord des doigts très lisses, auxquels vinrent des nœuds à la première phalange, dès qu'elle s'occupa de philosophie ; et si, d'après la théorie éclectique de Desbarolles, les mains peuvent se modifier d'après la direction qu'imprime la volonté, la destinée doit nécessairement se modifier aussi, et n'est pas irrévocablement fixée dès le début.

Voilà l'A B C de la chiromancie, et il ne tient qu'à vous, lecteur, de pousser plus loin que l'alphabet. Il faudrait étudier aussi les signes secondaires de la main, ligne de foie ou hépatique, ligne du soleil, rascette, anneau de Vénus, étoiles, carrés, ronds, îles, triangles, rameaux, grilles, chaînes, et bien d'autres signes qui diversifient à l'infini le caractère de l'individu. Par exemple, la ligne hépatique part de la rascette, près de la ligne de vie, se dirige sur le mont de Mercure : longue, bien colorée, droite, assez large, elle dénote une bonne santé, un sang riche, de l'harmonie dans les fluides, mémoire impeccable, probité, réussite en affaires. Tortueuse et ondulée, c'est tendance aux maladies et probité douteuse.

Ligne du soleil : partant de la ligne de vie ou du mont de la Lune, elle va tracer un sillon dans l'annulaire. Elle signifie : gloire, célébrité, amour de l'art, richesse, faveur, réussite par le travail. Ceux-là mêmes qui ne seront pas artistes recevront de cette ligne le désir des belles choses. Lorsque cette ligne se subdivise en plusieurs rameaux, c'est une sève trop abondante qui dissémine les forces et empêche le succès complet.

L'anneau de Vénus prend naissance entre Jupiter et Saturne, se perd entre l'annulaire et l'auriculaire en formant un demi-cercle. « Il indique ses tendances par son nom même; c'est l'amour effréné, aveugle, sans frein, c'est la débauche. Dans la Fable, Junon emprunte à Vénus sa ceinture pour inspirer à Jupiter des désirs lascifs. »

Il paraît que les étoiles présagent un événement, heureux ou non, en dehors de notre libre arbitre, souvent un danger; que l'île est une chose honteuse, à moins qu'elle n'annonce une maladie héréditaire; que le carré dans la main donne le bon sens, la justesse, le coup d'œil, l'énergie froide; toutefois un carré sur le mont de Vénus, c'est prison, couvent. Un point dans les lignes prophétise blessure, folie; un point blanc à la ligne de cœur, conquêtes amoureuses. Un rond sur les monts est une auréole, gloire et succès en dérivent ; dans les lignes il devient un mauvais présage ; un triangle annonce l'aptitude aux sciences ; la croix ne dit rien qui vaille aux adeptes des sciences hermétiques, sauf sur le mont de Jupiter, où elle conduit à un mariage d'amour. Les rameaux sur les lignes disent : exubérance, richesse dans les qualités qui sont du domaine de la ligne où elles se trouvent ; les chaînes, les lignes capillaires, les grilles, sont en général des obstacles.

La chiromancie ne recule devant rien ; et ses adeptes prophétisent sans sourciller le nombre de mariages ou d'enfants ; il paraît même que c'est l'enfance de l'art. Les lignes de mariages, de liaisons et d'enfants se trouvent entre la racine de l'annulaire et la ligne de cœur, tracées en travers sur la percussion de la main. Quand on prend de la fable ou de la tradition, on n'en saurait trop prendre.

Le *triangle*, qui se divise en *angle suprême, angle droit et angle gauche,* enclôt la paume de la main, formé, d'une part, de la réunion de la ligne de tête avec la ligne de vie sous l'index, de l'autre, de la réunion de l'hépatique partie de la rascette avec la ligne de tête. Bien tracé, bien coloré, c'est un signe de bonheur, de santé et de longue vie.

Le quadrangle, appelé aussi *table de la main,* est l'espace placé dans la main entre la ligne de tête et la ligne de cœur ; assez large au milieu, plus large du côté du pouce, très large du côté de la percussion de la main, il signifie un homme loyal, heureux et fidèle ; étroit au milieu, c'est disposition à l'injustice, à la malignité et à la tromperie : s'il manque dans la main, c'est méchanceté et malheur.

La rascette, ligne tracée sur la jointure du poignet à la main, forme une espèce de bracelet, est souvent double ou triple. Trois belles lignes unies, constituant le *bracelet royal* ou *triple bracelet magique,* donnent santé, richesse, quatre-vingt-dix ans de vie.

Un chapitre tout à fait agréable du livre de Desbarolles est celui qu'il consacre à l'examen des gens célèbres de son temps : Alexandre Dumas, Lamartine, Victor Hugo, Emile Augier, Jules Janin, le révolutionnaire Proudhon, Meissonier, Gérôme, Diaz, Corot, Auber, Gounod, Frédérick-Lemaître, Déjazet. Il les avait connus, fréquentés, *chiromancés,* il en parlait bien dans ses causeries, et ses portraits ont une fine saveur, un bouquet particulier.

Pour ma part, j'ai regardé, mais en amateur, beaucoup de mains masculines et féminines ; eh bien, malgré mon scepticisme, j'avoue n'en avoir jamais trouvé une qui fût exactement semblable à l'autre ; même il m'est arrivé de dire la bonne aventure à rebours, et, connaissant bien certaines personnes, n'ayant jamais vu leurs mains, de deviner avec quelque exactitude leurs principales lignes, les monts dominants. Il faut aussi convenir que cette *sciencette* est assez difficile à acquérir ; d'abord rien ne remplace une longue pratique, et un bon chiromancien doit avoir beaucoup réfléchi, comparé, observé. Tous les problèmes du fini et de l'infini ne s'agitent-ils pas dans ce petit espace qui va du poignet à l'ongle : la fatalité aux prises avec le libre arbitre, la volonté individuelle avec la volonté générale, le tempérament avec l'éducation ? Thèse, antithèse et synthèse, comme dirait P. J. Proudhon. La main droite contredit, corrige souvent la gauche, les doigts donnent un démenti aux monts, ceux-ci aux lignes, les yeux et le visage aux mains. Faire la part des principes et des faits, remonter des détails à l'ensemble, improviser en quelques minutes toute une théorie morale sur le patient, laisser dans l'ombre, estomper les défauts trop graves, les menaces du destin, deviner le passé, le présent et un peu l'avenir, reconnaître les facultés dominantes, conjecturer les conséquences, établir son calcul de probabilités de telle sorte que la prophétie garde de toute manière un caractère de vraisemblance, comme ces oracles de Delphes qui pouvaient s'interpréter dans les deux sens; ne pas trop affirmer, corriger un horoscope par de prudentes réserves, flatter plutôt que gronder, ne pas oublier que l'on n'aime pas les Cassandres, les Jérémies, et que Philinte a plus de succès dans le monde qu'Alceste, tout cela est plus compliqué qu'on ne croit. Là comme ailleurs, il y a beaucoup de bavards, d'ignorants prétentieux, de radoteurs; il y a même des gens d'esprit qui dissertent fort agréablement sur la main des jolies femmes qu'ils ont l'air d'étudier; mais les gens de talent sont rares ici comme ailleurs, et plus rares encore ceux qui au talent chiromancique unissent le bon goût.

Ma conclusion serait celle-ci : se défier des chiromanciens de profession, qui procèdent volontiers à la façon des terroristes ou des charlatans ; ils effraient le client ou lui débitent à coups de hâbleries leur poudre de perlimpinpin. Voici une petite comédie, fort spirituellement contée par Michel Provins, qui a dû se jouer plus d'une fois dans la vie réelle. Personnages : le mari, la femme et l'amant : le mari a des soupçons vagues et consulte l'amant, qui lui conseille d'aller trouver le lendemain une diseuse de bonne aventure. Cependant il écrit à celle-ci, envoie un portrait fort exact de celui qu'elle doit recevoir, entrant dans des détails très précis, le tout accompagné d'un fort billet de banque avec promesse d'un second billet après la visite. Le mari arrive, la nécromancienne joue son rôle en conscience, révèle à son client un admirateur de sa femme qui lui fait une cour pressante et n'en est qu'aux bagatelles de la porte. Le soir même, B... et C... se retrouvent au cercle ; B... est dans l'admiration, la sorcière l'a frappé de stupeur, elle a lu en lui comme en un livre ; pour un peu il ferait des excuses à sa femme, et, en attendant, il va congédier le soupirant platonique.

A mon humble avis, la chiromancie contient sa petite part de vérité. Et qui oserait affirmer le contraire ? L'homme moral et physique n'est-il pas tout entier dans les traits, l'expression du visage, la démarche à laquelle les Orientaux attachent une importance capitale, ce qui n'est nullement sot ? La graphologie a pour base ce fait d'observation qu'il y a une révélation du caractère dans les gestes les plus habituels ; et en est-il un plus frappant que l'écriture ? D'admettre que la main, par sa structure grossière ou souple, franche ou féline, trahit un peu l'homme intérieur, non seulement dans le fait accidentel de la pression, mais dans sa forme même et l'état de ses tissus ; que moite ou sèche, grasse ou maigre, elle exprime le tempérament physique, permettant ainsi de conjecturer le caractère moral, la santé, les chances de longévité, qu'en un mot avec beaucoup de prudence, de réserve et d'imagination, on puisse tirer des conclusions ingénieuses, vraisemblables, véridiques même, — ceci ne saurait nous étonner beaucoup. Mais les monts de Jupiter, de Saturne ou d'Apollon, et tout ce bric-à-brac de l'utopie astrologique, voilà ce qu'il est difficile d'accepter sérieusement. En résumé, la chiromancie demeure un jeu de société, propre à passer le temps quand on n'a que faire, à rendre des services dans la vie de château, un jour de pluie automnale, entre gens d'esprit et bien équilibrés : car il n'y a rien de plus sot, parfois même de plus choquant que ces choses-là, quand elles sont maniées par des patauds et des pédants pour des naïfs et des nerveux.

IV

Le spiritisme (1), affirment ses adeptes, a précédé la psychologie expérimentale, comme l'astrologie et l'alchimie ont précédé l'astronomie, la chimie. Pourquoi

---

(1) A. Babin : *Le Spiritisme à sa plus simple expression,* 1887, in-16. — D'Assier : *Essai sur l'humanité posthume et le spiritisme,* 1883, in-12. — René Caillié : *Œuvre de Roustaing : Spiritisme chrétien,*

chaque habitant de la terre n'aurait-il pas dans l'autre monde son esprit ou son image? Pourquoi certains êtres ne seraient-ils pas investis du privilège de converser psychiquement avec les défunts, avec les esprits des vivants ou leurs images ? Claude Bernard ne confesse-t-il pas que l'absurde suivant la science n'est pas toujours impossible ? Comment expliquer les cas de télépathie si nombreux, sinon par ces esprits intermédiaires entre Dieu et les hommes, qui habitent l'air ou les planètes ? Swedenborg, sceptique, philosophe natu-

---

In-8°. — Dr Philip DAVIS : *La Fin du monde des Esprits ; Le Spiritisme devant la raison et la science*, 1892, in-18. — Gabriel DELANNE : *Le Phénomène spirite ; Le Spiritisme devant la science.* — Félix FABART : *Histoire philosophique de l'occultisme.* — Dr Paul GIBIER : *Le Spiritisme, étude historique, critique et expérimentale.* — J.-E. GAILLET : *La Chute originelle selon le Spiritisme*, 1884, in-18. — Louise JEANNE: *Causeries spirites.* — William CROOKES : *Recherches sur les phénomènes du spiritualisme.* — E. LENOIR : *Étude sur le spiritisme, son histoire et son état actuel.* — PAPUS : *Considérations sur les phénomènes du spiritisme ; Le Spiritisme.* — PLYTOFF : *La Magie, les lois occultes, la Théosophie, l'Initiation, le Magnétisme, le Spiritisme*, 1892, in-16. — ROUXEL : *Spiritisme et Occultisme.* — WAHU : *Le Spiritisme dans l'antiquité et dans les temps modernes.* — Émile YUNG : *Hypnotisme et Spiritisme*, 1890, in-8°. — L. BERTRAND : *La Religion spirite, son dogme, sa morale et ses pratiques.* — Dr SURBLED : *Spirites et Médiums ; Spiritualisme et Spiritisme.* — Charles TRUFY : *Causeries spirites.* — ALLAN KARDEC: *Le Livre des Esprits ; Le Livre des Médiums.* — J. BOUVÉRY : *Le Spiritisme et l'anarchie devant la science et la philosophie*, 1897. — Léon DENIS : *Christianisme et Spiritisme.* — E. GYEL : *Essai de revue générale et d'interprétation synthétique du spiritisme.* — JEANNIARD DU DOT : *Le Spiritisme dévoilé.* — Max THÉON : *Spiritisme expérimental.* — Comtesse WACHTMEISTER : *Le Spiritisme à la lumière de la théosophie ;* — Yve PLESSIS : *Essai d'une bibliographie française méthodique et raisonnée de la Sorcellerie et de la possession démoniaque.* 1900, in-8°. — *Annales des Sciences psychiques.* — *Journal du Magnétisme.* — *Le Voile d'Isis.* — *La Revue spirite*, etc.

raliste jusqu'à l'âge de cinquante-huit ans, a tout d'un coup une vision, des révélations qui se continuent pendant vingt-sept ans; il se considérait comme un organe de communications entre le monde des esprits et celui des corps, et il regardait son pouvoir de communication comme un office dont le Seigneur l'avait investi.

Or, voici comment Herder réfute Swedenborg, et la réponse s'applique à la doctrine spirite toute entière :

« Enfin, les mystères que Swedenborg prétend découvrir dans le monde des esprits sont écrits dans l'esprit et le cœur de chacun. Voyez ce qui se passe en nous. Dès notre enfance, les pensées se forment en images. L'imagination, sans laquelle l'intelligence n'agit pas, est la faculté spéciale de ces opérations. La faculté de traduire nos pensées en images pour nous-mêmes, nous la possédons aussi à l'égard des autres. Qu'est-ce, si ce n'est cela, que l'art que pratiquent les poètes, les peintres, les musiciens, les orateurs ? Les penchants, les passions, la seule habitude, opèrent de même sans avoir recours à l'art. Cela suffit pour nous expliquer, page par page, tout l'empire des anges et des esprits de Swedenborg. En effet, comment cet artiste parle-t-il avec ses anges ? Comme on parle avec ses pensées : *ses anges et ses esprits sont ses créations.* »

Kant, qui se montre beaucoup plus rude, dit brutalement à propos de Swedenborg : « Jadis on brûlait de temps à autre les adeptes du monde spirituel; il suffira désormais de les purger. » Un autre savant rappelle le mot du cocher de l'astronome Tycho-Brahé : « Vous pouvez être fort entendu dans les choses du ciel, mais pour ce qui est du monde, vous n'êtes qu'un fou. »

Cependant, il convient de donner une définition plus précise du spiritisme, et l'on ne saurait mieux faire que de résumer Allan Kardec. D'après lui, le spiritisme est la science de tout ce qui se rattache à la connaissance des âmes ou esprits du monde invisible, et à leurs manifestations ; il touche à toutes les branches de la philosophie : métaphysique, psychologie, morale. Avant l'invention du microscope, on ne soupçonnait guère l'existence des infiniment petits. Pourquoi donc n'y aurait-il pas dans l'espace des êtres échappant à nos sens ? Qu'on se rappelle les innombrables erreurs de la science officielle, Christophe Colomb, Galilée, traités comme des insensés ou des hérétiques, l'invention de Fulton repoussée par l'Institut et Napoléon Ier! Le spiritisme n'est pas une religion, mais une science fondée sur l'existence d'un monde invisible formé d'êtres qui ne sont que les âmes de ceux qui ont vécu sur la terre ou dans d'autres globes. Ces êtres ont une enveloppe, le *périsprit,* sorte de corps semi-matériel, vaporeux, diaphane, qui, en certains cas, et par une espèce de condensation ou de disposition moléculaire, peut devenir visible et même tangible. Cette enveloppe existe pendant la vie du corps, et, à sa mort, l'âme ne se dépouille que de l'enveloppe grossière ; elle conserve la seconde, comme lorsque nous quittons un vêtement de dessus pour ne conserver que celui de dessous. Le *périsprit* sert de lien, d'intermédiaire entre l'âme et le corps. Aussi bien les esprits se transportent partout; rapides comme la pensée, ils pénètrent tout, aucune substance ne leur fait obstacle; ils sont parmi nous, à nos côtés, nous observent sans cesse, constituent une des puissances de la nature; leurs manifestations ont pour résultat la preuve irrécusable de l'existence de l'âme, de son individualité après la mort, de la vie future; c'est la négation des doctrines matérialistes, non plus par des raisonnements, mais par des faits. Il y a, d'ailleurs, une véritable hiérarchie dans le monde des esprits : les uns intelligents et bons ; d'autres ignorants, légers ou malveillants. Ainsi la plupart des faits réputés merveilleux seraient le produit de l'action du monde invisible sur le monde visible, et rentreraient ainsi dans le domaine des faits naturels.

Les communications entre les esprits et les vivants se font par les médiums, les initiés, les savants de cette science, les prêtres inspirés de cette religion. Ceux-ci présentent de fort nombreuses variétés, et on les distingue, paraît-il, en médiums à *effets physiques*, à *communications intelligentes, voyants, parlants, auditifs, sensitifs, dessinateurs, polyglottes, poètes, musiciens, écrivains*, etc... : de tous les moyens de communication, l'écriture est à la fois le plus simple, le plus rapide, le plus commode et le plus usité. Quant aux médiums à effets physiques, ils nous révèlent les pensées des esprits par des phénomènes matériels, coups frappés, tables parlantes : au moyen d'un certain nombre de coups de convention, on obtient des réponses par *oui* ou par *non,* ainsi que la désignation des lettres de l'alphabet qui servent à former des mots ou des phrases.

Vous avez entendu parler de ce savant qui, afin de mieux étudier et combattre certaines maladies, commençait par se les inoculer. Sans prétendre l'imiter, j'ai essayé quelque temps de m'inoculer la maladie spirite, et suivi les séances de la Société des spirites du Palais-Royal (depuis longtemps elle a quitté ce domicile et transporté ses pénates près de Cluny).

L'appartement était à deux et même à trois fins. M. Leymarie, grand prêtre du spiritisme français, y logeait avec sa famille : il accueillait les visiteurs avec beaucoup de courtoisie. Deux pièces de dimension moyenne, communiquant l'une avec l'autre et pouvant contenir cent personnes, servaient aux réunions de la société ; deux autres renfermaient une bibliothèque spéciale : il faut bien vivre et subvenir aux frais du culte, payer l'impression de la *Revue spirite*. Or, les fidèles n'appartiennent pas aux classes les plus riches en général, et beaucoup de spirites n'ont ni le courage ni la générosité de leur opinion : la crainte du ridicule paralyse tout en France, et le spiritisme ne compte guère de martyrs.

A la porte d'entrée, on lisait sur une plaque cette inscription : *Société d'études psychologiques*. En effet, ces messieurs se croient avant tout des psychologues, des spiritualistes quintessenciés, des spiritualistes à la centième puissance ; non seulement ils s'occupent de spiritisme, mais de magnétisme, de télépathie, et ils font de tout cela le mélange le plus singulier.

Les salles des séances ne présentent rien de bien extraordinaire : une grande armoire-bibliothèque, des bustes de spirites célèbres, quelques dessins d'artistes spirites, une grande table avec l'inévitable tapis vert, et tout ce qu'il faut pour écrire ; un *piano spirite,* des *tables spirites,* et des cadres avec des inscriptions morales : « Faites le bien ; Aimez la vérité. »

Par exemple, il faut admirer le public. Soixante ou quatre-vingts personnes en moyenne, beaucoup de femmes. Les hommes appartiennent, en général, au commerce ; des petits rentiers, des employés, quelques officiers en retraite. Quelles figures et quelles conversations ! Un physionomiste, un romancier, trouveraient là d'étonnants sujets d'études. Je me rappelle avoir causé avec une dame qui donne chez elle des séances d'esprits réincarnés : rien de singulier comme de l'entendre conter ses visions et ses apparitions, mêlées à des théories socialistes du plus haut goût.

Mais je m'attarde aux bagatelles de la porte. La séance commence. M. Leymarie prend place à la table avec plusieurs dames et un gentleman à la chevelure inspirée, qui tient un crayon. Il commence par lire une prière, dont voici le texte :

« Nous prions le Seigneur Dieu tout-puissant de nous envoyer de bons esprits pour nous assister, d'éloigner ceux qui pourraient nous induire en erreur, et de nous donner la lumière nécessaire pour distinguer la vérité de l'imposture.

« Écartez aussi les esprits malveillants, incarnés ou désincarnés, qui pourraient tenter de jeter la désunion parmi nous et nous détourner de la charité et de l'amour du prochain. Si quelques-uns cherchaient à s'introduire ici, faites qu'ils ne trouvent accès dans le cœur d'aucun de nous.

« Bons esprits, qui daignez venir nous instruire, rendez-nous dociles à vos conseils ; détournez-nous de toute pensée d'égoïsme, d'orgueil, d'envie et de jalousie ; inspirez-nous l'indulgence et la bienveillance pour nos semblables, présents ou absents, amis ou ennemis ; faites enfin qu'aux sentiments dont nous serons animés, nous reconnaissions votre salutaire influence...

« Nous prions notamment l'esprit d'Allan Kardec, notre guide spirituel, de nous assister et de veiller sur nous. »

Et à la fin de la réunion :

« Nous remercions les bons esprits qui ont bien voulu venir se communiquer à nous ; nous les prions de nous aider à mettre en pratique les instructions qu'ils nous ont données, et de faire qu'en sortant d'ici, chacun de nous se sente fortifié dans la pratique du bien et de l'amour du prochain.

« Nous désirons également que ces instructions soient profitables aux esprits souffrants, ignorants ou vicieux, qui ont pu assister à cette réunion, et sur lesquels nous appelons la miséricorde de Dieu. »

J'ai sous les yeux un petit volume intitulé *Prières et Méditations spirites,* qui en contient un assortiment pour les principales circonstances de la vie : actes de foi, d'espérance, prières pour les médiums, pour les enfants, les agonisants, les suicidés, les obsédés, les ennemis du spiritisme, le tout terminé par des vers de Lamartine et de Victor Hugo, par une belle invocation de Voltaire à Dieu. On ne peut s'empêcher de songer que tout cela ressemble terriblement au rituel catholique que les auteurs de ces prières ont trop souvent démarqué. Comparez, par exemple, l'oraison dominicale spirite avec le *Pater noster* :

« Notre Père, qui êtes aux cieux, que votre nom soit sanctifié ! Que votre règne arrive ! Que votre volonté soit faite sur la terre comme au ciel ! Puissions-nous gagner honorablement notre pain de chaque jour ! Puissions-nous mériter le pardon de nos offenses, et toujours pardonner à ceux qui nous ont offensés ! Puissions-nous résister à toute tentation et nous délivrer du mal ! Ainsi soit-il ! »

Après la prière, M. Leymarie lit aux fidèles les nouvelles intéressantes de la France et de l'étranger. Un tel a vu un feu follet, et il demeure persuadé que c'est l'âme de sa mère ; une dame raconte les manifestations qu'elle a reçues ; celui-ci a assisté à un congrès de spirites en Belgique ou aux États-Unis (M. Leymarie raconte qu'il y a 6 millions de spirites dans ce pays-là, heureux peuple !) ; celui-là, soudain, a rencontré son chemin de Damas. Il y a à Londres un médium qui fait tourner toutes les cervelles, et qui obtient, paraît-il, des résultats surprenants.

Après quoi notre pontife énumère les progrès accomplis par le spiritisme, et naturellement il met au rang des miracles nombre de faits assez médiocres en eux-mêmes. Il demande si quelqu'un a des observations personnelles à présenter : quelquefois un monsieur ou une dame prend la parole, parle à son tour de révélations nouvelles et contredit le grand prêtre sur certains points (*oportet hæreses esse*, il faut qu'il y ait des hérétiques). De même que le protestantisme a ses dissidents, de même le spiritisme semble devoir engendrer d'innombrables sectes. Tout protestant, disait Luther, est pape, une bible à la main ; tout spirite peut greffer sa chimère sur celle d'Allan Kardec, qui est elle-même la chimère d'une foule de thaumaturges depuis que le monde est monde.

Alors commencent les manifestations : le président s'adresse aux dames, au monsieur, qui siègent autour de lui, les prie d'écrire une tirade spirite, de dessiner une gravure spirite. Et aussitôt ces personnes se mettent à écrire, à dessiner. On contemple le spirite dessinateur qui travaille avec agilité et qui, au bout d'une demi-heure, vous présente une esquisse quelconque. Elle ne vaut pas grand'chose, mais les initiés ont l'admiration facile et se pâment. Sans parler de certains ateliers où des peintres brossent en vingt-cinq minutes une toile pleine de maestria, j'ai vu récemment dans le salon littéraire de Mlle Bénard à Bruxelles, un artiste, M. Dick James, qui, en deux minutes, dessine au fusain des têtes fort ressemblantes de gens connus.

Quant aux élucubrations de ces dames, on ne manque pas non plus de les lire solennellement, et chacun de s'exclamer : ce sont en général des lieux communs sur le devoir, sur Allan Kardec, sur tel ou tel esprit. Un jour, je n'ai pu m'empêcher de dire à mon voisin : «Comment donc se fait-il que les esprits dictent des choses si médiocres ? Pourquoi n'est-il jamais sorti de là une œuvre hors de pair ? Pourquoi ces vers ou cette prose portent-ils toujours la marque de celui qui les écrit ? Est-ce que tout journaliste un peu expert ne remplirait pas trois ou quatre pages en une demi-heure ? — C'est, me répond-on, que vous n'avez pas la foi ! — Eh ! je ne suis pas un initié, mais un curieux qui veut s'instruire, et j'ai bien le droit de raisonner comme saint Thomas. C'est un cercle vicieux où vous prétendez m'enfermer, une pétition de principes que vous voulez m'imposer. Vous me parlez sans cesse de choses merveilleuses, et je n'aperçois jamais rien. Vous m'envoyez aux États-Unis ? Mais c'est la patrie du humbug, des barnums, des mystifications colossales. Souvenez-vous du mot de Flaubert : « Malgré les peintures des vases grecs, on peut affirmer que le trépied de la Pythie, à Delphes, n'était autre qu'une table virante. »

Tandis que les médiums écrivent et dessinent, on s'empresse autour des *médiums de la table* qui opèrent dans le salon. Un dignitaire de céans m'invite à m'asseoir en face de lui et à poser les mains sur une petite table ronde *très légère*. Il fait une prière à l'esprit de la table et me demande de songer à une personne morte de mes amis ou de ma famille. « C'est fait. — Très bien. Cher esprit, êtes-vous disposé à répondre à Monsieur ? » — La table se soulève et deux fois frappe du pied : pan ! pan ! Cela signifie oui. « Alors, cher esprit, je vais vous interroger. Je prononcerai toutes les lettres de l'alphabet, et vous aurez la bonté de m'arrêter quand j'arriverai à la première lettre du nom de la personne. » Et il dit gravement : « A, B, C, D, E, » etc. Soudain la table s'incline. « C'est G, fait le médium. — Non. — Alors, recommençons; l'esprit n'est pas infaillible, et il peut être distrait ou se sentir mal disposé envers Monsieur. » On reprend l'alphabet; quelquefois l'esprit tombe juste, surtout avec les dames qui, plus nerveuses, impriment peut-être sans y penser une impulsion à la table au moment où vient le nom de la personne. Quant à moi, l'épreuve n'a jamais réussi; et jamais non plus je n'ai vu tourner ou se soulever une lourde table, une table de congrès diplomatique. A l'appui de mon scepticisme, je retrouve ce passage d'une lettre de Mérimée, un des favoris de la cour des Tuileries sous Napoléon III, au moment où les fantasmagories du thaumaturge Hume tournaient un peu plus qu'il ne convient les cervelles dans le cercle de l'Impératrice :

« Quant aux esprits frappeurs, j'y croirai quand ils auront fait un sonnet spirituel au lieu des tours de passe-passe qui leur sont ordinaires. Dans ma jeunesse, j'ai étudié la magie, j'ai tiré la bonne aventure, et j'ai fait plus d'une prédiction qui s'est vérifiée. J'ai prédit à l'impératrice qu'elle monterait sur un trône, j'ai prédit la naissance du prince impérial, ou plutôt que ce serait un garçon, la veille de sa naissance. J'ai fait tourner des tables, et une fois la tête d'une gouvernante, une fort jolie personne qui avait bien envie de faire des folies, et à qui je donnais par la magie de fort bons conseils. Mais c'est précisément à cause de cela que je ne crois plus aux esprits. »

Napoléon III partageait un peu l'engouement de l'impératrice (1). Un jour, il invite Alfred Maury, bibliothécaire aux Tuileries, à assister à une séance de Hume. Maury prend place autour de la table, on éteint presque toutes les lumières, la table s'agite, les dames protestent qu'elles sentent des contacts bizarres, des frôlements d'ailes. Flairant quelque supercherie, le savant glisse sa main sous la table, saisit un pied nu, qui se retire vivement. La séance finie, on éclaire le salon, chacun admire ou feint d'admirer, et Maury, bon observateur, remarque que Hume est chaussé de bas de soie et de petits escarpins. Plus de doute. Ses longues jambes, son pied, ont fait l'office des esprits. « Et vous n'avez rien dit ? questionnait le Dr Azam lorsque

----

(1) Mme de Beauharnais avait pleine confiance en Mlle Lenormand ; Wellington consulta celle-ci pour connaître le nom de l'homme qui tenta de l'assassiner en 1818 ; le tsar Alexandre la visitait fréquemment au congrès d'Aix-la-Chapelle. Mme Montgruel eut aussi sa grande vogue, et Charles Edmond a rapporté la scène où, chez la belle comtesse Kalergis, celle-là même que Théophile Gautier célébra dans sa *Symphonie en blanc majeur*, la voyante vaticina au général Cavaignac, qu'elle prenait pour le prince Louis Bonaparte, l'élection de celui-ci à la présidence de la République. — A son tour, Daniel-Stern (*Souvenirs*, p. 385) raconte sa visite à Mlle Lenormand, alors bien déchue de son prestige ; elle note la croyance de Gœthe à cet élément mystérieux qu'il appelle *das dämonische*, lequel se manifeste chez les animaux et surtout chez l'homme « où il produit des phénomènes énigmatiques auxquels on a donné une multitude de noms divers, qu'on a décrits en vers et en prose, mais que n'ont pu expliquer encore aucune religion, aucune philosophie... Mickiewicz croyait, lui aussi, à cette puissance occulte qui réside en certains hommes et leur soumet l'esprit, le cœur et la volonté des autres .. » C'est là un legs de l'antiquité.

Maury lui conta l'aventure. — Non certes, on m'aurait mis à la porte. »

« Le fameux Hume, écrit Vielcastel en 1858, l'homme à la seconde vue, l'Américain qui transportait les tables et tournait les têtes des Parisiens, qui évoquait les morts devant l'Empereur et l'Impératrice, a été mis à Mazas comme voleur et s..., puis enfin chassé de France pour éviter les débats d'un procès scandaleux où tant de personnes se seraient trouvées compromises... » L'Impératrice croyait aux tables tournantes et interrogeait les esprits sur toutes choses. Le 3 mars 1854, comme l'Empereur entre dans sa chambre, elle lui jette aussitôt : « Arrive donc, Louis, je cause politique avec ma table. » Là-dessus la table répond qu'on ne brûlera point de vaisseaux russes, qu'il n'y aura pas de combat, que ce ne sera qu'une guerre de plume. « A la bonne heure, sourit l'Empereur, s'il y a des flots d'encre versés, il n'y aura pas de flots de sang. » Ensuite, la table prophétise que la guerre durera sept mois. « Cela vaut mieux qu'une guerre de *Sept ans*, remarque Napoléon III. » L'évêque de Nancy, après quelque résistance, pose à la table cette question : « Que devient l'âme après la mort? » Mais cette fois la table garde le silence, et rien ne peut la faire sortir de son mutisme.

Les esprits ont leurs engouements et leurs modes, comme les humains ; ainsi pendant quelque temps les boules de cristal devinrent leurs ambassadrices auprès des faibles mortels. Le fameux *Almanach Zadkiel*, rédigé par Morrison de Londres, obtint une vogue extraordinaire ; des hommes de premier mérite passaient leur temps à converser avec les esprits qui siégeaient dans la boule de cristal : Ève, Titania, le roi Arthur et ses compagnons, Judas Iscariote, donnaient la réplique à l'évêque de Sheffield, à des colonels et à des lords. Quant aux dévotes de la nouvelle doctrine, elles étaient bien plus nombreuses que les dévots. Dans le procès intenté à Morrison en 1863, on entendit des dépositions comme celle-ci : « J'ai vu dans le globe soixante-dix anges gardiens. — C'est beaucoup, dis-je à M. Morrison. » Et lui : « Oh ! il y a des personnes qui en ont vu davantage. » L'accusateur, l'amiral Belcher, fut condamné à une livre sterling d'amende « attendu que chacun *a le droit* d'être trompé, puisque tel est son bon plaisir. » N'est-ce pas là une plaisante et logique application des principes de la liberté anglaise ?

Ni l'esprit, ni le talent, ni le génie ne préservent de cette superstition, dans le passé et dans le présent. Les tables tournantes, le bric-à-brac de l'occultisme dominaient entièrement Delphine de Girardin, et, pendant dix jours qu'elle passa chez Victor Hugo à Jersey en 1853, elle entreprit de convertir son entourage, et employait ses soirées à évoquer les morts. Les premières tentatives ayant piteusement échoué, elle déclara avec tranquillité que les esprits n'étaient pas des chevaux de fiacre, qui attendaient patiemment le bourgeois, mais des êtres libres et conscients qui ne venaient qu'à leur heure. Une dernière épreuve réussit beaucoup mieux, si bien même qu'elle impressionna Auguste Vacquerie. Dans son ardeur de propagande, Madame de Girardin lui envoya de Paris deux tables : une petite, dont un pied formait un crayon qui devait écrire ou dessiner ; une table à cadran d'alphabet dont une aiguille marquait les lettres (1).

Dans ses *Souvenirs littéraires*, Maxime du Camp raconte les prouesses de Tessié du Motay, savant chimiste qu'avait fasciné le spiritisme. A l'entendre, il avait évoqué Lavoisier, Frédéric le Grand, etc... Maxime du Camp n'avait qu'à se présenter, son incrédulité tomberait comme celle de saint Thomas quand il aurait vu. Il vint. Du Motay lui dit : « Qui voulez-vous ? — Mahomet. » Pan ! pan ! L'âme du prophète frétillait dans la table. Je lui demandai pourquoi les pèlerins doivent enterrer les rognures de leurs ongles et de leurs cheveux dans la vallée de Ména ; l'explication fut peu satisfaisante. Je dis : « Je voudrais adresser au prophète une question touchant des choses mystérieuses, mais je ne voudrais la formuler que si d'avance il consent à répondre. » Pan ! pan ! Je dis alors lentement et à haute voix pour être bien compris : *Etneim ou*

----

(1) La comtesse Potocka raconte fort sérieusement la prophétie d'un astrologue à Poniatowski, castellan de Cracovie, au moment même de la naissance de son fils Stanislas : « Je te salue, roi des Polonais, je te salue roi dès aujourd'hui, tandis que tu ignores encore et l'élévation à laquelle tu es prédestiné, et les malheurs qui en seront la suite. » En effet Stanislas fut roi et la Pologne fut démembrée. Rulhière rapporte la même prédiction, mais faite par un familier de la maison, un aventurier italien, astrologue, alchimiste, entretenu au château à titre de chirurgien. — Comtesse POTOCKA : *Mémoires*, p. 33 ; — RULHIÈRE : *Œuvres posthumes*, tome I⁰ʳ, p. 238.

etneim youbkou kem? Mahomet resta coi. J'insistai. Le pauvre guéridon ne savait de quel côté tourner ; je ne voulus pas en avoir le démenti : trois fois de suite je répétai la phrase ; le guéridon continua à se taire. J'avais dit : Deux et deux, combien cela fait-il ? Et Mahomet n'avait jamais pu répondre : *Arba,* quatre. J'arrêtai l'expérience. »

« Gérard de Nerval avait découvert chez moi une ménagère pivotante à trois plateaux superposés, faite sous Louis XVI, et qui avait appartenu à ma grand' mère ; les esprits aimaient ce meuble de salle à manger : ils y logeaient et y prononçaient des discours. La douce folie de Gérard s'en réjouissait, et je me gardais bien de n'être pas de son avis. Le personnage qu'il appelait et qui ne manquait jamais d'accourir était Adam : non pas l'Adam de l'aurore du monde, immaculé, marchant dans le paradis et dormant le front appuyé sur le flanc des panthères ; mais l'Adam prévaricateur, chassé du paradis de délices, tombé sur la montagne de Sérendib, se désespérant et recevant de Dieu, en guise de consolation, le livre de la Kabbale à l'aide duquel Moïse, Josué, Hélie et Jésus ont fait leurs miracles. Or ce livre est perdu ; Toth, hiérogrammate, est le dernier qui en ait eu connaissance, et c'est pourquoi il est devenu immortel. Il s'agissait de le faire dicter à Adam, qui s'y prêtait avec plus de bon vouloir que de clarté. J'aidais Gérard, que' j'aimais beaucoup et dont l'étrangeté pénétrée de démence m'intéressait. Nous commencions par des objurgations, car il était important que les esprits inférieurs ne vinssent pas troubler les confidences du père des hommes. Gérard de Nerval, tourné vers l'est, dans la direction du pays des Hémiarites où fut enterré le bâton des patriarches, criait d'une voix lamentable et je répétais après lui : « Va-t'en, Lilith ! laisse-nous, Mahéma ! Non, Moloch ! non, tu n'auras pas nos enfants à dévorer. » Dans les grandes circonstances, Gérard dansait la danse de la déesse Dercéto, qui fut l'Astarté pisciforme ; pour être liturgique, j'aurais dû lui faire vis-à-vis et danser la danse de Dag, qui était le dragon à queue de serpent, mais j'y étais malhabile... »

M. Anatole France, membre de l'Académie française, me contait une autre expérience. Il fréquenta quelque temps une société spirite qui finit par se dissoudre, parce qu'on surprit l'impresario, le barnum, en flagrant délit d'imposture ; mais avant cette mésaventure, il avait été attiré par un phénomène assez curieux, celui d'un crayon écrivant sur des ardoises, en cinq langues diverses, des communications qui venaient de cinq esprits distincts. Cette littérature polyglotte intrigua l'auteur du *Crime de Sylvestre Bonnard ;* il obtint qu'on lui remit les ardoises, les porta à l'expert Charavay, qui, après quelques minutes d'examen, lui fit remarquer que ce n'était pas les cinq esprits qui avaient écrit, mais une seule personne : les *o* étaient tous formés de la même façon ; les *t* portaient tous la même barre, etc. Il y avait un truc : on ne voyait pas celui qui opérait, et cependant une créature de chair et d'os comme vous et moi écrivait.

J'ai parlé plus haut d'un *piano spirite.* Un jour, on m'invite à une séance d'un médium anglais très accrédité de l'autre côté de la Manche. J'arrive à l'heure dite et me rencontre avec une douzaine de personnes, toutes plus ou moins spirites, et, par conséquent, en état de grâce. Le médium était aveugle, paraît-il ; il ne parlait que l'anglais et avait un interprète. Au milieu du salon, une table avec des cornets en carton et des boîtes à musique ; derrière, à un mètre du fauteuil du médium, le fameux piano. Ma curiosité était vivement excitée, non moins que ma méfiance ; mais je voulais avoir l'air convaincu. On nous enferme à double tour, on nous fait faire la chaîne magnétique, c'est-à-dire que nous nous tenions tous les mains sur la table par le petit doigt ; l'interprète souffle les bougies, et nous voilà dans une profonde obscurité.

Mon air naïf m'avait valu l'avantage d'être placé à droite du médium ; et, de la sorte, mon petit doigt était enlacé au sien ; de l'autre côté, j'avais une grosse dame très mûre, double et triple spirite qui, à chaque instant, se prétendait inondée de fluide magnétique. L'interprète nous prie de chanter, car les esprits aiment la gaieté, non moins que l'obscurité. Nous entonnons des airs d'opéra, des refrains de toute sorte : un véritable concert philharmonique de matous. Cette mise en scène musicale avait-elle pour but de distraire notre attention ? Peut-être. Quoi qu'il en soit, au bout d'une demi-heure environ, le médium prononça en anglais quelques mots signifiant que les esprits n'apparaîtraient pas ce soir, mais qu'il y aurait d'autres manifestations. Première déconvenue. Un monsieur qui a déjà assisté à une autre représentation, murmure que jamais les esprits ne daignent se montrer, et peste contre ces grands seigneurs qui nous trouvent sans doute de trop mince qualité. On le prie de se taire, sinon les esprits pourraient bien s'en aller tout à fait. Le médium soupire profondément, et, au moment où il me croit bien occupé à chanter, je sens son doigt se dégager du mien très doucement, et ce doigt remplacé par je ne sais quoi, une main articulée, j'imagine. Un instant après, redoublant d'attention, je l'entends relever la tête et commencer à parler d'une voix rauque. — Ah ! voilà Jenkins ! s'écrie le compère interprète. — L'esprit Jenkins commence de parler par l'organe du médium, et sa voix semble sortir de tous les coins de la chambre : les boîtes à musique s'enlèvent, jouent des airs, le piano se met de la partie, les cornets s'agitent, dansent sur les épaules et les têtes les plus proches du médium. Cela dura une heure environ, le tout coupé de chants et d'exclamations admiratives, dont je fournissais ma bonne part. Enfin, on me prie de me lever, un fort remue-ménage se produit ; la main véritable du médium s'accroche de nouveau à la mienne, quelque chose se soulève, on allume les lampes, et l'Anglais se trouve assis dans son fauteuil, au milieu de la table, dans l'attitude d'un homme qui sort d'un profond évanouissement, et j'ai ma chaise passée dans le bras.

L'Anglais était ventriloque, cela va sans dire, et je me demandai un instant si je dévoilerais la supercherie. Le voisin de gauche s'approcha de moi après la cérémonie et voulut connaître mon impression. Je souris doucement. « C'est l'enfance de l'art, » affirmait-il. Et en effet, les prestidigitateurs hindous, japonais, Robert Houdin, les Isola, exécutent des tours bien plus étonnants.

Église contre Église! Très hostile à l'Église catholique par laquelle il se prétend persécuté, le spiritisme se pose comme une morale, une religion, une médecine, une philosophie; c'est la panacée universelle. Je n'ai pas vu célébrer de mariages spirites, mais il y a le baptême spirite, l'enterrement spirite. Dans ce dernier, le successeur d'Allan Kardec prononce un discours à la maison mortuaire, un autre au cimetière; sur le catafalque, on place un drap de velours bleu, avec des étoiles d'argent, des soleils et un arc-en-ciel sur lesquels se lisent ces mots : « Naître, mourir, renaître encore et progresser sans cesse, telle est la loi. — Solidarité universelle. — C'est la religion, et non une religion. — Hors la charité point de salut. »

Est-ce une imitation des vieux rites catholiques? Le spiritisme a ses exorcistes : il semble avoir envie d'endosser cette défroque du temps jadis, et voici ses formules d'exorcisme, assez simplement belles d'ailleurs.

Par l'obsédé :

« Mon Dieu, permettez aux bons esprits de me délivrer de l'esprit malfaisant qui s'est attaché à moi. Si c'est une vengeance qu'il exerce pour des torts que j'aurais eus jadis envers lui, vous le permettez, mon Dieu, pour ma punition, et je subis la conséquence de ma faute. Puisse mon repentir me mériter votre pardon et ma délivrance! Mais, quel que soit son motif, j'appelle sur lui votre miséricorde; daignez lui faciliter la route du progrès qui le détournera de la pensée de faire le mal. Puissé-je, de mon côté, en lui rendant le bien pour le mal, l'amener à de meilleurs sentiments !... »

Pour l'obsédé :

« Dieu tout-puissant, daignez me donner le pouvoir de délivrer N... de l'esprit qui l'obsède ; s'il entre dans vos desseins de mettre un terme à cette épreuve, accordez-moi la grâce de parler à cet esprit avec autorité. Bons esprits qui m'assistez, et vous, son ange gardien, prêtez-moi votre concours ; aidez-moi à le débarrasser du fluide impur dont il est enveloppé. Au nom de Dieu tout-puissant, j'adjure l'esprit malfaisant qui le tourmente de se retirer. »

Pour l'esprit obsesseur :

« Dieu infiniment bon, j'implore votre miséricorde pour l'esprit qui obsède N..., faites-lui entrevoir les divines clartés, afin qu'il voie la fausse route où il s'est engagé. Bons esprits, aidez-moi à lui faire comprendre qu'il a tout à perdre en faisant le mal, et tout à gagner en faisant le bien. Esprit qui vous plaisez à tourmenter N..., écoutez-moi, car je vous parle au nom de Dieu. Si vous voulez réfléchir, vous comprendrez que le mal ne peut l'emporter sur le bien, et que vous ne pouvez être plus fort que Dieu et les bons esprits... Mais, par cela même que Dieu est bon, il veut bien vous laisser le mérite de cesser de votre propre volonté. C'est un répit qui vous est accordé... »

J'oubliais les *médecins spirites* qui prétendent vous guérir en se chargeant de votre maladie qu'ils rejettent ensuite ; les *chiromanciens spirites*, et surtout les *photo-*

graphes spirites. Encouragé par le succès de certains photographes spirites américains, un certain Buguet essaya d'importer cet article à Paris, et, pendant quelque temps, il réussit assez bien, reproduisant derrière les naïfs des apparences spectrales qui figuraient plus ou moins l'âme réincarnée de leurs parents et amis. Mais Buguet n'avait pas toujours du fluide, et il lui semblait intolérable de renvoyer, sans les satisfaire, des clients qui payaient 20 francs chaque photographie. Alors il venait en aide à sa médiumnité défaillante par certains moyens artificiels, tels que boîtes de poupées, maquettes articulées, châssis à pivot, interposition d'une personne derrière le client. Chose admirable, les clients reconnaissaient les personnes demandées; cependant il y eut de regrettables méprises : un épicier qui tenait à voir sa défunte épouse ne reçut pour ses 20 francs que le spectre d'un militaire. La curiosité de la justice fut mise en éveil, Buguet arrêté avec son complice Firman, et le procès se termina par un an de prison.

Il y a quelques années, le spiritisme avait un grand salon, celui de lady Caithness, duchesse de Pomar, que ses amis regretteront toujours pour la beauté de son âme et la grâce inoubliable de son hospitalité. Que de fois n'ai-je pas entendu des mondains, des indifférents, s'écrier : « Eh bien ! cette pauvre duchesse est morte ! C'est grand dommage ! » Quel éloge dans ce pays où Musset disait à propos de la Malibran morte depuis quinze jours :

Sans doute il est trop tard pour parler encor d'elle !

La duchesse de Pomar était une fervente adepte de l'occultisme ; auprès d'elle se groupaient force spirites, mages, thaumaturges : elle avait fondé une revue, *l'Aurore,* et publiait de nombreux ouvrages (1) en l'honneur de cette religion, qui, m'a-t-elle dit, la rendait pleinement heureuse. Son cœur, son imagination, débordaient peut-être dans son cerveau, mais avec quelle bonhomie touchante, avec quelle conviction profonde, et quelle recherche passionnée du bon, du beau et du vrai ! Son hôtel de l'avenue Wagram, appelé Holyrood, était consacré à Marie Stuart, considérée comme une sorte de divinité tutélaire, comme le génie familier de l'endroit. La reine d'Écosse avait là son oratoire, avec des portraits, des statues, une espèce de chemin de croix où se trouvaient peints les principaux épisodes de sa vie si douloureuse : là se réunissaient les initiés, c'est là qu'on évoquait la belle princesse, les esprits. La demeure était somptueuse, digne des hôtes invisibles qui la hantaient, dont *l'Aurore* recueillait avec soin les communications. Nombre de spirites, appartenant à la meilleure compagnie, formaient le bataillon fidèle de la duchesse. Le jour où je lui fus présenté, un monsieur qui la saluait en lui baisant la main, dit tranquillement : « Duchesse, je vous supplie de me mettre aux pieds de la reine. » Et elle de

---

(1) *L'Ouverture des sceaux ; Révélations d'en-haut sur la science de la Vie ; Le Spiritisme dans la Bible ; Théosophie sémitique : les vrais Israélites ; La Théosophie universelle, théosophie boudhiste ; La Théosophie chrétienne ; Le Secret du Nouveau Testament,* etc... — Et en anglais : *Serious letters to serious friends ; The mystery of the ages : Old truths in a new lights,* etc.

répondre avec la même sérénité : « Je ne la verrai ni aujourd'hui ni demain, mais après-demain sans faute je lui transmettrai vos compliments. » On entendait chez elle les conférenciers spirites, Mme Blavatsky entre autres, mais il y avait aussi des conférences scientifiques, littéraires, historiques, des représentations théâtrales, des concerts, de très beaux bals où l'élément spirite ne dominait point. La châtelaine d'Holyrood m'avait demandé de donner une conférence dans cette magnifique salle où quatre cents personnes tenaient fort bien assises ; j'avais choisi comme sujet : *Les Femmes du XVIIIe siècle.* Deux de mes amies la rencontrent dans un salon et lui parlent avec beaucoup de bienveillance de votre serviteur. « Oui, dit-elle, le sujet de la causerie n'est pas mauvais ; mais je suis préoccupée. — Et pourquoi donc, chère Madame ? — Lorsque j'ai annoncé la nouvelle à la reine, elle a froncé le sourcil et m'a tourné le dos. » Depuis j'avais conquis les bonnes grâces de la reine, et la duchesse m'honorait de son amitié. Et, chose rare chez les apôtres, elle n'essayait pas de me convertir à ses croyances : en vérité, la noblesse de son caractère, le charme de son esprit imposaient à tous le respect.

Il y a un coin de divin dans l'homme, un coin qu'il faut remplir, à tout prix, de vérité ou d'erreur. Et les illusions ne sont pas la moins charmante, ni la moins chère de nos propriétés. Heureux ceux qu'elle aide à faire une agréable promenade à travers l'existence ! Ces théosophes ont une foi, et n'en a pas qui veut ; d'ailleurs, ils ne manquent point d'affirmer que l'erreur d'aujourd'hui sera la vérité de demain, et ils invoquent l'histoire. Je crois, pour ma part, qu'elle les condamne ; mais ne les troublons pas dans leur chimère.

V

Il n'y a plus, dit Xavier Marmier, d'autre sorcellerie que celle des beaux yeux de nos jeunes filles. Paroles plus aimables que vraies. N'assistons-nous pas, depuis 1870 en particulier, à une nouvelle épidémie de magie, de satanisme ? Ne trouve-t-on pas, dans un nombre énorme de villages, des sorciers qui ont le mauvais œil, qui jettent un sort sur le bétail, sur les gens aussi ? Parcourez la *Gazette des Tribunaux ;* elle vous racontera maint procès de sorcellerie, compliqué de maléfices, bien entendu. Consultez M. Huysmans, son roman de *Là-bas,* son étude sur les Palladistes, les Lucifériens et les Sataniques ; il vous dira, d'autres vous diront, qu'on célèbre la messe noire en plein Paris, que les vols d'hosties consacrées sont assez fréquents. N'a-t-on pas, il y a quelques années, recouru aux pratiques de l'exorcisme dans un village voisin de Paris, à Gif ? Mlle Couesdon a-t-elle manqué de clients ? Et il n'y a pas bien longtemps que le jury anglais condamnait le mari, le père, les parents d'une jeune femme brûlée vive par eux sous prétexte qu'elle était sorcière, en vertu de cette superstition populaire que, lorsqu'une femme tombe en maladie de langueur, elle a été emportée par les fées, et que la personne qui demeure à sa place n'est pas la personne réelle, mais simplement une fée ou sorcière qui a pris sa forme extérieure et s'est introduite dans la famille pour la ruine et le malheur de celle-ci. En entendant prononcer sa sentence, le mari protesta qu'on l'empêchait de jamais revoir sa femme, et que, si la police, au lieu de le garder en prison, l'avait laissé attendre le cheval blanc sur la montagne, sa vraie femme serait aujourd'hui à ses côtés (1).

Pour un sorcier, dix mille sorcières, disait-on jadis. « La femme naît fée, écrit Michelet ; par le retour régulier de l'exaltation, elle est sibylle ; par l'amour, elle est magicienne ; par sa finesse, sa malice, elle est sorcière et fait le sort, du moins elle endort, trompe les maux. »

Heureusement, cette magie noire n'est plus devant la loi que de la magie blanche. Jadis elle nous montrait

Une ample *tragédie* à cent actes divers.

---

(1) Voici les conclusions d'un excellent lettré :

« Comme chacun, je fus attiré quelque temps par ces recherches équivoques, et j'ai fait tourner des tables, ce qui est l'*a b c* de l'extraordinaire. J'ai lu, sans discernement, une douzaine de revues ou de magazines, situés entre les confins de la science définie et les terrains plus vagues de la mauvaise farce. Car il y a de tout dans les professionnels de l'occulte, des prestidigitateurs et des spirites, des médecins rêveurs et des mystiques souffrants, des mathématiciens éperdus, des lecteurs des lignes de la main, des observateurs du marc de café, des cartomanciens métaphoriques, des graphologues de subtilité notoire et des cliniciens authentiques, des charlatans exploiteurs, et des fumistes qui se « payent » des têtes intactes ou fêlées : il y a Crookes, il y a Charcot, il y a Lemice-Terrieux. Il y a pis : l'abus de confiance « à la magie ; » la vieille rentière de banlieue qu'on escroque en lui enjoignant, au nom de puissances surnaturelles, de déposer son portefeuille au pied d'une borne kilométrique, est un phénomène

Aujourd'hui, ce n'est plus une tragédie matérielle et sanguinaire ; c'est quelquefois une tragédie de la pensée, un drame de l'âme, dans lequel l'acteur ne met d'autre enjeu que sa raison.

Littré a dit de l'occultisme qu'il est une disproportion totale entre la cause et l'effet : l'histoire condamne son impuissance radicale, car il n'en est sorti aucune œuvre effective, aucune conception féconde, aucune production de génie. Le voile d'Isis. le manteau de Tanit, la robe de Psyché, ne recouvrent que des mythes poétiques. D'ailleurs, comme la raison occultiste a ses raisons que la raison générale ne connaît guère, ni les croyants ne manquent aux nouveaux thaumaturges, ni les spectateurs aux charlatans, ni les dupes à des imposteurs d'autant plus éloquents qu'ils croient eux-mêmes en

---

qui aboutit assez régulièrement à la neuvième chambre laquelle est, comme on sait, une chambre correctionnelle.

« J'avoue m'être rendu complice, autrefois, au quartier Latin, d'un mauvais tour de spiritisme. Nous avions convaincu une veuve un peu simple que l'esprit de son mari lui allait apparaître. Dans l'obscurité presque complète, un camarade complaisant, enveloppé d'un suaire — un drap de lit — et la fulguration de quelques tubes de Gœssler, fournis par des étudiants en physique, suffirent à une illusion si absolue, que la dame épouvantée confessa à « son mari » des torts qu'elle avait dissimulés « de son vivant, » et dont nous eûmes grand'peine à écouter l'aveu sans rire et sans broncher.

« Il y a donc l'occultiste facétieux, comme il y a l'occultiste filou. Il y a l'occultiste imbécile, le monsieur qui, dans les coïncidences les plus insignifiantes, s'entête à discerner les desseins d'une fatalité particulière et méthodique ; le quidam vous raconte : « Moi, je suis né un 4, je me suis marié un 4, j'ai eu 4 enfants, à Monaco j'ai « ponté » sur le 4 et j'ai gagné. Expliquez-moi ça ! » Le premier résultat de l'occultisme, c'est d'ensorceler ses initiés. »

partie à leurs jongleries, et tirent des arguments spécieux des phénomènes magnétiques, télépathiques, hypnotiques, du dédoublement de la personne, de ce que les initiés appellent, dans un jargon assez rude : l'extériorisation de la sensibilité.

Plus on assiste aux expériences des médiums de tout genre, plus on arrive à se convaincre qu'il n'y a là d'extraordinaire que la crédulité du public. S'il faut commencer par croire pour voir des choses étonnantes, s'il faut faire litière de son bon sens et répéter dans un prosternement le *Credo quia absurdum,* que devient la certitude qu'on prétend nous fournir? Quelle pétition de principes, et quelle étrange manière de résoudre la question par la question !

Mais, pour les savants eux-mêmes, quelle source de mystifications, que de motifs de se tenir en garde contre leurs propres expériences ! Peuvent-ils assez se répéter que la plupart des sujets hystériques sont menteurs et vaniteux? Voici William Crookes, savant considérable, membre de l'Académie royale de Londres : pendant plusieurs années, il évoque à volonté un gracieux spectre aérien de jeune fille, Miss Katie King, qui semble la sœur de celle qu'imagina Théophile Gautier dans ce délicieux roman de *Spirite.* Que penser aussi de X..., médecin d'un des grands hôpitaux de Paris, qui produisait dans les salons son sujet, et là, devant une société d'élite, se livrait à des expériences qui montrent surtout qu'il était la première dupe de ce même sujet-femme? Quand il avait le dos tourné, nous la voyions sourire et lui tirer la langue.

Enfin, pour donner une conclusion tirée des entrailles mêmes de l'histoire, l'occultisme dans le passé a fait infiniment de mal : « Il est plus dangereux, dit Platon, d'être empoisonné par l'oreille que par la bouche. » Aujourd'hui encore, il semble un danger intellectuel et moral plutôt qu'un bienfait. Certes, il y a des êtres très nobles que ces rêveries fascinantes ont consolés, mais on en compterait bien plus encore qu'elles ont affolés. Un homme que j'ai beaucoup aimé, doué de la plus belle, de la plus lumineuse intelligence, de ceux-là qu'on pourrait appeler des arguments en faveur de l'immortalité de l'âme, a perdu à moitié la raison dans les abîmes de l'occultisme ; et, depuis vingt-cinq ans, atteint d'une demi-folie, mélancolique, farouche, il vit solitaire, dans une petite ville de la Bretagne, refusant de voir ses meilleurs amis, restant parfois six mois sans dire une seule parole à sa mère qui a fini par mourir de douleur, insensible à l'influence balsamique de l'océan qu'il voit de sa fenêtre, et dont les orages sont moins profonds peut-être que ceux de sa pensée troublée pour toujours. Ce sont là de cruels souvenirs : bien des familles, hélas ! pourraient joindre leur témoignage à celui-là, et inscrire leurs victimes dans le martyrologe de la chimère ésotérique.

DEUXIÈME CONFÉRENCE

LES COUVENTS DE FEMMES AVANT 1789

Il n'a manqué peut-être qu'un Montalembert aux couvents de femmes pour faire figure dans l'histoire à l'égal des couvents d'hommes. Leur influence, leurs services ne semblent nullement inférieurs, leur origine est aussi ancienne, peut-être plus illustre encore, car en Angleterre, en Allemagne, comme en France, ils sont presque tous fondés par des reines ou des filles de roi : et celles-ci ne se contentent pas de les instituer, de s'y retirer, elles les gouvernent comme de véritables royaumes. Tels ils apparaissent en effet, empires des âmes, s'appuyant sur un pouvoir temporel considérable, avec ces abbesses qui commandaient parfois à plus de cent maisons, auxquelles obéissaient aussi des monastères d'hommes. Leur puissance recevait les couleurs, l'empreinte de l'époque médiévale, et, à leur tour, elles faisaient pénétrer des mœurs plus douces, plus pures, dans la civilisation féodale et chevaleresque. Elles donnent audience aux souverains ou à leurs ambassadeurs, tiennent des cours de justice, résistent aux princes laïques, aux évêques, aux parlements, reçoivent des voyageurs, des amis, donnent des dîners plantureux, occupent à l'église un trône épiscopal, portent la crosse et une couronne spéciale, convoquent, président, dirigent des synodes ; d'aucunes même s'arrogent le droit de confession sur leurs religieuses. L'abbesse de Fontevrault a le privilège de battre monnaie, l'abbesse de Jouarre nomme les chapelains d'un grand nombre de chapelles ; la Fürstäbtissin de Gandersheim, (Allemagne) siège à la diète : « L'abbesse de Barking ou de Shaftesburg, dit Arvède Barine, détenait la réalité du pouvoir dont les souveraines modernes ne possèdent que l'ombre. »

Leurs monastères demeurent des centres de culture et d'art, des oasis de beauté morale et de bonheur : pour les moniales, ils représentent la sécurité, la liberté de ne pas se marier, de quitter même leurs maris ; aux ambitieuses, aux intellectuelles, ils offrent l'emploi de leurs facultés : car ils nécessitent une foule de charges, ayant la plupart un hospice, des exploitations agricoles groupées tout alentour, de vastes dépendances pour loger les rois et évêques de passage, ainsi que les laboureurs, pâtres, chasseurs, hommes de garde, et les serviteurs mâles ou frères lais. N'oublions pas leurs écoles, où brillent des femmes professeurs en tout genre, où l'on a résolu, dix siècles avant les États-Unis, le problème de la co-éducation des sexes ; les élèves apprennent à commenter Virgile et les Pères de l'Église, on leur enseigne le chant, la musique, les arts décoratifs. Mais, quel que soit l'orgueil de la naissance, personne alors ne croit déroger en vaquant aux devoirs domestiques. Ainsi la reine Radegonde lavait à son tour la vaisselle, de même que la princesse Nausicaa allait avec ses compagnes laver le linge à la rivière. La guerre en général s'arrête au seuil de ces cloîtres : pas toujours cependant, car la brutale convoitise de certains seigneurs ne respecte rien, et les vieilles chroniques rapportent l'aventure de maint couvent pillé bien des siècles avant la Réforme.

Ce sont donc de fort grandes dames que ces abbesses, dans les maisons desquelles on mène de front les besognes les plus diverses : soins du ménage, copies, enluminures des manuscrits, soieries relevées d'or et de pierres précieuses. Elles les gouvernent dans un ordre parfait, recommandent à leurs moniales toutes les propretés de l'âme, du corps et de la toilette : « Le Christ, observe l'une d'elles, déteste qu'on soit sale ou taché. Il abhorre les garnitures râpées. Il veut des vierges qui soient belles. »

Femmes de rare intelligence, presque toujours de mœurs austères, elles s'appliquent à faire régner autour d'elles la vertu : non seulement elles marchent à la tête du mouvement intellectuel de leur temps, mais encore quelques-unes vont jusqu'à la préciosité littéraire et devancent Philaminte. Voici un axiome partout respecté et mis en pratique : « Un monastère sans bibliothèque, c'est une forteresse sans arsenal. »

Et beaucoup de moniales marchent sur les traces de

leurs supérieures : au couvent de Barking, elles s'évertuent à trouver les quatre sens des Prophètes, « le sens littéral, l'allégorique, le tropologique et l'anagogique, » discutent sur la métaphysique, deviennent les scoliastes des écrivains sacrés. La scolastique n'est-elle pas aussi une des formes de la préciosité ? Dans les comédies et les légendes en vers de la religieuse Hrotsvitha, on respire un singulier parfum de pédantisme ; en même temps, ses œuvres renferment des détails d'un naturalisme aussi brutal que candide qui font penser à la « pudeur impudique » de Milton ; et cette littérature réaliste ne donne que trop raison aux prêtres qui protestaient contre la liberté des monastères féminins. Charles Magnin estime que les pièces de Hrotsvitha ont dû être représentées : s'il en était ainsi, on pourrait croire encore à la chasteté physique et morale des nonnes de Gandersheim au xe siècle, mais il deviendrait plus difficile d'admettre leur ignorance théorique.

En France, les grands ordres religieux datent surtout de l'époque féodale : Camaldules, 1012 ; Fontevrault, 1099 ; Bernardines, 1135 ; Dominicaines, 1206 ; Clarisses, 1250. On a remarqué que deux faits caractérisent cette époque : accroissement des domaines et richesses des abbayes, protection directe accordée par les évêques. Les abbayes essaiment à leur tour d'autres abbayes, et il devient difficile de garder le fil conducteur dans ce dédale. C'est ainsi que les Bernardines se détachent des Bénédictines, lorsque fut fondée en 1135 l'abbaye de Tart (près Dijon), qui essaime 1,400 abbayes de femmes ; transférée en 1623 à Dijon, elle est pourvue d'une abbesse générale, réunissant chaque année, à la Saint-Michel, toutes les abbesses de son ordre en un chapitre général ; les noms des quarante-trois abbesses de Tart sont ceux des premières familles de France.

Des abus existent, qui, à plusieurs époques, se généralisent, appellent des réformes profondes, excitent l'attention du pouvoir royal et du Saint-Siège : ils résultent de la fragilité humaine, de la constitution même des ordres religieux forcés de s'adapter au régime féodal et de subir beaucoup de ses lois. Quelques abbesses se montrent de terribles dépensières, comme la plupart sont d'admirables aumônières ; des scandales trop nombreux éclatent, et des rois, paraît-il, choisissent leurs favorites dans certains cloîtres. Les monastères doubles ou mixtes, cette nécessité de l'époque féodale, donnèrent lieu sans doute à de graves désordres ; ils se composaient comme on sait de deux bâtiments juxtaposés, l'un pour les religieuses, l'autre pour les religieux. Et c'est en vain que le Concile de Trente au xvie siècle exige quarante ans d'âge, huit ans de profession pour que la nomination aux fonctions d'abbesse soit régulière : dans la pratique on éluda l'une et l'autre garantie.

Le roi, malgré un simulacre d'élection, confère en fait l'abbatiat aux femmes comme il l'entend, et trop souvent des choix déplorables eurent les plus tristes résultats.

Ne mettons pas d'ailleurs au compte des ordres français ce qui parfois appartient au dossier d'ordres étrangers, et rappelons-nous la visite de Boileau à

Citeaux. Le Père lui montre l'abbaye dans tous ses recoins, et finit par demander, avec une pointe d'ironie, où siège la *Mollesse* qui, d'après le *Lutrin,* avait son domicile coutumier à Citeaux : « Ma foi, mon Père, confesse Boileau, elle est si bien cachée, que je n'ai pu moi-même la découvrir. »

Voici d'ailleurs un trait plus spécial aux pays du Nord : pendant des siècles, malgré tous les efforts du clergé, la clôture n'existe pas plus pour les nonnes de la Germanie et de l'Angleterre que pour les moines ; elles reçoivent des visites, font de longs séjours dans leurs familles et chez leurs amis, ne s'assujettissent même pas à un costume particulier (1). Celles d'Angleterre, dès le viiie siècle, ont la passion des voyages, vont en pèlerinage à Rome, et sur la route, les couvents remplissent le même office qu'aujourd'hui les hôtels et auberges. Et cela ne va pas sans de graves inconvénients, signalés par saint Boniface dans une lettre à Cuthbert de Cantorbéry : « ... Elles arrivent en grand nombre (dans les États romains), et peu s'en retournent pures... c'est un scandale et une honte pour votre Église tout entière... » Mais comment faire échec à ces

____

(1) Un évêque du viiie siècle dépeint en ces termes les costumes des moniales de la Grande-Bretagne : « Elles portent une robe de lin lin, de couleur violette ; par dessus, une tunique écarlate, à capuchon, les manches garnies de bandes de soie et ornées de fourrures fauves. Les cheveux sont frisés au fer sur le front et les tempes, le voile est abandonné pour des coiffures blanches ou de couleur qui pendent jusqu'à terre, et sur lesquelles sont cousus des nœuds de ruban. Les ongles sont taillés de façon à ressembler aux serres d'un faucon. »

filles qui se recrutent parmi les plus grandes familles de leur pays, qui occupent des monastères créés en vue d'une personne ou d'un groupe de personnes, au lieu de l'être en vue d'une idée ? Les empêcher d'apporter à l'église leurs petits chiens, leurs oiseaux apprivoisés, d'aller aux eaux ou d'assister aux noces, une telle prétention leur semblait un empiétement intolérable auquel elles résistaient avec la dernière énergie. Et toutefois, l'opinion publique d'alors finit par se prononcer pour les évêques : ils l'emportèrent, l'uniformité progressa, le principe de la clôture triompha, mais cette nouvelle ère fut aussi marquée par la décadence des études et de la vie intellectuelle.

Rappelons ici les réflexions d'Arvède Barine dans sa brillante étude sur les couvents anglais et allemands du viie au xiie siècle ; elles s'appliquent à nos couvents français : « ... Il y a toujours eu des couvents pauvres, qui jeûnaient par nécessité, et eussent été fort en peine de s'acheter des soieries d'Orient. Il y en eut toujours d'ascétiques, sous l'influence du clergé, et grâce à ses efforts persistants. Il y en eut très tôt de réformés, qui se retranchèrent sur la table, les vêtements, les domestiques, et aussi sur les études classiques et les livres profanes. Ces inégalités n'enlèvent rien à l'éclat de maisons dont on a pu dire avec justice : « Les ténèbres du siècle s'arrêtèrent à leur seuil. » Au dehors, dans les palais et les châteaux, la jeune fille trouvait la quasi-sauvagerie, des périls incessants, avec la perspective d'appartenir à une brute ; elle trouvait au dedans du cloître la paix et la sécurité, une vie ornée et des loisirs studieux, mille échos d'une civilisation disparue, mais non oubliée, qui se ranimait sous ses yeux en feuilletant les poètes latins ou en imitant les bibelots travaillés par les ouvriers byzantins. Ajoutez à tant de biens les libertés raisonnables et quelques-unes en sus... Pour les âmes délicates, il y avait là un attrait analogue à celui qui jeta les gens du Nord sur l'Italie, au temps des guerres de Charles VIII et de Louis XII. Pour toutes les femmes, le cloître représentait la première moitié de la liberté du mariage : le droit de ne pas se marier contre leur gré. C'est la plus importante. Avoir le mari qu'on ne voudrait pas est un malheur incomparablement plus grand que de ne pas avoir le mari qu'on voudrait bien... Les grands monastères, Quedlinburg et Gandersheim, Barking et Whitby avaient contenté leurs ambitions. Elles y avaient trouvé des libertés et des droits bien supérieurs à ceux que les congrès de leurs héritières demandent aux Parlements modernes. Peu importe qu'elles les trouvassent dans une cellule. »

 Si nous voulons connaître quelques-unes des variations et défaillances de l'idée monastique en Italie, notamment au xvie siècle, Arvède Barine continuera de nous édifier très agréablement. Rien de plus piquant que l'analyse et le commentaire du récit où Sœur Séraphine raconte la vie de son amie Félicie, abbesse de Saint-André de Ravenne. Quelle abbaye de Thélème ! Point de murs de clôture, point de fermetures aux grilles, aux portes et aux fenêtres ! L'amour y joue le grand premier rôle, et non seulement l'amour divin, mais l'amour humain : heureux encore quand c'est l'amour à la Pétrarque, celui qui se contente de monnaie d'imagination, petits vers, tendres soupirs, lettres et conversations au parloir. « Les passions de la femme règnent, doublées des passions de la nonne. » Une d'elles, une platonicienne cependant, célèbre la *vie savoureuse* de deux amants heureux, salue dans *Cupidon* le grand vainqueur du monde, déclare cependant qu'il faut résister ; mais pour quelle raison ? Parce que la race des adorateurs au xvie siècle a déplorablement dégénéré, et qu'il n'en est plus de fidèles.

« Les esprits chagrins eux-mêmes ne voyaient aucun mal à ces joyeuses réunions de parloir, et à tout ce qui en était la suite. On faisait de la musique ensemble, on s'exerçait au beau langage et aux belles manières, on nouait des intrigues. Le lendemain, moines et gentilshommes faisaient porter à la personne qu'ils avaient distinguée des gants parfumés, des bijoux, des friandises, leur portrait. L'envoi était accompagné d'une lettre où ils posaient leur candidature à l'emploi de « serviteurs. » S'ils avaient eu le malheur de déplaire, on leur renvoyait leurs dons. Étaient-ils agréés, il s'établissait un doux commerce de présents. Leurs dames leur donnaient des ouvrages de linge ou de broderie faits de leurs mains, elles leur fabriquaient des confitures, des gâteaux, toutes les mille chatteries dont une maison semblable avait le secret. Le caractère des « serviteurs » se trahit d'une façon amusante par la nature des cadeaux qu'ils préfèrent. L'un se fait faire des chemises ; c'est l'homme pratique. Un autre implore une boucle de cheveux ou, tout au moins, l'épingle qui retient le voile de sa chère nonnette : c'est l'amoureux sentimental. Un troisième est gourmand ; il se commande des tourtes et des plats de macaroni... »

Après avoir longtemps lutté, Sœur Félicie agrée les hommages d'un gentilhomme qui s'est épris en lisant des lettres d'elle, et qui lui écrit des billets « galamment tournés et doctes : » liaison « toute platonique et toute dirigée vers une fin honestissime, » dit Sœur Séraphine. Le bonheur de son amie dure trois ans ; mais tout d'un coup le gentilhomme cesse d'aimer « sans autre raison qu'il était homme. » Sans doute le spiritualisme masculin ne pouvait durer davantage, et l'amoureux avait en vain réclamé une nourriture plus substantielle.

Félicie fut longtemps malade, et resta plongée « dans la vaste et dangereuse mer de son amertume, » en proie à un « poison qui abrégea sa vie. » Devenue abbesse, elle songea à faire son salut par les autres, entreprit la réforme de son couvent, et y tint la main pendant son règne ; mais après elle les choses reprirent leur train d'autrefois. Sœur Félicie affirme qu'il est plus difficile de faire son salut au couvent que dans le monde « à cause des grandes haines et malignités qui y règnent et y germent à toute heure. » Peut-être aussi avait-elle constaté de nouvelles infractions à son cher platonisme.

Mais les couvents italiens ne ressemblaient pas tous à celui de Saint-André, le XVIᵉ siècle est pour les cloîtres, dans toute l'Europe, une fâcheuse époque de relâchement, et juger ces errements selon notre idéal très noble de morale religieuse au xxᵉ siècle, serait commettre un véritable déni de justice et d'impartialité.

Les rapports de la société française d'autrefois avec les couvents sont infiniment plus étroits et se manifestent d'une manière plus éclatante, plus originale qu'aujourd'hui (1). Le couvent sous l'ancien régime n'est pas seulement une maison d'éducation pour l'aristocratie et la bourgeoisie, le refuge des âmes enivrées des voluptés de

---

(1) P. Elyot : *Histoire des ordres monastiques.* — *Dictionnaire théologique* de Vacant. — Ducas : *Chapitres nobles de dames.* — Combes : *Mᵐᵉ de Sévigné historien.* — *Mémoires* de Daniel de Cosnac, de la Grande Mademoiselle, de Saint-Simon, de Cheverny, de Mᵐᵉ de Chastenay. — Arvède Barine : *Couvents du temps jadis* dans *Revue de Paris* du 1ᵉʳ juin 1898, et *Une abbesse italienne au XVIᵉ siècle* dans les *Portraits de femmes.* — Gabriel Prevost : *Abbesses d'autrefois et d'aujourd'hui* dans *Correspondant*, 10 juillet 1902. — E. de Barthélemy : *La Marquise d'Huxelles et ses amis*, p. 46, et *Les Filles du Régent*, tome Iᵉʳ, p. 271-345, 2 vol. — A. Benoit : *Une abbesse de Remiremont, Élisabeth d'Orléans.* — *Journal* de l'Estoile. — Réné de Maulde : *Les Femmes de la Renaissance*, p. 626. — Alfred Rébelliau : *Anne de Gonzague* dans *Revue de Paris*, 1ᵉʳ décembre 1896. — Fabre : *La jeunesse de Fléchier*, 2 vol. — *Historiettes* de Tallemant des Réaux. — Armand Parrot : *Mémorial des Abbesses de Fontevrault.* — *Souvenirs* de Bouhier. — *Mémorial* de Norvins, tome Iᵉʳ, p. 391. — De la Ferrière : *Une véritable abbesse de Jouarre.* — *Lettres* de Mᵐᵉ la duchesse d'Orléans. — Walckenaer : *Mémoires touchant la vie et les écrits de la Marquise de Sévigné*, tome Iᵉʳ, p. 421. — Victor Cousin : *Jacqueline Pascal; Mᵐᵉ de Longueville.* — De Brosses : *Lettres familières écrites d'Italie en 1739 et 1740.* — Livet : *Précieux et précieuses*, pp. 92 et sq. — Floquet : *Études sur la vie de Bossuet*, tome II. — D'Avenel : *Richelieu et la Monarchie absolue*, tome III, pp. 318 et sq., 331, 343 et sq. — De Lescure : *Correspondance de Mᵐᵉ du Deffand*, tome III, pp. 8 et sq; *Les Confessions de l'Abbesse de*

l'idéal mystique ou trop faibles pour combattre le dur combat de la vie laïque, mais une retraite provisoire, un asile contre soi-même ou contre le despotisme de la famille, une prison même en cas de fautes graves. Mainte grande dame vient y terminer son existence, et, tout en se rapprochant de la religion, ne laisse pas de conserver, avec son indépendance, une partie de son train de maison, de ses relations. Cette physionomie spéciale, les rapports qui découlent de cette situation, les compromis perpétuels entre la vie religieuse et la vie séculière, donnent en un sens au couvent les

---

Chelles, fille du Régent, 1 vol., Dentu. — Maurice PALÉOLOGUE : *La Religieuse portugaise* dans *Profils de femmes*. — Lucien PEREY : *Histoire d'une grande dame au XVIIIe siècle*, tome Ier. — RAYNAL : *Histoire du Berry*, tome IV, p. 294. — SAINTE-BEUVE : *Port-Royal*. — Pierre CLÉMENT : *Une abbesse de Fontevrault au XVIIIe siècle*. — DU CHATELLIER : *Étude sur quelques anciens couvents de la Bretagne*, 1884. — Philippe LAUZUN : *Les Couvents de la ville d'Agen avant 1789*. — Edmond BIRÉ : *Portraits historiques et littéraires*, pp. 322 et sq. — CÉDOZ : *Un couvent de religieuses anglaises à Paris, de 1634 à 1884*, in-18, Lecoffre. — MONTALEMBERT : *Les Moines d'Occident*, 5 vol. — FEUGÈRE : *Les femmes poètes au XVIe siècle*. — *Chanoinesses et France ecclésiastique*, par le pasteur VOLLET; *Grande Encyclopédie*. — Miss Lina ECKENSTEIN : *Woman under monasticism*, Cambridge, 1896. — FRITSCH : *Geschichte des Reichstifts Quedlinburg*. — BÈDE : *Histoire ecclésiastique des Anglo-Saxons*. — *Théâtre de Hrotsvitha*, religieuse allemande du xe siècle, avec une introduction de Charles Magnin, Paris, 1845. — Amédée THIERRY : *Saint Jérôme*, 2 vol. — *Vie de la Mère Félicie Rasponi, abbesse de Saint-André*, écrite par une religieuse, publiée par M. Corrado Ricci dans *Biblioteca di curiosità storiche e letterarie*. — VACANDARD : *Vie de saint Bernard*, 2 vol., 1895. — Jules LAIR : *Louise de la Vallière et la Jeunesse de Louis XIV*, 1 vol., Plon. — DUTILLEUX : *Recueil d'anciens inventaires*, 1 vol., Leroux, 1896. — M. DE MONTROND : *Dictionnaire des Abbayes et Monastères*, t. XVIe de la troisième Encyclopédie théologique de l'abbé Migne.

allures d'un salon vertueux : même train de causerie, mêmes préoccupations, mêmes sujets de discussion. Les femmes du monde, qui l'habitent en passant ou d'une façon permanente, lui apportent l'écho et comme la vibration constante de la vie extérieure ; les principes de la monarchie absolue contribuent encore à augmenter cette espèce de pénétration réciproque ; la liberté politique n'existant pas, les esprits indépendants se passionnent pour les querelles religieuses, y recherchent un aliment d'opposition ; on ne peut aborder de front la critique du pouvoir, on tourne la loi en la respectant, comme ce notaire du théâtre d'Émile Augier. A diverses époques, sous la régence d'Anne d'Autriche, sous la Fronde, les couvents deviennent des centres d'intrigues où, sous le manteau de la religion, l'esprit de cabale se déploie avec une ardeur extrême.

Le couvent a donc sa place légitime dans une histoire de la société polie ; il se présente comme un prolongement de la vie de salon ; et, par exemple, nous avons vu la marquise de Sablé qui, à Port-Royal, préside un cercle, une ruelle, un hôtel de Rambouillet en miniature, cultive son crédit pour elle-même et ses amis, met à la mode les maximes, sentences et réflexions (1).

Ainsi encore, mais avec un tout autre caractère, la marquise de Maignelais, sœur d'Emmanuel de Gondi, général des Galères, et tante du cardinal de Retz, consacre à des retraites spirituelles tout le temps qu'elle

---

(1) Voir au tome Ier de cet ouvrage le chapitre intitulé : *La Société et Port-Royal.*

n'emploie pas au service des pauvres et des malades : lorsqu'elle se trouve chez les Capucines, elle ne veut parler qu'à genoux aux religieuses, leur rend les services les plus humbles, balaie la maison, lave les écuelles, mange dans les vases de terre. Il faut que son oncle le cardinal de Gondi, M. de Bérulle son confesseur, et le pape Paul V, lui défendent de prendre le voile, l'obligent à ne pas quitter le monde où elle fait un bien infini avec son immense fortune : le pape ne lui permit de visiter les Capucines que soixante fois par an; elle se consolait en n'invitant que les pauvres à sa table, en assistant les condamnés à mort, en fondant un asile pour les filles de mauvaise vie repentantes, sans doute aussi en cabalant un peu avec le parti des Saints et les Carmélites. En attendant que Louis XIV, dans un des rares accès de colère dont l'histoire fasse mention, traitât les Carmélites d'intrigantes, d'empoisonneuses, et « fit trembler la terre, » selon le mot de Mme de Sévigné, elles inspiraient à Mazarin les plus sérieuses appréhensions, leur monastère étant le principal foyer de la guerre sainte contre lui. La reine n'allait jamais au Val-de-Grâce ou aux filles de Sainte-Marie, sans entendre des discours qui troublaient sa conscience, et lui laissaient d'amers souvenirs que le ministre favori avait grand'peine à dissiper. Aussi use-t-il de tous ses artifices pour la détourner de ses visites, lui représentant que ce faste de piété à la mode d'Espagne n'était pas de mise en France, que Dieu est partout, et qu'elle pouvait le prier dans son oratoire, qu'on la comparait à Henri III qui, tout confit dans ses dévotions, ne laissa pas d'être chassé de Paris. « Tous ces prétendus serviteurs de Dieu, écrit-il, sont en réalité des ennemis de l'État... Les couvents, les moines, les prêtres, les dévots et les dévotes, sous prétexte d'entretenir la ferveur de la reine, n'ont d'autre but que de lui faire consumer son temps en toutes ces choses, afin qu'elle n'en ait pas pour les affaires et pour me parler : et ils espèrent venir à bout de leurs desseins en faisant donner le dernier coup, quand tout sera prêt, par la Maignelais, par Dans, par la Supérieure du Val-de-Grâce (Marie de Bourges), et par le P. Vincent. Toutes les dévotes sont liguées ensemble, et la Maignelais donne perpétuellement des rendez-vous à Hautefort et à Sénécé. La reine subordonne les affaires publiques aux affaires domestiques, et en particulier à la dévotion, tandis qu'elle devrait faire tout le contraire... » Mais Mazarin possédait le cœur de la reine, l'ayant il avait tout, et c'est pourquoi il triompha des Importants du parti des Saints, comme plus tard il devait triompher de la Fronde : d'ailleurs il ne manquait pas d'autres bonnes raisons pour qu'il l'emportât.

C'était le temps où, selon la remarque de Victor Cousin, l'esprit religieux, après avoir débordé dans les guerres civiles et enfanté les grands crimes et les grandes vertus de la Ligue, épuré mais non affaibli par l'Édit de Nantes et la politique de Henri IV, puisait dans la paix des forces nouvelles. Il couvrait la France, non plus de partis ennemis armés les uns contre les autres, mais de pieuses institutions où les âmes fatiguées s'empressaient de chercher un asile; saints et utiles intermédiaires entre le monde et Dieu, chargés en quelque sorte de garder le dépôt de la foi vive, de la vertu parfaite, trop exposées à s'effacer et à s'éteindre sur la terre; postes avancés vers le ciel, d'où l'on indiquait la route à la foule attardée dans les plaisirs, où l'on s'offrait en prières et en holocauste pour expier ses fautes. Partout on régénérait les ordres anciens et on en fondait de nouveaux. Richelieu avait entrepris la réforme du clergé, créé les séminaires, et, au-dessus d'eux, comme leur modèle et leur tribunal, placé la Sorbonne. Bérulle instituait l'Oratoire; César de Bus, la Doctrine chrétienne; saint Vincent de Paul et les Gondi, l'Œuvre des Missions. Les Jésuites reprenaient faveur, l'ordre de Saint-Benoît se retrempait dans une salutaire réforme, et les Bénédictins de Saint-Maur préludaient à leurs gigantesques travaux. On trouve dans un excellent livre de M. Emmanuel de Broglie l'histoire curieuse et peu connue de la société d'érudits qui se réunissaient à l'abbaye de Saint-Germain-des-Prés, le récit de leurs controverses, en particulier avec ce P. Hardouin qui soutenait que toute la littérature classique est fausse et l'œuvre des moines du moyen âge. Boileau disait à ce propos : « Je ne sais ce qui en est de ce système, mais, quoique je n'aime pas les moines, je n'aurais pas été fâché de vivre avec Fr. Horace et dom Virgile. »

Mais qui pourrait énumérer les institutions destinées aux femmes que fit éclore ou ranima de toutes parts la ferveur chrétienne dans la première moitié du xviiᵉ siècle? Avec Port-Royal, les deux plus illustres sont les

Sœurs de Charité fondées vers 1640, et les Carmélites introduites en 1602.

Le premier couvent des Carmélites fut établi à Paris, au faubourg Saint-Jacques, sous les auspices et par la munificence de la maison de Longueville. La mère de Mlle de Bourbon, Mme la princesse de Condé, était une des bienfaitrices du couvent ; elle y avait, comme la reine, un appartement où souvent elle venait faire de longues retraites avec sa fille : vous savez tous les contrastes de cette nature, où Montaigne eût trouvé une nouvelle confirmation de ses théories. « Elle n'avait jamais fort aimé son mari, dit Cousin, et à vingt-quatre ans, elle était allée s'enfermer avec lui à la Bastille, puis à Vincennes, pendant trois longues années ; elle se plaisait à faire des conquêtes, celle de Henri IV l'avait au moins flattée, et son mari fut bien avisé de l'emmener à Bruxelles. » Elle était d'une fierté qui passait toutes bornes lorsqu'on avait l'air de lui manquer ; et quand son orgueil était en paix, elle se montrait pleine d'amabilité et d'abandon. Son appartement du Carmel était meublé à la Carmélite : le lit, tous les meubles couverts de serge brune. Jamais une simple particulière n'aurait pu pousser plus loin le respect pour la règle de la maison. Elle s'assujettissait aux plus longs silences dans la crainte de troubler celui qui était prescrit. Jamais on n'y sentit son autorité que par des bienfaits. La volonté de la Mère Prieure était sa loi ; elle la nommait notre Mère, se levait dès qu'elle l'apercevait, se soumettait à ses commandements avec une douceur charmante, et « on la voyait au chœur, à l'oraison du matin, à tout l'office, au réfectoire, pratiquer les mortifications ordinaires et abattre sa grandeur naturelle aux pieds des épouses de Jésus-Christ, avec une humilité qui la leur rendait encore plus respectable. » La contagion de cette piété saisit Mlle de Bourbon au point qu'elle prit et nourrit pendant plusieurs années la résolution de devenir Carmélite. Il fallut lui faire une sorte de violence pour la conduire au bal; mais enfin, Mme la Princesse lui ayant signifié trois jours à l'avance qu'elle devrait s'y préparer, son premier mouvement fut d'aller consulter ses bonnes amies du Carmel. « On tint dans les formes un conseil où présidèrent en habit de religieuses deux excellentes vertus, la Pénitence et la Prudence, et il y fut résolu que Mlle de Bourbon, avant d'aller à l'assaut, s'armerait sous ses habillements d'une petite cuirasse vulgairement appelée un cilice, et qu'ensuite elle se prêterait de bonne foi à toutes les parures qu'on lui destinait. » Dès que l'on eut son agrément, on étudia tout ce qui pouvait animer le plus ses grâces naturelles, et l'on n'oublia rien pour orner une beauté plus brillante par son propre éclat que par toutes les pierreries dont elle fut chargée. Les Carmélites lui avaient fort recommandé de se tenir sur ses gardes ; mais sa confiance en elle-même la séduisit. A son entrée dans le bal, et tant qu'elle y demeura, ce fut un frisson, une clameur d'admiration, toute l'assemblée eut pour Chimène les yeux de Rodrigue. Les danseurs s'attroupèrent et prodiguèrent à l'envi ces louanges déliées, faciles à s'insinuer dans un amour-propre qui ne fait que de naître et qui ne se défie de rien. Désormais Mlle de Bourbon dut être tentée plus d'une fois de répondre aux timides reproches des Carmélites ce que dit la spirituelle fille d'un de mes amis à cet évêque qui, cherchant à la détourner de la danse et du bal, l'avertissait prophétiquement : « On en revient, allez, Mademoiselle, du monde, de ses pompes, de ses joies bruyantes ! — Oh, oui ! Monseigneur, repart-elle avec élan, à cinq heures du matin. » Le mot de Mme de Longueville : « Je n'aime pas les plaisirs innocents, » était l'équivalent de cette réplique. Bref, après ce bal de 1635, « où elle fut traînée en victime, où elle parut en conquérante et d'où elle sortit enivrée, » elle ne fut plus la même personne. Pour de longues années le monde, la vaine gloire, le désir de plaire, allaient faire une concurrence victorieuse à l'amour de Dieu et des Carmélites.

Dans le nombre des prieures qui gouvernèrent le couvent du Carmel, on en peut distinguer quatre qui firent avancer à grands pas la congrégation naissante vers la perfection qu'elle atteignit à la fin du xviie siècle : ce sont : Mlle de Fontaine, en religion Mère Madeleine de Saint-Joseph, — la marquise de Bréauté, Mère Marie de Jésus ; — Mlle Lancri de Bains, Mère Marie-Madeleine, — et Mlle de Bellefonds, Mère Agnès de Jésus-Maria.

Mlle de Fontaine est la première grande prieure du Carmel ; son père avait été ambassadeur en Flandre, et sa mère était la sœur de la chancelière Brulart de Sillery. « Quand elle fut prieure, écrit son biographe, je puis dire avec vérité que le monastère ressemblait à un paradis, tant on voyait de ferveur et de désir de perfection dans les cœurs. » On a conservé d'elle des mots admirables. « Oui, disait-elle à ses filles, qui pour la plupart étaient de grande qualité ; oui, nous sommes de très bonne maison ; nous sommes filles de roi, sœurs de roi, épouses de roi, car nous sommes filles du Père éternel, sœurs de Jésus-Christ, épouses du Saint-Esprit. Voilà notre maison, nous n'en avons plus d'autres. »

Charlotte de Sancy, fille de Nicolas de Harlay, sieur de Sancy, qui fut sous Henri IV ambassadeur, surintendant des finances, colonel des Suisses, avait épousé le marquis de Bréauté ; elle était un des ornements de la cour du Vert-Galant. Un jour, à Spa, comme elle dansait dans un bal par un temps orageux, un coup de tonnerre se fit entendre, et elle voulut se retirer. Le gentilhomme qui lui donnait la main se moqua de son effroi et la retint ; au même instant le tonnerre éclata de nouveau et tua son cavalier. Quelque temps après, elle rencontra les écrits de sainte Thérèse, les lut, et en fut si touchée que, toute jeune encore, elle prit la résolution de quitter le monde : elle fit profession la même année que Mlle de Fontaine, en 1605, et mourut en 1652, ayant conservé dans le cloître cette douceur victorieuse qui dans le monde ajoutait à l'effet de sa beauté et lui asservissait les cœurs ; elle fut adorée de ses nouvelles compagnes comme elle l'avait été à la cour. Anne d'Autriche venait souvent la voir avec ses fils, la tenant en haute estime et affection.

Mlle Lancri de Bains fut de bonne heure si célèbre par sa beauté, son esprit et sa bonté, que nombre de seigneurs de la cour, entre autres le duc de Bellegarde et le maréchal de Saint-Luc, briguèrent sa main ; même pendant son noviciat, les premiers gentilshommes venaient en foule lui offrir leur alliance. Mais « il semblait que le Créateur eût pris plaisir à préparer dans ce chef-d'œuvre de la nature le triomphe de la grâce. » Les guerres de la Fronde lui furent une douloureuse épreuve, puisqu'elle se trouvait partagée entre la reine et la princesse de Condé, les deux protectrices du couvent. Il lui fallut une grande fermeté pour maintenir la discipline religieuse au milieu de la tourmente. Une douce et majestueuse gaîté, une affabilité charmante, avec une intrépidité à toute épreuve dès qu'il s'agissait des intérêts de Dieu, de ceux de l'ordre, ou du salut des âmes, tant de vertus lui avaient acquis sur le cœur et l'esprit de ses filles un tel ascendant, qu'une d'elles écrivait que si elle eût entrepris de leur persuader que le blanc était noir, et le jour la nuit, elles y croiraient. Ce fut entre ses mains que vinrent se remettre et faire profession tant de personnes de la plus haute naissance, cœurs blessés ou repentants, qui se réfugièrent aux Carmélites : Mlle du Vigean, que Dieu seul pouvait consoler de n'avoir pas épousé le grand Condé ; Mlle d'Épernon, qui, après avoir perdu le chevalier de Fiesque qu'elle honorait d'une honnête et tendre amitié, préféra la couronne d'épines à celle de Pologne ; Mme de La Vallière, sœur Louise de la Miséricorde.

M. Jules Lair, dans un livre documenté sur Louise de La Vallière, décrit cette vie du Carmel à laquelle la pénitente se soumit pendant trente-six ans : « Toutes les cellules se ressemblent. Celles du couvent de la rue d'Enfer avaient été construites sur des plans envoyés d'Espagne. Quatre murs tout nus, une porte, une fenêtre. Pour meubles, un bois de lit en façon de cercueil, renfermant une paillasse de longue paille, piquée et dure ; des draps de serge. A côté, une chaise de paille. Pour ornement, un crucifix, une ou deux images. La règle interdit toute propriété. Au réfectoire, même simplicité ; une cuiller de bois, une écuelle de terre, un petit pot de faïence. Cuisine à l'avenant, toujours maigre : lait, fromage, légumes ; par extraordinaire, du poisson. On se lève tôt, à cinq heures du matin ; on se couche tard, à onze heures ; et pendant cette longue journée, prieure, professes, novices, postulantes, tout le monde travaille. Ces dernières, peu épargnées, sont vite en état de savoir si cette vie leur convient. Il ne leur reste qu'à faire connaissance avec l'habit : chemise de serge, bas de grosse toile, alpargates, sorte de chaussons de cordes sans talons, robe de serge ; pour coiffure, un bandeau et un voile. Comme on avait autorisé la duchesse à porter l'habit dès le lendemain de son entrée (1674), au bout de quelques semaines elle connaissait tout. »

La piété de la Carmélite Louise fut aussi simple, vraie, charitable, que son repentir avait été profond et son expiation persévérante. Elle réalise le mot de Mme de Longueville : « Le corps a péché ; que le corps soit puni, » sollicite les travaux les plus pénibles, se mortifie au point que la Mère Agnès de Bellefonds doit lui enjoindre de se modérer dans ses austérités. Quand elle apprend la mort de son fils le comte de Vermandois, elle se prosterne aux pieds du Saint-Sacrement, ne parle point de sa peine, ne pleure pas, et comme une amie lui dit que quelques larmes la soulageraient, elle répond humblement : « Il faut tout sacrifier, c'est sur moi que je dois pleurer... » Mme de Caylus et Voltaire ont enjolivé le récit et gâté la réponse ; d'après la première, Louise dit à Bossuet : « C'est trop pleurer la mort d'un fils dont je n'ai pas encore pleuré la naissance. »

Maintes fois elle déclara qu'on lui avait fait une grâce infinie, à elle qui expiait ses propres fautes, en l'admettant parmi ces saintes filles qui expiaient les fautes d'autrui (1). Et non seulement le roi, les princes et princesses, les dignitaires de l'Église lui rendent des témoignages de respect, mais son nom devint populaire, si populaire « qu'on le donnait à des recueils de songes : » elle apparut comme un symbole de l'amour désintéressé et malheureux, du repentir chrétien ; les autres favorites royales furent discutées, calomniées, détestées le plus souvent ; à celle-là l'opinion publique se montra équitable et douce (2).

---

(1) Avant de quitter la cour, elle dit à Mme de Maintenon : « Quand j'aurai de la peine aux Carmélites, je me souviendrai de ce que ces gens-là (le roi et Mme de Montespan) m'ont fait souffrir. »

(2) M. Lair croit que le sonnet : *Tout se destruit, tout passe*, fut composé pour La Vallière et non pour Mme de Montespan. Voici ce sonnet :

Tout se destruit, tout passe, et le cœur le plus tendre
Ne peut d'un mesme objet se contenter toujours.
Le passé n'a point eu d'eternelles amours
Et les siècles futurs n'en doivent point attendre.

Mlle de Bellefonds avait pour sœur la marquise de Villars, la mère du vainqueur de Denain, si célèbre par les grâces de son esprit : elle-même était jolie, spirituelle, et eut de grands succès à la cour de Marie de Médicis ; mais, en allant avec celle-ci aux Carmélites, elle rencontra Mme de Bréauté, dont les entretiens lui persuadèrent de se donner à Dieu. Élue sous-prieure à trente ans, prieure trois ans après, elle occupa trente-deux ans l'une ou l'autre de ces deux charges, ayant vécu presque jusqu'à la fin du siècle : ses qualités dominantes étaient la solidité et la modération ; « la prudence, dit Bossuet qui l'estimait fort, était sa compagne et la sagesse était sa sœur ; on ne s'égarait pas en suivant ses conseils, ils étaient précédés par ses exemples. » Elle traitait avec une égale facilité les plus grandes et les plus petites choses; toujours maîtresse d'elle-même, sans humeur, pleine de bon sens et de lumière, parlant de tout avec justesse, et tranchant les difficultés avec une étonnante précision. La reine d'Angleterre, au milieu de ses terribles épreuves, venait souvent aux Carmélites pour se consoler avec la Mère Agnès ; le chancelier Le Tellier la consultait ; Mme de

---

La constance a des Loix qu'on ne veut pas entendre,
De nos désirs errants rien n'arreste le cours ;
Ce qui plaist aujourd'hui déplaist en peu de jours :
Nostre inégalité ne se peut pas comprendre.

Tous ces deffauts, Grand Roy, sont joints à vos vertus.
Vous m'aimiez autres fois et vous ne m'aimez plus ;
Ah ! que mes sentiments sont différents des vostres !

Amour, à qui je dois et mon mal et mon bien,
Que ne Luy donniez-vous un cœur comme le mien,
Ou que ne faisiez-vous mon cœur comme les autres ?

Sévigné vante la vivacité et le charme de sa parole. Mlle de Guise ayant offert 100,000 livres pour obtenir la permission d'entrer souvent dans le monastère, la Mère Agnès refusa cette somme, disant que 100,000 livres ne répareraient point la brèche faite par là à l'esprit de l'institution, qui ne se peut conserver que par la retraite et l'éloignement de tout commerce avec le monde. Sa charité était telle, qu'après sa mort, la Mère qui lui succéda étant blâmée de pousser un peu trop loin ses aumônes, répondit : « Vous êtes bien heureuses que la Mère Agnès ne soit plus ; elle n'aurait laissé en cette occasion ni calice, ni vase d'argent dans notre église ! »

A Port-Royal, aux Sœurs de la Charité, au Carmel, fleurissent les plus nobles exemples de beauté morale, les vertus mystiques les plus pures, les caractères immaculés ; là, et dans la majorité des monastères, point d'éclipse, point d'intermittence, l'admiration trouve sans cesse de nouveaux aliments, jamais un motif d'hésiter, toujours des raisons de grandir ; c'est là par excellence qu'on réduit le corps en servitude, « qu'on se resserre de toutes parts, pour ne pouvoir plus respirer que du côté du ciel. » C'est au Carmel que Bossuet prononce la plupart de ses sermons de vêture : et les mères osaient à peine y mener leurs filles, de crainte qu'elles n'eussent envie d'entrer en religion, tant cela devenait ordinaire. Je voudrais m'en tenir là, ne pas tourner la page, n'avoir pas à remarquer les abus qui se glissent ailleurs, à compter les brebis galeuses qui se mêlent au troupeau. Mais il faut dire la vérité et soulever un coin du voile ; il le faut d'autant plus qu'on la connaît mal, que les gens superficiels ou malveillants (les deux adjectifs ne signifient-ils pas un peu la même chose?), accablent sans cesse le présent avec la comparaison du passé, cherchent à écraser les vivants sous les morts. Il faut rappeler que le gouvernement absolu qui plaît tant à certains esprits par l'impression d'unité, de puissance et de grandeur qui s'en dégage, a de terribles inconvénients, que le despotisme de la famille qui découle du despotisme politique a fait bien des victimes. Il y a un mot et un trait de deux grandes dames du xviiᵉ siècle auxquels on ne peut songer sans mélancolie. « J'ai huit enfants, disait la première, mais je ferai mes quatre filles abbesses, un de mes fils sera chevalier de Malte, et je pourrai établir solidement les trois autres. » Une autre duchesse s'adresse à saint Vincent de Paul, chef du Conseil de conscience d'Anne d'Autriche, et réclame pour son fils le siège épiscopal de Poitiers ; comme il refusait, elle saisit un tabouret et le lui lance à la tête. « N'est-ce pas une chose admirable, dit Vincent en essuyant avec son mouchoir le sang qui inondait son visage, de voir jusqu'où peut aller la tendresse d'une mère pour son fils ? » (1).

Ces absences de vocation, ces vocations forcées, cette tendance de l'aristocratie à considérer les dignités ecclésiastiques comme une sorte d'apanage héréditaire,

_____

(1) Les frères de Félicie Rasponi, touchés de son désespoir, lui conseillent de déclarer net à sa mère qu'elle ne veut pas être religieuse, ajoutant que celle-ci ne la tuera pas sans doute et se bornera à la battre. Lorsqu'en effet Félicie hasarde un non timide, la signora Rasponi se contente de lui arracher quelques poignées

le sacerdoce comme une carrière, la religion tout entière comme une source de bénéfices, attirèrent de bonne heure l'attention des moralistes, des prédicateurs, de tous ceux qui avaient à cœur la pureté de l'Église. Les conséquences désastreuses éclataient à tous les degrés de l'échelle : la nature méconnue reprenait ses droits, heurtait de front l'esprit de l'institution dont on respectait la lettre ; le flot, arrêté par des barrages insuffisants, brisait les digues qu'on tentait de lui opposer ; de douloureux scandales montraient que l'homme est trop souvent une bête féroce ou lubrique qui a besoin d'être encadrée entre deux professeurs de morale ou deux gendarmes ; et les victimes de l'abus, créant elles-mêmes le désordre et l'abus, rejetaient leurs fautes sur leurs parents, répétaient tristement le mot du moine à ce visiteur qui admirait la beauté, la paix profonde de son monastère : « *Transeuntibus,* » c'est-à-dire : il paraît tel à ceux qui ne font qu'y passer un instant.

On dit que la religion s'en va, qu'elle se retire de ce monde ; je ne le crois pas, ou du moins j'estime qu'il y en a autant qu'autrefois dans les classes élevées, mais qu'elle se répartit d'une autre manière, et j'affirme que dans l'ensemble notre clergé, nos moines, nos couvents sont infiniment plus vertueux, plus instruits et plus irréprochables que ceux de l'ancien régime. La liberté

---

de cheveux, de la piétiner et rouer de coups ; cette scène se renouvelle pendant plusieurs mois, jusqu'à ce qu'un beau jour, décidée à en finir, Mme Rasponi fait conduire la rebelle à l'église du couvent de Saint-André de Ravenne, agenouiller, revêtir de l'habit et du voile. Cette fois, elle ne s'avisa plus de protester.

étant devenue le droit commun, l'hypocrisie n'a plus sa raison d'être. Baptisez l'héroïne sauvage, s'écriait le P. Ventura, parlant de la démocratie moderne (1) !

« Cette fille, gémit Fléchier, se fait religieuse, parce qu'elle ne trouve pas de parti selon sa condition ou son caprice, et souvent, hélas ! parce qu'elle déplaît à ses parents, ou qu'elle n'est pas assez belle pour le monde, ou qu'elle a le malheur de n'être pas l'aînée de la famille ; on la force tantôt par douceur, et tantôt par crainte, d'aller dans un cloître, sans piété et sans vocation, pleurer toute sa vie la perte involontaire de sa liberté, et porter la peine de l'âge ou de la beauté d'une sœur, de l'ambition ou de l'avarice d'une mère. » Parlant des religieuses qui viennent réclamer auprès des juges des *Grands Jours,* Fléchier avait déjà dit : « On les contraint pour des intérêts domestiques, on leur ôte, par des menaces, la liberté de refuser ; et les mères les sacrifient avec tant d'autorité, qu'elles sont contraintes de souffrir le coup sans se plaindre... Ces filles, qu'on sacrifie tous les jours, peuplaient les couvents, et y introduisaient le libertinage et le scandale... »

Dans de trop nombreuses communautés de femmes, les sermonnaires déplorent les médisances, les querelles, le peu d'union des religieuses, la vie molle de plus d'une abbesse, les cabales pour l'élection des Mères Prieures ; et, ce qu'il y a de plus déplorable,

---

(1) Voir au tome IIe de cet ouvrage l'étude sur les Prédicateurs du xiie au xviiie siècle, p. 1 à 112.

c'est que la plupart font passer jusqu'au dehors ces aigreurs et ces dissensions. « L'obéissance n'y est trop souvent qu'une obéissance politique, de respect humain et d'artifice. » Bourdaloue crayonne le portrait de ces religieuses demi-savantes qui veulent être au courant des querelles théologiques les plus subtiles, et ne se souviennent point que « la plus belle science d'une âme religieuse est de savoir s'humilier, s'avancer dans les voies de Dieu et se sanctifier. » — Les sœurs des favorites de Henri IV et de Louis XIV sont nommées abbesses dans les ordres les plus importants.

J'ai déjà parlé de ces religieuses révoltées qui enferment leur abbesse et lui envoient, par dérision, des poupées. Mme de Frontenac, religieuse à Poissy, non contente de pécher contre la chasteté, s'avise avec six autres religieuses et leurs six galants masqués de venir danser dans une entrée de ballet à Saint-Germain devant le roi ; le mystère s'ébruita, et les six religieuses furent punies de l'exil. Mme de Harlai, supérieure d'un couvent de Paris, donne un bal en son parloir ; et la princesse Massalska, dans le journal si curieux publié par Lucien Perey, raconte les bals blancs et même les bals roses donnés à l'Abbaye-aux-Bois au xviiie siècle ; mais l'Abbaye-aux-Bois était en réalité un pensionnat religieux où l'on élevait des jeunes filles de l'aristocratie pour en faire des femmes du monde.

On peut lire, au tome XIII des manuscrits de la Collection Godefroy, à la bibliothèque de l'Institut, l'histoire de cette Madeleine Lancelin, religieuse à Bourbourg, que le maréchal de Schomberg put connaître et arracher à son couvent, qui le suivit en Portugal et eut plusieurs enfants. Ainsi lit-on dans le même volume de ce recueil une requête adressée au roi contre l'abbesse de Rougemont et sa sœur, Françoise de Lucé, qui, « jusques ici, ont vécu d'une manière si dépravée qu'elles ont fait passer cette maison plutôt pour un lieu public et infâme que pour un monastère, ayant eu dix enfants tout au moins. »

Bossuet, chargé de réformer le couvent de Sainte-Glossinde de Metz, en 1664, y constata les plus graves désordres : l'exemption de l'abstinence et du jeûne accordée en 1480 par un envoyé de Sixte IV, sous cette condition dérisoire qu'une religieuse, une seule, *à son tour, jeûnerait et s'abstiendrait;* l'admission réservée aux filles de haute noblesse; celles-ci prenant le nom de chanoinesses, vivant à part dans leur ménage et s'y gouvernant à leur gré, et n'observant pas non plus la clôture, l'abbesse Louise de Foix les surpassant en mondanité, en dissipation, bal, jeux, concerts, collations, soirées où se rencontraient des officiers, des artistes, les déguisements pendant le carnaval. Un jour, Louise de Foix fait revêtir au portier du monastère ses vêtements d'abbesse, robe, voile, scapulaire, guimpe, croix pectorale, et, ainsi affublé, le visage masqué, celui-ci se promène par la ville, suivi de laquais, va chez les principaux personnages de Metz, se faisant annoncer sous le nom de Mme de Sainte-Glossinde. Fait-elle des visites, une jeune pensionnaire, habillée en page, porte la longue traîne de sa robe. Religieuses battues, menaces d'empoisonnement, prodigalités folles, énormes emprunts, futaies abattues avant le temps, bâtiments en ruine, procès avec tous, et, pour compléter le tableau, vente des ornements, des cloches, de l'antique trésor de Sainte-Glossinde, des châsses même des saints et des reliques, voilà les scandales que Bossuet dut combattre : il ne fallut rien moins que l'appui de Louis XIV et seize ans de procès pour triompher de la résistance opiniâtre de Louise de Foix.

Dans son propre diocèse, Bossuet eut à lutter avec certains couvents, Faremoustier, Rebais, Jouarre, qui refusaient de se soumettre à ses visites. Détail curieux, les religieuses se montrent plus acharnées que les religieux dans ces résistances à l'autorité diocésaine, résistances que la cour de Rome appuie parfois en secret, car le pape voulait conserver en France une influence directe par l'intermédiaire des ordres réguliers qui relevaient de lui seul. L'abbesse de Jouarre invoquait une sentence arbitrale de 1225, rendue par un cardinal légat du Saint-Siège, accordant à l'abbaye l'exemption la plus complète à l'égard des évêques de Meaux. Appel comme d'abus devant le parlement de Paris ; sept jours de plaidoiries, sentence déclarée nulle et abusive le 26 janvier 1690 ; ce n'était pas assez pour vaincre cette obstination : il fallut encore que l'évêque se présentât escorté de l'autorité civile, pour se faire ouvrir les portes fermées des églises : l'abbesse, Henriette de Lorraine, se démit en faveur d'une parente, afin d'échapper à l'humiliation de la défaite.

Mêmes refus à Daniel de Cosnac, archevêque d'Aix ; les rebelles prétendent soutenir les doctrines ultramontaines, base de leurs privilèges, perpétuer des abus que l'archevêque veut réformer. Celui-ci interdit cinq de leurs églises, ils se pourvoient à Rome, le pape ne nomme pas de juges, le roi ne veut pas trancher, le parlement de Provence déclare que les religieux devront ouvrir à l'archevêque les portes de l'église ; de guerre lasse, ils lui rendent visite et désavouent leur conduite. Seules les religieuses de Saint-Dominique continuent la bataille ; condamnées par le Souverain Pontife, elles osent appeler comme d'abus au futur concile de cette décision. Louis XIV leur envoya l'intendant de la province qui les mit à la raison et fit exécuter les volontés du Saint-Siège.

La Grande Mademoiselle nous dit en propres termes : « Les religieuses (à Perpignan) sont très coquettes ; elles ont des guimpes de quintin plissé, mettent du rouge, sont même fardées et se vantent d'avoir des amants (au sens d'adorateurs, j'imagine). Il y en eut une qui pria Comminges de me la présenter et de me dire qu'elle était la maîtresse de M. de Saint-Aunais. Je fus fort effrayée de ce discours. Elle me dit qu'elle espérait, par la bonté qu'il lui avait souvent dit que j'avais pour lui, que j'en aurais un peu pour elle ; qu'il y avait dix ans qu'elle était sa *dévote* (car elles appellent cela ainsi) ; je ne savais que lui dire (1). »

Écoutons Saint-Simon sur Mme de Bourbon, abbesse

---

(1) Le cardinal de Retz, allant d'Espagne à Rome, et passant par Majorque, le gouverneur de l'île, pour le divertir, imagine de le mener voir les beautés d'un couvent de filles : « Elles chantèrent

de Saint-Antoine : « Elle en traita cruellement les religieuses, dissipa les biens, quoique avec une forte pension du roi, et en fit tant, qu'à la prière de Mme la duchesse, de M. le duc son frère, de toute sa famille, le roi la fit enlever un matin par le duc de Noailles, capitaine des Gardes du corps, et conduire en une petite abbaye, où elle est demeurée depuis honnêtement prisonnière. »

Le mal était plus profond encore avant le XVIIe siècle. « Nous avons, remarque Raynal dans son *Histoire du Berry*, une longue liste de gentilshommes protestants qui, vers 1570, possédaient des abbayes ou des prieurés conventuels. Les excès de la *commende* furent alors dépassés. On vit des abbés *Fiduciaires* sous le nom desquels les abbayes étaient possédées par des laïques, des enfants, des femmes, des calvinistes, en général par des familles nobles du voisinage, qui, durant cette usurpation, ne se gênèrent pas d'agrandir leurs terres aux dépens des terres d'église... C'est ainsi que l'abbaye de Fontgombault... appartint depuis 1572 jusqu'au milieu du siècle suivant, sous de prétendus abbés, d'abord à un calviniste, Jean de Naillac, seigneur des Roches et de Salleron, puis à René du Cher, seigneur de la Forêt de Launay, calviniste comme lui ; enfin à la maison d'Aloigny de Rochefort. M. de Rochefort, le favori du prince de Condé, la posséda sans scru-

---

à la grille, dit Retz, à l'honneur de leur saint, des airs et des paroles plus galantes et plus passionnées que ne le sont les chansons de Lambert. »

pule, et comme un jour Marie de Montmor, sa femme, lui disait que le bien de l'abbaye le damnerait et ruinerait sa maison, il se borna à tirer deux poignées de pistoles, en disant : « Voilà des pistoles de Fontgombault, voilà des pistoles de Rochefort. » Puis il les mêla ensemble et ajouta : « En faites-vous maintenant la différence ? » Et quant à la régularité antique : « Chacun, dit le prieur dom Andrieu, demeurait en sa maison, hors de l'abbaye. Chacun y vivait à sa mode, avec très peu d'édification. Quelques-uns croyaient qu'une servante était un meuble nécessaire... On disait en ce temps les matines quand il faisait jour, en hiver aussi bien qu'en été ; il n'y avait que deux prêtres qui célébraient la messe quand ils étaient de semaine... Après la messe, chacun allait se réjouir à la chasse ou à des rendez-vous, et, quand ils étaient revenus, tôt ou tard, on disait vêpres. Les servantes, qu'on pouvait nommer les maîtresses, se réjouissaient entre elles ou avec les compagnies qui venaient voir leurs maîtres (1). »

« Aussi, quand un homme d'une piété véritable et d'un caractère ferme se rencontrait par hasard, qui voulait mettre un terme à tant de scandales, c'est un hideux spectacle que la rage qui éclatait pour le perdre. Prises de corps dérobées à la religion des magistrats, menaces, actes de violence, jusqu'au meurtre, jusqu'à l'empoisonnement, tous les moyens étaient bons pour

---

(1) D'ailleurs, il s'agit ici presque toujours de couvents d'hommes ; j'ai rapporté cette page de Raynal pour montrer que les moines n'étaient pas exempts de reproches.

l'effrayer, pour se délivrer de ce maître incommode. »

Les abbayes périssaient quelquefois par la cupidité des grands seigneurs ; Grégoire IX, ayant eu besoin du prince de Condé, lui permet par bulles de 1622, que le roi approuva, d'incorporer au domaine de Châteauroux les biens de Déols et Saint-Gildas. Et, de l'aveu de Richelieu lui-même, « cette action fut jugée bien étrange d'un chacun, comme provenant d'une autorité plus prétendue des papes qu'accordée de l'Église, et plutôt fondée sur l'abus de la cour romaine que sur le mérite de la chaire de Saint-Pierre. »

« L'abbaye de Longchamps, fondée près du bois de Boulogne par la sœur de saint Louis et richement dotée par cette princesse, avait été soustraite par elle à la juridiction de l'évêque de Paris et du clergé régulier, placée sous la direction des Frères Mineurs, c'est-à-dire des Cordeliers de l'ordre de Saint-François. De là était résulté le relâchement à la règle, et la corruption qui en avait été la suite. Elle s'y perpétuait depuis le xive siècle, et avait encore augmenté pendant la Régence et la Fronde. Les parloirs n'étaient pas fermés ; des hommes, qui n'étaient pas même parents des religieuses, y avaient accès et s'entretenaient avec elles à l'insu de l'abbesse. Les confesseurs venaient de nuit, sous prétexte d'accomplir les devoirs de leur ministère ;... quelques-uns même, gagnés à prix d'argent, avaient ouvert leurs confessionnaux à des laïques déguisés... Les Sœurs... portaient des rubans couleur de feu, des gants d'Espagne, des montres d'or, des bijoux, et tous les ornements mondains que pouvait comporter le genre d'habits dont elles étaient revêtues. Sous prétexte de faire des visites à leurs parents, elles sortaient, et passaient des jours et des nuits dans les chambres de leurs amants... » L'abbesse et les religieuses fidèles à leurs devoirs ayant pris le parti de recourir à l'autorité supérieure, un arrêt du Parlement de 1660 replace l'abbaye sous la discipline de l'évêque de Paris, mais les Frères Mineurs protestent ; l'abbesse présente une supplique au pape, et enfin, grâce à l'intervention du cardinal de La Rochefoucauld (1), de saint Vincent de Paul, on rétablit la discipline dans le couvent.

On ne saurait non plus passer sous silence l'aventure de l'abbesse de Maubuisson, Mme d'Estrées, installée sans façon par Henri IV à la place de l'abbesse élue régulièrement, et logeant au couvent sa sœur la belle Gabrielle qui, de la sorte, pouvait plus commodément recevoir le Vert-Galant. Quelle révélation des mœurs du siècle ! Quel revers de la médaille ! Qu'adviendrait-il aujourd'hui d'une semblable abbesse qui, disait-on, avait eu douze enfants, et les traitait de manière différente, selon la qualité du père ? Après la mort du Béarnais, les désordres à *rideaux couverts* devenant plus criants, et n'étant plus protégés par le nom du roi, on songe à y porter remède. Plusieurs fois les religieux envoyés par l'abbé de Cîteaux pour faire des représentations et informer sur l'état des choses, sont saisis,

---

(1) WALCKENAER, II, p. 418. — LEBEUF : *Histoire du diocèse de Paris*, tome III.

retenus par l'abbesse, maltraités indignement : un entre autres, M. Deruptis, s'est vu, dès son entrée à Maubuisson, jeté en prison dans l'une des tours de l'abbaye avec sa suite, on l'a fait jeûner quatre jours durant, au pain et à l'eau ; chaque matin, par ordre de Mme d'Estrées, on donne les étrivières à ce religieux qui serait mort s'il n'avait trouvé le moyen de s'évader. Avec le consentement du cardinal de Sourdis et du maréchal d'Estrées, proches parents de la dame, l'abbé de Cîteaux se transporte en personne sur les lieux en 1617 : c'est en vain qu'il adjure l'abbesse, la somme de paraître, en vain qu'il convoque le Chapitre, elle se refuse à tout ; il faut donc l'enlever de vive force ; il obtient un ordre du Parlement, revient à la charge, tente deux jours durant les derniers efforts pour aborder la rebelle et la ramener. Le 5 février, de grand matin, un prévôt, des archers sont introduits par l'abbé, on enfonce, on escalade, on cherche l'abbesse qui s'était cachée sous une armoire, on ne la découvre que vers le soir : elle s'opiniâtrait tellement à ne point sortir qu'on dut l'enlever demi-nue, et la faire porter couchée sur son matelas jusque dans le carrosse. C'est en cet état qu'elle arriva aux Filles Pénitentes où elle fut recluse.

Désignée pour la remplacer et faire rentrer les choses dans l'ordre, la Mère Angélique de Port-Royal trouva, en arrivant à Maubuisson, vingt-deux religieuses dont la plupart y avaient été mises contre leur gré, et dont l'ignorance des premiers éléments de la foi passait toute idée. Elles ne savaient même pas se confesser, et croyaient avoir trouvé une excellente manière d'y suppléer, en composant toutes ensemble, avec beaucoup d'étude, trois sortes de confessions, une pour les grandes fêtes, une pour les dimanches, et une pour les jours ouvriers, lesquelles ayant écrites dans un livre, elles se le prêtaient pour s'aller confesser l'une après l'autre.

Tout le reste allait de même. Elles passaient leur temps, hors de l'office, à se divertir en toutes les manières qu'elles pouvaient, à jouer des comédies pour réjouir les compagnies qui les venaient voir. Plusieurs avaient leurs jardins particuliers, avec des cabinets pour donner la collation; et, dans les beaux jours d'été, après avoir expédié bien vite vêpres et complies, la prieure menait tout le couvent, hors de l'abbaye, se promener le long des étangs qui sont sur le grand chemin de Paris, où souvent les moines de Saint-Martin de Pontoise venaient danser avec ces religieuses, et cela avec la même liberté qu'on ferait la chose la plus naturelle du monde.

La Mère Angélique et ses sœurs tombèrent là comme de nouvelles créatures arrivées d'un nouveau monde. Quel art ne lui fallut-il pas pour gagner sans révolte à la règle ces cœurs noyés de mollesse! Elle s'adressa d'abord aux anciennes qu'elle avait connues étant enfant, puis elle introduisit dans le couvent trente ou trente-deux filles, troupe intègre et pure avec laquelle elle espérait encadrer et régénérer l'autre. Elle se rompait la poitrine, dit un historien de Port-Royal, aussi bien que ses filles, pour tâcher de couvrir par leur chant au chœur, dit avec révérence, le chant indévot des anciennes.

Au mois de septembre 1619 se placent le brusque

retour et l'invasion de Mme d'Estrées, assistée du comte de Sanzai et de plusieurs gentilshommes. Elle entra au dedans par le moyen d'une religieuse avec laquelle elle avait intelligence, et qui lui ouvrit une porte avec une clef qu'elle avait fait faire. Un débat s'engage entre les deux abbesses, Mme d'Estrées prétendant qu'elle a interjeté appel de sa déposition, la Mère Angélique ripostant avec le sang-froid d'un vieux magistrat. Mais voici le comte de Sanzai et quatre gentilshommes, épée nue à la main, conduits par le confesseur de l'abbaye, le P. Sabathier, qui, passé à l'ennemi, exhorte la Mère Angélique à céder à la force. Même il y en eut un qui, pensant l'effrayer, tira un coup de pistolet en l'air.

« Mme d'Estrées, ajoute la Mère Angélique, s'échauffa de paroles contre moi, et ayant touché et un peu tiré mon voile comme si elle eût voulu me l'ôter de dessus la tête, mes sœurs, qui étaient des agneaux, devinrent des lions, ne pouvant souffrir qu'on me fît injure ; et une grande fille d'entre elles, qui s'appelait Anne de Sainte-Thècle, et qui était fille d'un gentil-homme, s'avança vers elle et lui dit : « Comment, misérable que tu es, tu as la hardiesse de vouloir ôter le voile à Mme de Port-Royal ! Ah ! je te connais, je sais qui tu es ! » Et en disant cela, en présence de ces hommes qui avaient l'épée nue à la main, elle lui tira son voile de dessus la tête, et le fit voler à six pas de là. »

Mme d'Estrées ordonne alors à ses gentilshommes de faire sortir par force la Mère Angélique, ce qu'ils exécutèrent en la prenant par le bras, et la faisant monter dans un carrosse. Elle arriva avec trente de ses filles à Pontoise, où le peuple leur donna mille bénédictions ; on n'entendait que ces paroles : « Voilà les filles de la bonne Mme de Port-Royal ! Elles ont laissé le diable dans leur monastère ; elles y ont vraiment laissé la peste, cette infâme, cette perdue qui les en a chassées ! »

Cependant, un exprès de la Mère Angélique, dépêché à Paris, avait averti sa famille en toute hâte : son frère Arnauld, depuis évêque d'Angers, obtint, séance tenante, décret de prise de corps contre Mme d'Estrées, avec arrêt pour rétablir la Mère Angélique à Maubuisson. Le soir même, celle-ci rentrait à l'abbaye, entourée de cent cinquante archers à cheval, de tous les curés de Pontoise et d'une grande foule : la nuit était changée en un grand jour par la quantité de flambeaux que chacun apportait. Cinquante archers tinrent garnison à Maubuisson pendant six mois, pour prévenir un retour offensif de Mme d'Estrées et de ses amis qui reparaissaient quelquefois autour du couvent, et venaient tirer jusque sous les fenêtres. L'ancienne abbesse, maintes fois encore échappée et ressaisie, mais désormais impuissante, passa le reste de ses jours à plaider pour son abbaye, dont elle recevait une pension alimentaire qui s'en allait en procès ; elle mourut dans un faubourg de Paris fort misérable, méritant assez bien, pour sa part, le surnom infligé à ses sœurs, à son frère et à elle-même : les sept péchés capitaux. « Si, remarque justement Sainte-Beuve dont je résume le récit, on trouvait une telle scène racontée par Augustin Thierry d'après Grégoire de Tours, ne l'admirerait-on pas ? Elle ne doit paraître ni moins forte ni moins belle pour s'être passée, non sous la race mérovingienne, mais au commencement du xvii⁰ siècle. C'est par de tels exploits de charité que la Mère Angélique était déjà proclamée, dans tout Cîteaux, *la Thérèse de l'Ordre.* »

Toutes les abbesses sœurs de favorites ne donnaient pas de si tristes exemples, et Louis XIV avait la main heureuse avec Gabrielle de Rochechouart de Mortemart, sœur de Mᵐᵉ de Montespan, nommée, avant vingt-cinq ans, abbesse de Fontevrault, une des plus riches et des plus importantes communautés du royaume, puisqu'elle ne dirigeait pas moins de 60 monastères, 150 prieurés, et, chose unique en France, gouvernait des religieux et des religieuses, des couvents d'hommes et des couvents de femmes ; ainsi l'avait voulu au xii⁰ siècle son fondateur, Robert d'Arbrissel. Quinze abbesses, choisies dans la famille royale ou sur les marches du trône, attestent combien ce gouvernement était convoité. Un vif mécontentement éclata à Fontevrault lorsqu'on y apprit cette nomination : le pape Clément X eut aussi quelque peine à se laisser fléchir, à accorder les trois dispenses nécessaires : l'une, parce que la nouvelle abbesse n'avait pas vingt-cinq ans ; la seconde, parce qu'elle changeait d'ordre ; la dernière, parce qu'elle ne comptait pas cinq ans de profession. Mais la sagesse prématurée de Mˡˡᵉ de Rochechouart, l'étendue de son esprit, les rares connaissances dont elle l'avait orné, lui aplanirent les chemins. Elle fut bénite au couvent des Filles-Dieu à Paris, le 8 février 1671, par l'archevêque Harlay de Chanvallon :

cette cérémonie eut pour témoins la reine, Monsieur, Mademoiselle, les princesses, toute la Cour, le cardinal de Bouillon et le nonce, ces deux derniers dans le chœur auprès de la reine, pour ne pas se commettre avec trente évêques qui y assistèrent en rochet et en camail. Les membres du Grand Conseil, qui jugeaient les affaires de l'ordre, y étaient aussi. On ne fut pas peu surpris quand les religieux de l'obédience vinrent, avec les religieuses, baiser la main gantée de la nouvelle abbesse, en signe de sujétion. Elle partit au mois de mars pour Fontevrault, on lui rendit toutes sortes d'honneurs sur la route, les magistrats, les communautés la haranguaient, et la multitude   ur la voir était si grande, qu'à la Madeleine d'O   a   faillit être étouffée. Aussitôt arrivée à Font   , elle prit la direction de l'abbaye, et peu de temps après, les charmes de sa personne, soutenus par sa politesse et son affabilité, avaient dissipé toutes les préventions, lui avaient ramené tous les cœurs.

Ses biographes en effet, les contemporains, les historiens de Fontevrault, Daniel de Larroque, le *Journal de Trévoux*, Pierre Clément, sont unanimes sur son compte. L'esprit des Mortemart est célèbre depuis trois siècles, et voilà une prescription, un apanage héréditaire qui, n'est-il pas vrai, en valent bien un autre. Saint-Simon déclare que Mme de Fontevrault avait encore plus d'esprit que ses sœurs Mmes de Thianges et de Montespan. « C'était peut-être aussi la plus belle, ajoute-t-il. Elle possédait les langues savantes, savait bien la théologie et les Pères, était versée dans l'Écriture, excellait en tout genre d'écrire, et parlait à enlever quand elle traitait quelque matière. Elle avait un don tout particulier pour le gouvernement, et pour se faire adorer de tout son ordre, en le tenant toutefois dans la plus exacte régularité. (La sienne était pareille dans son ordre.) Son père l'avait coffrée fort jeune, avec peu de vocation ; elle avait fait de nécessité vertu, et devint une bonne religieuse, et une meilleure abbesse. »

Qu'elle fût ou non une précieuse de couvent, dans le bon sens du mot, on s'extasie à ses conférences et à ses sermons, on va en foule à ses discours de vêture ou de profession, on s'entretient des ouvrages d'esprit, de morale ou de piété auxquels elle consacrait ses rares loisirs, et qu'elle dérobait avec soin au public. Un jour, elle apprend que Mme de Sablé a eu par hasard connaissance d'un petit morceau sur la politesse, dont le mérite consiste dans les nuances, les demi-tons : elle s'en excuse, toute honteuse qu'une pareille bagatelle lui soit parvenue. Je ne cite point la traduction d'un fragment du *Banquet* de Platon, parce qu'il y a de fortes raisons de la croire apocryphe. Amie et correspondante de Mmes de Sablé et de La Fayette, de Daniel Huet, de Segrais, du P. Rapin, de Racine, elle partage leur admiration pour les chefs-d'œuvre de l'antiquité et des temps modernes. Ses lettres sont admirées à la cour et dans le monde poli. Le roi aimait à en recevoir. A chaque grand événement qui obligeait l'Académie française et les autres corps à haranguer Sa Majesté, on se réjouissait dans l'attente de lire bientôt une lettre de l'abbesse de Fontevrault sur le même sujet. Non seulement elle sanctifie les religieux de son ordre, mais encore elle les polit, fait fleurir les belles-lettres et les sciences solides à Fontevrault, élève de savants professeurs, rectifie le goût de la véritable éloquence, sans rien diminuer de la simplicité claus-trale qu'elle a même augmentée. Ses ordonnances sont si sensées, si précises, si judicieuses, que des prélats tels que Bossuet n'ont pas dédaigné de s'en servir; et son gouvernement parut celui d'un philosophe chrétien consommé en l'art de régner.

Voilà le cri des contemporains, qui est aussi le jugement de la postérité. Y a-t-il quelques ombres au tableau? Ne pourrait-on formuler une critique? Peut-être. Mme de Fontevrault est une excellente abbesse, à coup sûr, au point de marquer une prédilection spéciale pour la morale des Messieurs de Port-Royal, parce qu'elle la trouvait conforme à la règle de l'Évangile, sans toutefois prendre part aux querelles du jansé-nisme. Mais elle est grande dame et reste grande dame, emporte dans son monastère les habitudes, les goûts de la haute société. A Fontevrault, par exemple, elle donne l'hospitalité non seulement à sa sœur Mme de Montespan après la disgrâce, mais elle reçoit des amis à demeure, comme dans un château ordinaire. Elle vient à plusieurs reprises à Paris pour les affaires de son ordre, et une fois entre autres, en 1675, elle y demeure plus de sept mois. « C'était au fort des amours du roi et de Mme de Montespan. Elle ne bougeait de chez Mme de Montespan, et c'était un contraste extraordinaire de voir une abbesse dans les parties intimes du roi et de sa maîtresse. Louis XIV la goûta tellement qu'il avait peine à se passer d'elle. Il aurait voulu, dit Saint-Simon, qu'elle fût de toutes les fêtes de sa cour, alors si galante et si magnifique. Mme de Fontevrault se défendit toujours opiniâtrément des publiques, mais elle n'en put éviter de particulières. Cela faisait un personnage extrêmement singulier... Un jour même, elle dîne avec la reine et Mme de Montespan chez les Carmélites de la rue de Bouloi. Étrange assemblage, et en quel lieu ! Ce qui est très rare, c'est qu'elle conserva toujours une extrême décence personnelle dans ces lieux et ces parties où son habit en avait si peu. » Même après l'éloignement de Mme de Montespan, elle garde la faveur du roi, et Mme de Maintenon lui témoigne beaucoup d'amitié. Louis XIV lui donna un jour six mille écus et un diamant de trois mille louis, qui aujourd'hui représentent un cadeau de 255,000 francs ; cela se passait en 1675, à l'époque où le duc de Lesdiguières, gouverneur du Dauphiné, écrivait à Colbert que beaucoup d'habitants de la province n'avaient vécu pendant l'hiver que de pain de glands et de racines, et qu'on les voyait présentement manger l'herbe dans les prés et l'écorce des arbres. Il voulait aussi la nommer abbesse de Montmartre pour la rapprocher, elle refusa. Lorsqu'elle mourut en 1704, le roi la regretta beaucoup et donna tout aussitôt cette abbaye non pareille à sa nièce, fille de son frère le duc de Vivonne.

Il surgit toutefois une voix discordante dans ce concert d'éloges. Mme de Sévigné, aussi mauvaise langue pour ceux qu'elle n'aime pas qu'indulgente à ses amis, et ennemie impitoyable de tout ce qui touchait à Mme de Montespan, déclare ne la trouver pas jolie, et insinue assez méchamment que l'abbé Testu la *gouverne fort*. Ce sont ses propres termes, et l'on sait ce que parler veut dire. La calomnie tenait à ce que l'abbé Testu avait passé deux mois à Fontevrault en 1671, et cet abbé, fort spirituel, disert, aimable, était un peu trop mondain, peut-être assez compromettant. Louis XIV, qui n'aimait *pas le bruit quand il ne le faisait pas,* ne put se décider à le nommer évêque, et se contenta de lui donner des bénéfices. Mme d'Heudicourt le recommandait un jour au roi qui ne le trouvait « pas assez homme de bien pour conduire les autres. — Sire, répondit-elle, il attend, pour le devenir, que Votre Majesté l'ait fait évêque. » Très lié avec l'abbé de Rancé, faisant de fréquentes retraites dans diverses abbayes, rentrant ensuite dans le monde, gai et mélancolique tour à tour, l'abbé Testu avait une infinité d'amis considérables dans tous les états ; bon ami lui-même et serviable, mais fort vif, dangereux et pardonnant difficilement à quiconque l'avait heurté. L'une des amies de la jeune abbesse, la marquise de Sablé, pensa avec raison qu'il était important qu'elle connût les bruits malveillants de Paris, pour les réfuter et se mettre sur ses gardes. On a la réponse, et le ton, l'émotion, l'accent qui y règnent en font une pièce décisive. L'abbesse de Fontevrault commence par dire qu'elle a bien compris et tout entendu. Elle est fort touchée du soin qu'a pris son amie de l'avertir, et en même temps fort en repos sur *certaine affaire* dont elle cherche à détourner son imagination, et qui, n'ayant aucun fondement, ne peut avoir une longue durée. Elle ajoute qu'elle ne veut pas faire pitié, mais le poids de sa charge est déjà bien lourd, et il faudrait mourir si l'on voulait encore être attentive aux persécutions du dehors. Tout à coup pourtant sa pensée semble faire volte-face : ce calme disparaît, cette feinte tranquillité s'évanouit, la glace se fond, et la nature prend le dessus.

« Dieu me fait la grâce de trouver des sujets de consolation dans des circonstances dont je serais naturellement plus blessée, car de recevoir les plus grands outrages par des personnes auxquelles non seulement on n'a jamais fait de mal, mais qu'on a aimées, et, j'ose le dire, même servies en des occasions considérables, vous m'avouerez, Madame, que cela n'est point selon les règles communes, et qu'il faut bien que Dieu permette cet horrible renversement pour ma sanctification. Je le prie de tout mon cœur qu'il me fasse la grâce d'en faire bon usage, et de regarder comme un bonheur une épreuve si extraordinaire.

« Voilà, au vrai, les dispositions où j'essaye d'être sur ce sujet. Si d'abord il n'a pas paru tant de modération, cela est bien pardonnable, et vous m'avouerez qu'il y a des natures d'injustices qui font perdre toute la douceur et toute la patience qu'on pourrait avoir dans des occasions communes... Au reste, je ne puis me passer de vous dire que je suis satisfaite de M. d'Angers au-

delà de toute expression, et qu'il n'y a point d'honnê-
tetés qu'il ne me fasse. Si vous lui écrivez, vous m'obli-
gerez fort, Madame, de lui faire quelques remerciements
pour moi. Si on voulait demander à ce prélat des nouvelles de ma conduite, j'aurais, je crois, le bonheur
d'être autant louée par lui que je suis blâmée des gens
qui sont à cent lieues de moi. Quoique cela soit très
vrai, je pense que j'aurais mieux fait de ne pas le dire :
mais je n'ai pu retenir ce trait de vanité ; l'extravagance
des gens qui me persécutent m'a fait faire celle-là que
je vous supplie très humblement de me pardonner. »

Voilà la rançon de ces habitudes sociales trop mon-
daines que se permettait Mme de Mortemart : une
calomnie qui finit par tomber d'elle-même. L'abbé Testu
ne la gouvernait nullement, et l'agréable commerce
qu'ils avaient ensemble était tout aussi public et aussi
innocent que celui de Mme de Sévigné avec Corbinelli,
de Mme de Sablé avec Esprit, de Mme de La Fayette avec
Ménage. Mais elle eût sans doute agi plus prudemment
en tenant à distance cet abbé un peu évaporé.

Elle administrait son ordre avec douceur et fermeté,
avec le souci le plus vif de ses intérêts moraux et matériels. Une lettre d'elle à Huet, évêque d'Avranches,
contient de curieux détails sur l'entrée clandestine des
pamphlets de Hollande dans les cloîtres, et les germes
d'insubordination qu'ils y introduisaient. « En examinant ses devoirs de plus près, on les trouve plus éten-
dus, et il est vrai aussi que ceux qui sont attachés à ma
charge se sont multipliés réellement depuis quelques
années. Plusieurs supérieures ont fait la même remarque,

et soutiennent que le gouvernement est devenu plus difficile depuis quinze ou vingt ans. Je vais vous dire à
quoi je m'en prends, au hasard que vous vous moquiez
de moi. Je me suis imaginé que ces livres de Hollande
qui ont inondé le monde depuis quelques années, et qui
se sont glissés dans les cloîtres comme ailleurs, ont
répandu des doutes et des demi-connaissances, dont les
petits esprits n'ont pu tirer d'autre fruit que de se croire
capables de juger de tout, et de regarder la soumission
aux lois comme un effet de la faiblesse et de l'ignorance
où ils vivaient avant ces belles découvertes. Mandez-
moi, je vous supplie, Monsieur, ce que vous pensez là-
dessus. »

Nous avons, en ce qui touche la discipline des couvents, des lettres circulaires fort instructives de notre
abbesse. Tantôt elle se plaint du *peu de soumission* de
certaines religieuses, des malignes interprétations
qu'elles donnent à ses desseins, des incessantes
demandes de sorties, des infractions à la règle qui
n'autorise les confesseurs extraordinaires que huit fois
l'année, infractions où elle voit un *véritable libertinage
d'esprit.* Tantôt elle défend la *mondanité dans les habits
et les chaussures* (il est des modes aussi pour le voile),
moyen infaillible de se rendre désagréable à Dieu et
ridicule aux yeux du monde. Une lettre de 1681 renferme les ordres les plus sévères sur les sorties fréquentes, la disposition des parloirs et des grilles, l'entrée au couvent des gens d'affaires et des ouvriers.
Insistant sur certains points délicats, elle ajoute : « Les
longs entretiens avec les confesseurs, surtout quand ils

sont jeunes, ne doivent nullement être soufferts, si ce n'est à leurs confessionnaux. Nous en chargeons les consciences des Mères prieures et de nos vicaires. Nous ordonnons la simplicité et l'uniformité dans les habits et les coiffures. » En même temps elle défend absolument aux Pères confesseurs le plaisir de la chasse qu'elle déclare scandaleux. Dans la circulaire de 1684, elle s'étend sur les trop fréquentes visites au parloir et la multiplicité des directeurs.

La longueur des procès entre religieux sous l'ancien régime est célèbre : l'un d'eux, qui durait depuis plusieurs siècles, fut tranché par la Révolution à la façon du juge qui mange l'huître disputée par les plaideurs. On sait aussi cette fameuse querelle entre Cordeliers sur la forme du capuchon, qui dura plus de cent ans, à peine terminée par les bulles de quatre papes. Mme de Fontevrault montre une ardeur extrême à défendre les privilèges de son ordre, et fait souvent appel au crédit de sa sœur, à l'amitié du roi et de Mme de Maintenon. Elle a maille à partir avec de nombreux évêques : celui-ci s'érige en réformateur des Bénédictines de son diocèse, sous prétexte que leur discipline est trop relâchée; à quoi elle répond que celle des séminaires est bien moins sévère, et qu'il ferait mieux, au lieu d'empiéter sur les droits d'autrui, de vivre en paix avec son Chapitre. Celui-là défend aux prêtres de son diocèse de donner la communion aux religieuses sorties de leur couvent sans sa permission. Les mémoires succèdent aux mémoires, elle a gain de cause en 1684, mais en 1695 éclate un édit en quarante-neuf articles qui porte qu'aucune religieuse ne peut sortir d'un monastère ou y entrer sans la permission écrite et motivée de son évêque diocésain. Poussée à bout, l'abbesse a de nouveau recours au roi, et elle l'implore en ces termes.

« Faudra-t-il donc voir périr entre mes mains les privilèges qui ont subsisté depuis tant de siècles? Cette décadence s'attribuerait à mon indignité personnelle, qui en effet aurait dû l'attirer, si Votre Majesté, en m'élevant à une place si au-dessus de moi, n'avait bien voulu suppléer à tout ce qui me manque pour la soutenir. Ce n'est que par là que j'ai conservé jusqu'ici ce que j'ai reçu des princesses à qui j'ai l'honneur de succéder, et si ce secours me manque, il est impossible que j'évite la honte dont Votre Majesté s'est en quelque façon engagée à me garantir. Je n'éviterais pas non plus un malheur plus essentiel, qui serait de perdre l'estime et la confiance des personnes que je gouverne, et ainsi de ne pouvoir plus les conduire avec succès. » Un curieux aveu lui échappe en 1701 au sujet des privilèges auxquels l'édit de 1695 voulait justement mettre un terme : « Peut-être aurait-il été plus dans l'ordre qu'ils n'eussent jamais été accordés ; mais dans l'état où ils sont, les atteintes qu'ils souffrent sont souvent cause que la charité est blessée, sans que la discipline monastique en reçoive nul accroissement. » Elle finit par obtenir que la question fût tranchée par des commissaires que le roi ou le ministre désignait en dehors de toute juridiction régulière ; mais alors, les évêques, voyant que les commissaires ne leur étaient pas favorables, sollicitèrent un ajournement qui laissât les choses en l'état.

C'est, comme on voit, la confusion et l'arbitraire le plus complets, le mépris le plus absolu de la justice et du droit.

Une fille du Régent attirait sur elle et son couvent des plaisanteries plus acerbes qui donnent la mesure du chemin parcouru en quelques années.

Les chansonniers ne manquent pas d'aiguiser leurs plumes pour décrire ou même travestir les déduits de l'abbaye de Chelles en 1720, sous le règne de Mlle de Chartres :

> Pour tout office
> On goûte tous les jours
> Mille délices
> Qu'assaisonne l'Amour;
> Chaque instant sur le cœur
> Il répand ses faveurs.
> A ce dieu si propice
> Elles livrent leurs cœurs
> Pour tout office.....

L'abbesse paraît avoir conservé des mœurs très pures, mais il faut convenir qu'elle fournissait des armes à la calomnie. Pour reconquérir l'affection de son père, elle cherche à l'attirer le plus possible à Chelles et multiplie les plaisirs : représentations dramatiques où l'on joue les pièces les plus passionnées de Racine, feux d'artifice, table somptueuse, parloirs transformés en salons et boudoirs, les cérémonies religieuses devenues de véritables fêtes musicales, écuries tenues avec luxe, fleurs partout, livres nouveaux, pamphlets hardis et gazettes reçus à Chelles; elle-même continue à chanter, à faire de la musique. On aime à croire qu'elle cessa de chasser, mais, de son propre aveu, elle ne put s'empêcher de jurer, et ce travers révèle encore cette imagination ardente, ce caractère altier, inconséquent : « Tantôt austère à l'excès, tantôt n'ayant de la religion que l'habit, dit Saint-Simon, musicienne, chirurgienne, théologienne, directrice, et tout cela par sauts et par bonds, mais avec beaucoup d'esprit, toujours fatiguée et dégoûtée de ses diverses situations, incapable de persévérer dans aucune... » Au reste, elle passa bientôt dans le camp de l'austérité, se rejeta avec une nouvelle ardeur vers le jansénisme, et les faiseurs de ponts-neufs de noter en souriant cette métamorphose.

> Que dans vos yeux Jansénius
>   Trouve de fortes armes!
> Que la bulle *Unigenitus*
>   Tient peu contre vos charmes!
> Pour vous plaire, Iris, de bon cœur,
>   Je me ferais janséniste;
> Mais ayez pour moi la douceur
>   D'une âme moliniste.
>
> Je vois l'Amour armé de traits
>   Qui vous suit à la trace;
> De votre air vif, brillant et frais
>   La grâce est efficace.
> Je soutiendrai ce dogme-là,
>   Et ma thèse est publique,
> Quand on devrait chez Loyola
>   M'appeler hérétique.

Ce revirement qui fut durable, ce retour à la dévotion et à la régularité, ont été reconnus par Saint-Simon, célébrés par Louis Racine :

> Plaisirs, beauté, jeunesse, honneur, gloire, puissance,
> Ambitieux espoir que permit la naissance,
> Tout au pied de l'Agneau fut par elle immolé.
> Elle s'immole encor dans sa retraite même ;
> Assise au premier rang, son cœur en est troublé ;
> De ce rang descendue, au seul objet qu'elle aime,
> En silence attachée, elle embrasse la croix,
> Victime par l'Amour devant Dieu consumée,
> Vierge, qui nuit et jour tient sa lampe allumée,
> En attendant l'époux dont elle avait fait choix.
> Dans notre siècle impie, étonnante merveille !
> Les princes sont changés en humbles pénitents ;
> Et voilà par quels coups, Dieu puissant, tu réveilles,
> Même en ces derniers jours, la foi des premiers temps !

Toutefois la princesse paraît avoir gardé jusqu'à la fin un certain goût pour les intrigues religieuses : « Elle a de l'esprit, écrit durement d'Argenson, mais l'a tout en petit ; elle est *moine* des pieds à la tête ; elle a l'intrigue des moines, le même respect pour les puissances terrestres, la même ambition de leur plaire et d'y être en quelque relation... »

Une autre institution de l'ancien régime, celle des Chapitres nobles (1), faisait en quelque sorte le pont

-----

(1) Antoine Guillois : *La Marquise de Condorcet,* p. 27 à 35. — Ducas : *Les Chapitres nobles de dames,* 1 vol., 1843. — *Le Dictionnaire des Ordres religieux,* Collection Migne. — Vicomte de Gabrielly : *La Femme chevaleresque et chapitrale,* Paris, 1880. — *Mémoires de Madame de Genlis.* — Anatole France : *Lucile de*

entre la vie religieuse et la vie laïque, contribuait à les confondre, et prêtait sans doute à de nombreux abus. Mme de Sévigné y songe peut-être lorsqu'elle écrit malicieusement : « Cette place d'abbesse est toute propre aux vocations un peu équivoques ; on accorde la gloire et les plaisirs. » En réalité, les abbesses, purement séculières, des Chapitres nobles « ne sont que les souveraines d'un groupement très aristocratique, où l'orgueil du nom tient plus de place que la foi religieuse, » et représente pour les dames l'ordre de Malte ou celui du Saint-Esprit pour les hommes.

Vers 1787, on compte en France 29 de ces Chapitres, avec 600 chanoinesses accusant un revenu de 700,000 livres. Dans certaines maisons, il faut quatre quartiers de noblesse du côté paternel et du côté maternel ; quelques-unes en exigent huit, plusieurs seize. A Bourbourg (Nord), où la reine est première chanoinesse, on doit prouver sa noblesse depuis 1400. A l'abbaye de Château-Chalon, l'abbesse est princesse du Saint-Empire ; à Remiremont, on la choisit parmi les princesses du sang royal.

Les chanoinesses ne prononcent aucun vœu, conservent le droit de se marier, prennent en général le titre de comtesses ; elles chantent à l'office au chœur, revêtues de l'aumusse et d'un habit assez semblable à celui

---

Chateaubriand. — E. DE BARTHÉLEMY et L. DE LAROQUE : *Le Catalogue des gentilshommes ayant pris part aux assemblées pour les élections aux États Généraux de 1789,* 2 vol. — *Mémoires de Madame de Chastenay.* — TAINE : *L'Ancien Régime.* — GUIZOT : *Étude historique sur l'abbaye de Remiremont.*

des chanoines ; dans la maison du Chapitre chacune a son logement séparé, garde la jouissance de ses biens propres, et reçoit une part distincte des revenus de la communauté. A côté des dignitaires et des chanoinesses titulaires, les chanoinesses non prébendées ou postulantes, qu'on appelle *les nièces* et qui attendent une vacance, produite par la mort ou la sortie du Chapitre ; celles-ci sont parfois en conflit avec leurs *tantes*. « Les abbesses de ces Chapitres étaient naturellement fort mêlées au monde, observe M. Gabriel Prevost, et n'avaient guère que leur grandeur même pour les préserver de ses médisances ou de ses intrigues. Dans tous les cas, il serait aussi injuste de mettre sur le compte des vraies abbesses religieuses les faiblesses dont elles ont pu se rendre coupables, que de mettre à la charge du vrai clergé les écarts possibles commis par les *Monsignori* italiens, uniquement dotés d'un titre séculier. »

Lorsque Sophie de Grouchy, la future marquise de Condorcet, arrive à Neuville-les-Dames, en 1784, elle avait encore la foi ; lorsqu'elle quitte ce Chapitre, vingt mois plus tard, elle l'a perdue : elle avait lu Condillac, Voltaire et Rousseau ; sa mère eut beau brûler les livres rapportés de Neuville, Sophie les savait par cœur, ne les oublia pas et alla fort avant dans la libre pensée.

Mme de Chastenay raconte la cérémonie d'introduction au Chapitre d'Épinal : « Elle tenait à la fois de la chevalerie et de l'institution monastique. Les preuves de noblesse étaient discutées et admises par les généalogistes du Chapitre ; elles étaient jurées et publiées à la cérémonie par trois chevaliers... La nouvelle reçue leur présentait en reconnaissance un nœud d'épée... L'un des chevaliers me donna la main; la musique de la garnison précédait. Quand nous fûmes dans le chœur de l'église, on me fit mettre à genoux; l'abbesse me dit : « Que me demandez-vous, ma fille? — Le pain et le « vin de saint Goërig (patron du Chapitre) pour servir « Dieu et la Sainte Vierge. » On me fit manger d'un biscuit, mouiller mes lèvres dans une coupe; on me passa le grand cordon avec la croix au bout, le long voile bordé d'hermine, l'aumusse, le voile noir. Tout me fut remis en un instant. On chanta le *Te Deum*, puis le cortège revint dans le même ordre, et un bal s'ouvrit chez ma tante... »

Taine, dans l'*Ancien Régime*, affirme que les Chapitres nobles de femmes sont autant de salons permanents et de rendez-vous incessants de belle compagnie, qu'une mince barrière ecclésiastique sépare à peine du grand monde où ils se sont recrutés : mais il convient de remarquer qu'en général abbesses et chanoinesses usent très charitablement de leur fortune, contribuent à la prospérité des pays où se trouvent leurs maisons, et qu'elles furent regrettées en maint endroit.

Norvins parle agréablement de certains Chapitres de Cologne, apanages des cadets de la haute noblesse, ainsi que l'Ordre de Malte en France, sinécures à la fois ecclésiastiques et séculières, où le blason était la première vocation et la pauvreté la seconde. Ainsi les dames de Sainte-Marie de Cologne, appartenant aux premières maisons d'Allemagne, n'ont d'autre obligation privée que celle du bréviaire, d'autre obligation publique que d'assister, décorées de leur grand cordon, aux offices des fêtes solennelles dans le chœur de la cathédrale. Elles ont chacune leur petite maison, « paradis mondain où elles reçoivent alternativement leurs sœurs et frères en chanoinerie, l'aristocratie de la ville et les nobles étrangers. L'une d'elles parle dédaigneusement à Norvins de certain monastère rural de petites bourgeoises, et d'une Sœur Wilhelmine qui réclame sa parenté. Et comme Norvins remarque qu'elle est très jolie : « Eh bien ! reprend la comtesse, elle fera comme les autres : elle se fera enlever. Son couvent est *fort romanesque.* » Bientôt le salon se remplit « des membres des deux sexes de la famille sacerdotale... On causa, on rit beaucoup de la prétention des nonnes de Weilmünster à se dire chanoinesses. On fit de la musique, et, au grand scandale comme au grand plaisir de mes oreilles, les voix sacrées du chœur de la cathédrale chantèrent merveilleusement les *Noces de Figaro* et *Don Juan* de Mozart, alors dans toute la fraîcheur de leur création. Après le concert, une collation élégante fut servie, et je sortis enchanté de cette soirée ecclésiastique... »

Les Assemblées de la Révolution, par les lois du 13 février 1790, du 18 août 1792, abolirent les congrégations religieuses, et par voie de conséquence, les abbesses avec les Chapitres nobles de dames : ceux-ci existent encore dans quelques pays comme l'Autriche et la Bavière. Ainsi le couvent des dames nobles de Prague, fondé en 1755, se recrute parmi la plus haute noblesse :

ses dernières abbesses sont : l'archiduchesse Marie-Christine, ex-reine régente d'Espagne, l'archiduchesse Marie-Antonia, Marguerite-Sophie duchesse de Wurtemberg, les archiduchesses Caroline-Marie, Marie Annunziata. Abbesse et doyennes sont prébendées ; l'abbesse a droit à deux loges dans les théâtres royaux et impériaux, à cinq équipages de la cour ; elle habite un palais à Prague, y donne des audiences ; dans les grandes cérémonies, elle porte le manteau de cour, un diadème orné de diamants, le sautoir en soie blanche, la croix abbatiale.

Et tout ceci évoque le souvenir des grandes abbesses du moyen âge, qui, lettrées, artistes, investies d'une grande puissance morale et matérielle, se comportaient en véritables hommes d'État, et rallumaient le flambeau de l'antique civilisation.

TROISIÈME CONFÉRENCE

LES LIBERTINS ET SAINT-ÉVREMOND

Mesdames, Messieurs,

On ne saurait parler de Saint-Évremond sans jeter un coup d'œil sur les libres penseurs, ou, comme on disait, sur les libertins de son temps, — et l'on ne saurait s'occuper de ceux-ci sans être frappé de l'importance qu'ils prennent dans la société, de leur nombre, de l'audace relative de leurs affirmations, audace qui prélude à la liberté intellectuelle du xviiie siècle, et qui eût été infiniment plus grande, si une religion d'État, une monarchie absolue, *le dur marteau de Louis XIV*, n'eussent sévèrement réprimé toute manifestation extérieure. Allons au fond des choses, n'ayons cure des optimismes de parti pris, faisons table rase de préjugés, d'engouements qui semblent demander au temps le bénéfice de la prescription et la force de la chose jugée, étudions les sources authentiques : les prédicateurs tonnent, les moralistes raillent, les faiseurs de mémoires racontent du ton le plus naturel les traits les plus saisissants. De

toutes parts, on mine cet édifice harmonieux de Richelieu et de Louis XIV, qui semblait défier l'éternité ; c'est
un bruit sourd d'abord, plus distinct ensuite, l'effort
souterrain, persistant, des ouvriers du doute ; leur
silence même est plein de choses, et, mieux encore
que de bruyantes attaques, leur ironie discrète atteste
l'énergie de l'esprit nouveau. Si la plupart s'arrangent
pour échapper au bras séculier, s'ils gardent pour
eux ou leurs intimes le secret de leur impiété et se
réfugient dans la méditation, si les uns enfin enve-
loppent leur libertinage d'un voile de bienséance,
d'autres risquent leur vie et leur liberté, affrontent
l'exil, pour confesser leur *credo;* ainsi Louis Veuillot,
l'un des premiers prosateurs du XIXe siècle, s'écriait :
« Il y a des jours où l'on sent un besoin irrésistible
de crier la vérité, à trois mois de prison par ligne. »

Sainte-Beuve l'a très justement remarqué : « Il y a deux
siècles de Louis XIV : l'un noble, majestueux, magnifique, sage et réglé jusqu'à la rigueur, décent jusqu'à
la solennité, représenté par le roi en personne, par ses
orateurs et ses poètes en titre, par Bossuet, Bourdaloue, Racine, Despréaux ; — et puis un autre siècle, qui
coule dessous pour ainsi dire, comme un large fleuve
coulerait sous un large pont, et qui va de l'une à l'autre
régence, de celle d'Anne d'Autriche à celle de Philippe
d'Orléans. Les belles et spirituelles nièces de Mazarin
furent pour beaucoup dans cette transmission d'esprit
d'une régence à l'autre, les duchesses de Mazarin, de
Bouillon et tout leur monde, Saint-Évremond et les
voluptueux de son école, Ninon et ceux qu'elle formait

autour d'elle, les mécontents, les moqueurs de tout bord. A mesure que s'avançait le règne, et que le monarque redoublait de rigorisme, cette veine refoulée ne fit que rentrer et se répandre au dedans. Les ambitions trompées, ou celles qui attendaient, se dédommagèrent dans la liberté d'esprit et dans les plaisirs ; et ces plaisirs étaient ce qu'ils sont bien vite toujours, ce qu'ils devaient être surtout à une époque d'immense inégalité, et où le contrôle de la publicité était nul : c'étaient de véritables bacchanales. » En réalité, les mœurs de la régence existent déjà sous Louis XIV ; elles y sont de longue date à l'état latent, et il a suffi d'un simple changement à la surface pour qu'on les vît déborder. Et la licence de la première moitié du xviiᵉ siècle ne le cède guère à celle du xviiiᵉ ; mais le dérèglement est couvert alors par la grandeur apparente ou réelle des caractères, des esprits et des personnages.

Le xv023ᵉ siècle nous a rendus familiers avec le bûcher : au xviiᵉ, on le remplace pour les hérétiques par les Dragonnades, la Bastille, l'exil ; mais il fonctionna encore, aggravé par la torture ou la question, pour les athées ou suspects d'athéisme. A Rome, on avait brûlé vif Giordano Bruno ; à Toulouse, Vanini eut le même sort. Dans son livre : *Secrets admirables de la nature*, celui-ci se montre à peu près matérialiste, bien qu'il proteste de sa soumission à l'Église : « Il n'y a pas de liberté, affirme-t-il ; le vice, la vertu, dépendent du climat, du tempérament, de la nourriture. Le seul plaisir est la fin de l'homme. » Quant à l'immortalité de l'âme, il a fait vœu de ne s'expliquer sur la question que lorsqu'il sera vieux, riche et Allemand. Le volume abonde en anecdotes et peintures licencieuses. On accusa Vanini de mœurs infâmes, on le déféra au parlement de Toulouse; pour prouver sa croyance en Dieu, il ramassa à terre une paille et en tira une preuve de la nécessité providentielle : son éloquence ne le put sauver : Quand on lui signifia son arrêt, il reprit son attitude de révolté, et dit : « Pour Dieu, je n'en crois point ; pour le roi, je ne l'ai point offensé ; pour la justice, que le diable l'emporte, s'il y a des diables au monde. » Il fut brûlé vif le 19 février 1619, et eut préalablement la langue arrachée. A Paris on brûla des malheureux qui n'ont pas eu la même célébrité, entre autres Jean Fontanier, condamné au feu pour un livre oublié. L'arrêt fut exécuté en 1621, en place de Grève. Seulement on fut plus humain à Paris qu'on n'avait été à Toulouse. A Paris, l'arrêt porte cette réserve : « Il est retenu qu'auparavant que le dit Fontanier sente le feu, il sera secrètement étranglé. » Pendant la régence d'Anne d'Autriche, Claude Petit fut également brûlé pour des chansons impies ; même traitement à un sieur d'Ambreville « pour avoir dit des impiétés abominables. » En Italie, le dominicain Campanella (1568-1639), auteur de la *Cité du soleil,* fut torturé sept fois, et languit vingt-sept ans dans les cachots ; il distinguait en nous deux âmes, et voulait qu'on revînt à l'étude de la nature, *ce manuscrit de Dieu,* selon sa belle expression. La « crainte rafraîchissante des fagots » ne retenait pas toujours ceux qui, selon le mot de l'Arioste, « ne croient pas au-dessus de leur toit. »

Il va de soi que la libre pensée se montre hardie ou timide, en raison directe de la sévérité ou de la tolérance du pouvoir : assez affichée sous Henri IV, jalousement poursuivie sous la régence de Marie de Médicis, qui la livre aux gallicans et aux ultramontains coalisés par la crainte commune que leur inspirent les progrès de la doctrine pyrrhonienne. Sous Richelieu, les libertins respirent un peu; avec Anne d'Autriche, ils sont forcés de se mettre en règle avec les bienséances; pendant le règne de Louis XIV, ils observent aussi les rites de la prudence, et c'est là une des raisons de leur effacement. Ajoutons avec Perrens qu'ils ont subi un triple malheur : « Ils n'ont pas eu à leur tête suffisamment de grands esprits; ceux qu'ils ont obtenus du hasard n'étaient pas dans une condition sociale qui leur permît de les diriger à travers la bataille de la vie; trop rarement, surtout, parut parmi les chefs et les soldats une âme assez ferme pour n'avoir pas, à l'article de la mort, ces résipiscences terrifiées qui permettent à leurs adversaires de ne voir dans les idées de leur vie qu'un égarement passager, et de saluer, dans leur tardif acte de foi, la seule minute essentielle, qui ramène au bercail la brebis égarée et en assure le salut. » En fait, les sceptiques du XVIIe siècle, et d'autres siècles, mettent en pratique l'axiome de Bachaumont : « Un honnête homme doit vivre à la porte de l'église et mourir dans la sacristie. »

Peu s'en fallut que le poète Théophile ne pérît aussi

par le bûcher (1) : dénoncé pour un recueil de vers grivois et sceptiques, un *Parnasse ou Quintessence satyrique,* comme on disait, condamné deux fois par contumace, enfant gâté de la mauvaise fortune, fuyant la prison et l'autodafé, finalement enfermé à la Conciergerie où il languit de longs mois dans le cachot de Ravaillac, sauvé enfin par les Montmorency, il ne survécut guère à sa mise en liberté. Des Barreaux lui succéda dans le commandement de l'armée des libertins bons vivants, et l'on sait l'histoire de l'omelette jetée par la fenêtre comme il tonnait un vendredi. « Voilà bien du bruit pour une omelette au lard ! » Ce même Des Barreaux finit toutefois par se repentir et écrivit un sonnet qui mérite d'être rappelé :

> Grand Dieu ! tes jugements sont remplis d'équité :
> Toujours tu prends plaisir à nous être propice ;
> Mais j'ai fait tant de mal, que jamais ta bonté
> Ne peut me pardonner sans choquer ta justice.

---

(1) Victor BROCHARD : *Les Sceptiques grecs.* — F. T. PERRENS : *Les Libertins en France au XVIIe siècle.* — Charles GIRAUD : *Œuvres mêlées de Saint-Évremond,* 3 vol. ; *Ninon de Lenclos,* 1 vol. — Victor DE LANGSDORF : *Saint-Évremond et sa vie d'exil,* dans *Revue des Deux-Mondes,* 1er mars 1865. — MACÉ : *Saint-Évremond,* dans *Revue des Deux-Mondes,* 15 janvier 1842. — Émile COLOMBEY : *Les Poètes de cabaret,* pp. 57 et sq. — CLÉMENT : *La Police sous Louis XIV.* — SAINTE-BEUVE : *Portraits de femmes,* p. 359 ; *Portraits littéraires.* — BOUGEREL : *Vie de Pierre Gassendi ; Réflexions sur les grands hommes morts en plaisantant.* — *Historiettes* de TALLEMANT DES RÉAUX. — Amédée RÉNÉE : *Les Nièces de Mazarin.* — COMBES : *Mme de Sévigné historien.* — DESNOIRETERRES : *Les Cours galantes.* — BERNARDIN : *Hommes et mœurs du XVIIe siècle.* — Gustave MERLET : *Le Réalisme et la fantaisie,* pp. 345 et sq. — Raoul ALLIER :

Oui, mon Dieu, la grandeur de mon impiété
Ne laisse à ton pouvoir que le choix du supplice :
Ton intérêt s'oppose à ma félicité,
Et ta clémence même attend que je périsse.

Contente ton désir puisqu'il t'est glorieux :
Offense-toi des pleurs qui coulent de mes yeux ;
Tonne, frappe, il est temps ; rends-moi guerre pour guerre.

J'adore en périssant la raison qui t'aigrit.
Mais dessus quel endroit tombera ton tonnerre,
Qui ne soit tout couvert du sang de Jésus-Christ ?

Il n'est pas besoin de rechercher dans la philosophie hindoue, grecque ou médiévale, les origines du scepticisme moderne : c'est là un mode, une qualité, en quelque sorte un des pôles de l'esprit humain ; on peut appliquer à l'antagonisme entre la foi et l'incrédulité le mot d'Herbert Spencer sur la lutte entre la science et la religion « qui réalise une fable d'une moralité profonde, celle de ces deux chevaliers qui combattaient pour la couleur d'un bouclier dont chacun ne voyait qu'une face. » L'éclosion du scepticisme avait été favorisée par le mouvement des esprits, l'invention de l'imprimerie, la lutte ouverte entre les doctrines chrétiennes qui se disputaient l'empire au xvi⁰ siècle. On le trouve tout formé dans Montaigne, comme un oranger

---

La Cabale des dévots, 1 vol., Colin, 1903. — Théophile GAUTIER : *Les Grotesques*. — BELIN : *La Société d'après les sermons de Bourdaloue*. — Victor COUSIN : *Histoire générale de la Philosophie ; Vanini, sa vie, ses écrits, sa mort*. — Désiré NISARD : *Études sur la Renaissance*. — Paul MORILLOT : *Scarron*. — Gaston BOISSIER : *L'Opposition sous les Césars*, 1 vol., Hachette.

chargé de fleurs et de fruits. Le langage, le succès de l'auteur des *Essais,* sont l'expression des sentiments d'une bonne partie de la société d'alors (1). Pas de gentilhomme qui n'eût, au fond de sa province, un Montaigne sur le manteau de sa cheminée ; et, sonnant le tocsin d'alarme, le P. Mersenne nous apprend qu'il y avait cinquante mille athées à Paris. Le dogmatisme régnait dans les écoles, mais le scepticisme épicurien s'insinuait, que dis-je ? il s'installait dans le monde. « Je hais, écrit Montaigne, les choses vraisemblables quand on me les plante pour infaillibles... c'est mettre ses conjectures à bien haut prix que d'en faire cuire un homme tout vif ; » tout le scepticisme mondain, tout le scepticisme épicurien est en germe dans ces phrases. Saint-Évremond a formé sa raison avec Montaigne qu'il a trouvé dans le manoir de son père, au retour du collège. « Les *Essais,* dit-il, se sont établi le droit de me plaire toute ma vie ; » il en fit, lui aussi, son « livre cabalistique. »

Le xviie siècle sceptique s'ouvre avec Charron, prêtre et même grand vicaire, député du clergé, que le P. Garasse appelle : le patriarche des esprits forts. Il coordonne la doctrine du doute, s'applique d'abord à désintéresser la religion, à l'isoler de la spéculation philosophique, dans son livre des *Trois Vérités :* « l'immortalité de l'âme, dit-il, est la chose la plus utilement crue, la plus faiblement prouvée, aucunement établie

---

(1) « L'amour qu'on a de la vie éternelle, dit Scaliger, est cause que les prêcheurs mènent le monde comme ils veulent. »

par raison et moyens humains, mais proprement et mieux établie par le ressort de la religion. » La précaution de Charron a pour imitateurs les sceptiques tempérés, La Mothe Le Vayer, Saint-Évremond, et ce n'est point dans l'intérêt de la foi que leur esprit s'agite. Selon le même Charron, il y a trois étages de gens dans le monde : les théologiens, le commun des hommes, les philosophes. Il respecte fort les premiers et les tient à l'écart ; quant au commun des hommes, il est né pour servir. Mais les philosophes sont l'honneur de l'humanité, l'assemblée des sages ; c'est pour eux seuls qu'est faite la liberté. Toutefois il veut qu'on ménage le vulgaire et qu'on sauve avec lui les apparences : comme Socrate, il saurait, sans hésitation, sacrifier un coq à Esculape.

Il y a, dans un livre assez médiocre, publié en 1623 par le P. Garasse, un monument précieux de l'esprit du temps : quelques têtes de chapitres où l'on voit les maximes que l'auteur s'efforçait de combattre, et qui semblent appartenir au xviiie siècle.

Livre II : *Les beaux esprits ne croient en Dieu que par bienséance, et par maxime d'État.*

Livre III : *Un bel esprit est libre en sa créance, et ne se laisse pas aisément captiver à la créance commune, de tout plein de petits fatras qui se proposent à la simple populace.*

Livre IV : *Toutes choses sont conduites et gouvernées par le destin, lequel est irrévocable, infaillible, immuable, nécessaire et cruel, et inévitable à tous les hommes, quoi qu'ils puissent faire.*

Livre V : *Il est vrai que le livre qu'on appelle la Bible est un gentil livre, et qui contient force bonnes choses ; mais qu'il faille obliger un bon esprit à croire, sous peine de damnation, tout ce qui est dedans, jusques à la queue du chien de Tobie, il n'y a pas d'apparence, etc...*

Le P. Garasse pouvait citer beaucoup de mécréants et ne s'en faisait pas faute. Tel Guy de La Brosse, médecin ordinaire du roi, qui, montrant sa maison à des dames, leur dit quand il ouvrit la chapelle : « Voilà le saloir où l'on mettra le pourceau quand il sera mort. » Il se nommait assez souvent pourceau d'Épicure, affirme Guy Patin, malgré « qu'Épicure valût bien mieux que lui. » Un maître de paume, le petit La Lande, dit en mourant à Chavigny qui le pressait de se mettre en règle : « C'est pour l'amour de vous, et à condition que le grand *protothrosne* (le cardinal de Richelieu) croira que je meurs son serviteur. » Vauquelin des Yveteaux, choisi par Henri IV en 1609 pour être précepteur du Dauphin, passait aussi pour un fieffé libertin ; c'est avant tout un épicurien, pratique, égoïste, et il l'avoue. Plût à Dieu que toutes les confessions nous eussent valu un aussi spirituel couplet :

Avoir peu de parents, moins de train que de rente,
Des jardins, des tableaux, la musique, des vers,
Une table fort libre et de peu de couverts,
Avoir bien plus d'amour pour soi que pour sa dame,
Être estimé du prince et le voir rarement,
Beaucoup d'honneurs sans peine et peu d'enfants sans femme.

Ce courant traverse la société parisienne de 1600 à

1660. La Mothe Le Vayer, qui a tenu grand état dans le monde, était familier du cardinal de Richelieu, précepteur du frère de Louis XIII, recherché par la meilleure compagnie. Régnier, Tallemant, Chapelle, Saint-Pavin, Luillier, G. Colletet, Racan, Mairet, professaient avec plus ou moins de retenue le scepticisme, quitte à se repentir peu ou prou, officiellement ou réellement, sur leurs vieux jours, alléchés quelquefois par l'appât de bons bénéfices. Bref, cette doctrine a pénétré si avant dans les intelligences françaises, qu'elle se reproduit dans toutes les formes de la pensée et dans toutes les applications de l'esprit philosophique. « Doute sensualiste de Saint-Évremond, doute méthodique de Descartes, doute théologique de Pascal et de Huet, pyrrhonisme critique de Bayle : nous retrouvons dans toutes les directions le : Que sais-je ? de Montaigne, bien que le but soit souvent opposé. » Pour les uns, en effet, le scepticisme est illimité, il demeure le résultat et le terme de la connaissance humaine; pour les autres, il devient un instrument de la recherche de la vérité, un moyen de la trouver, après avoir écarté la terre mouvante qui la cache.

Signalons toutefois, avec Charles Giraud, une différence importante entre le xviie et le xviiie siècles : l'aristocratie française, qui s'était fait du respect une loi de bienséance au xviie siècle, se fera de la dérision une belle manière au xviiie siècle ; on voit, dans le *Discours des agréments* du chevalier de Méré, que, de son temps, le bon air était celui du respect. Ce que Saint-Évremond reproche à l'impiété, c'est son inconvenance. C'est qu'en effet les bienséances sont une loi de la société polie ; et cette même loi contribuait sans doute à dicter à Saint-Évremond des pensées qui semblent presque une profession de foi catholique ; un jour, par exemple, il déclare que la religion chrétienne fait goûter à sa raison la plus pure et la plus parfaite morale qui fut jamais. « A la bien considérer, écrit-il encore, on dirait que Dieu a voulu la dérober aux lumières de notre esprit, pour la tourner sur les mouvements de notre cœur. » En réalité, il n'est pas un croyant sans temple, il n'a ni la piété sans la foi, ni la foi sans la piété ; pour lui, le véritable couvent, c'est le respect de la liberté des autres ; la vraie religion, c'est la tolérance. Il donne d'excellents conseils aux protestants, aux catholiques, et on lirait avec admiration sa lettre au maréchal de Créqui, écrite la veille des Dragonnades : « Cet attachement à ma créance ne m'anime point contre celle des autres, et je n'eus jamais ce zèle indiscret qui nous fait haïr les personnes, parce qu'elles ne conviennent pas de sentiment avec nous. L'amour-propre forme ce faux zèle, et une séduction secrète nous fait voir de la charité pour le prochain où il n'y a rien qu'un excès de complaisance pour notre opinion... Les temples sont du droit des souverains, ils s'ouvrent et se ferment comme il leur plaît ; mais notre cœur en est un secret où il nous est permis d'adorer notre maître comme nous l'entendons. » Saint-Évremond représente l'aristocratie et en quelque sorte la droite du parti de la libre pensée.

Il nous a d'ailleurs laissé ce charmant portrait de

lui-même qui résume à merveille sa philosophie des jours optimistes :

« C'est un philosophe également éloigné du superstitieux et de l'impie ; un voluptueux qui n'a pas moins d'aversion pour la débauche que d'inclination pour les plaisirs ; un homme qui n'a jamais senti la nécessité, qui n'a jamais connu l'abondance. Il vit dans une condition méprisée de ceux qui ont tout, enviée de ceux qui n'ont rien, goûtée de ceux qui font consister le bonheur dans leur raison... En amitié, plus constant qu'un philosophe ; à l'égard de la religion

> De justice et de pitié
> Beaucoup plus que de pénitence,
> Il compose sa piété.
> Mettant en Dieu sa confiance,
> Espérant tout de sa bonté,
> Dans le sein de la Providence
> Il trouve son repos et sa félicité. »

Par exemple, je ne répondrais pas qu'en lisant ces lignes une fervente de d'Holbach et de La Mettrie n'ait pas répété le mot fameux : « Il est bigot, c'est un déiste. » Seulement le déisme de Saint-Évremond semble suspect. On pourrait l'appeler : un déiste de bienséance, un déiste de paravent.

Il représente aussi l'alliance du scepticisme et de l'épicurisme, préconisée par Gassendi (1592-1655), « l'unique oracle de la philosophie de son siècle, » affirme Naudé. Une société nombreuse de beaux esprits de robe et d'épée partagea cet enthousiasme pour Épicure et Gassendi. Toute la clientèle littéraire de

Fouquet fut de ce bord, et puis la moitié des salons du Marais, la ruelle poétique de Mme des Houlières, bien entendu les Vendôme au Temple et à Anet, l'alcôve de Ninon de Lenclos, Molière, — Hesnault qui traduisit Lucrèce en vers français et n'avait pas moins de trois systèmes, tant il avait peur d'en manquer, contre l'immortalité de l'âme ; le gros président du Lorens, auteur de la satire du *Bigot,* plus connu par l'épitaphe qu'il composa pour sa Xanthippe :

> Ci-gît ma femme : ah ! qu'elle est bien
> Pour son repos et pour le mien !

Habert de Montmor, doyen des maîtres des requêtes, qui réunissait toutes les semaines une assemblée de gens de lettres dont il était le Mécène. La maison de ce dernier était devenue un foyer de philosophie épicurienne. On y contait, le sourire aux lèvres, l'anecdote du professeur Hiéronimo Borro, très goûté du grand-duc de Toscane, qui s'avise un jour de soutenir qu'au-delà de la huitième sphère il n'y a rien. L'inquisiteur l'ayant sommé de se rétracter : « On veut, dit-il en chaire, que je démente ce que je vous ai affirmé et prouvé. S'il y a quelque chose au-dessus de la huitième sphère, ce ne peut être qu'un plat de macaroni pour M. l'Inquisiteur. » Et là-dessus il s'enfuit prudemment. Gassendi accepta l'hospitalité d'Habert de Montmor, vécut chez lui quelques années et y mourut (1). Son ami réunit,

---

(1) On demandait à la Dalesso, qui venait d'être à toute extrémité, des nouvelles de sa convalescence : « Eh ! fit-elle, le crucifix s'éloigne un peu. »

imprima ses œuvres, et éleva un monument à sa mémoire. Comme Montmor, Guy Patin révéra Gassendi : il méritait, dit-il, de vivre encore cent ans. Ce même Guy Patin, qui opposait carrément à l'orthodoxie de l'Église l'orthodoxie de la raison, s'avoue, dans une lettre à son ami Falconnet, coupable d'une singulière débauche :

« Je vous prie de dire à Mme Falconnet que je lui demande pardon de la débauche que j'ai faite d'aller voir l'église, les tombeaux et les trésors de Saint-Denis... Elle peut bien me pardonner, ce n'est pas ma coutume, je n'en fis jamais tant, et peut-être que jamais je n'y retournerai. »

Voici encore le président de Maisons, vivant au milieu des richesses, d'amis distingués en tout genre, touchant de la main à la plus haute fortune de son état, et professant l'athéisme. « Il est commun, observe Saint-Simon, de trouver des esprits forts qui se piquent de n'avoir point de religion, mais il est rare d'en trouver qui osent s'en parer. Pour le prodige que je vais exposer, je doute qu'il y en ait jamais eu d'exemple, en même temps que je n'en puis douter, ayant vécu avec le fils de Maisons dans la plus grande familiarité et dans l'amitié la plus intime. Son père était sans aucune religion. Veuf, sans enfant, fort jeune, il épousa la sœur aînée de la maréchale de Villars, qui se trouva n'avoir pas plus de religion que lui. Ils eurent ce fils unique, pour lequel ils mirent tous leurs soins à chercher un homme d'esprit, qui joignît la connaissance du monde à une belle littérature ;... mais ce dont le père et la mère firent également leur capital, un précepteur qui n'eût aucune religion, et qui, par principes, élevât avec soin leur fils à n'en point avoir. Ils rencontrèrent ce phénix accompli. »

L'Église a élevé la génération tout entière qui est entrée dans le monde avec Louis XIII ; et ceci démontre une fois de plus l'illusion de ceux qui s'imaginent changer l'âme d'un peuple par l'instruction. Saint-Évremond, Saint-Ibal, Chapelle, Théophile, avaient été nourris aux collèges des Jésuites ; de même ce Cyrano de Bergerac, dont les audacieux vers voltigeaient sur les lèvres des beaux seigneurs de la Fronde :

Une heure après la mort, notre âme évanouie
Sera ce qu'elle était une heure avant la vie.

TERENTIUS

Respecte et crains des dieux l'effroyable tonnerre.

SEJANUS

Il ne tombe jamais en hiver sur la terre :
J'ai six mois pour le moins à me moquer des dieux ;
Ensuite je ferai ma paix avec les cieux.

TERENTIUS

Ces dieux renverseront tout ce que tu proposes.

SEJANUS

Un peu d'encens brûlé rajuste bien des choses.

TERENTIUS

Qui les craint ne craint rien.

SEJANUS

                              Ces enfants de l'effroi,
Ces beaux riens qu'on adore, et sans savoir pourquoi,

Ces altérés du sang des bêtes qu'on assomme,
Ces dieux que l'homme a faits, et qui n'ont point fait l'homme,
Des plus fermes États ce fantasque soutien,
Va, va, Terentius, qui les craint ne craint rien.

TERENTIUS

Mais, s'il n'en était point, cette machine ronde...

SEJANUS

Oui, mais, s'il en était, serais-je encore au monde ?

Donc le dogme de l'autre vie est effacé des croyances d'une partie de la société polie. Saint-Évremond parle de la mort avec sérénité, sans aucun espoir de la survie de l'âme. Si seulement il avait dit sous une autre forme le mot charmant d'une comédienne de notre temps : « Je ne crois peut-être à rien, mais j'espère tout ! » Hélas ! non. Un désolant *rien*, voilà le refrain constant de ses réflexions. Spinoza disait que « la chose à laquelle un homme libre doit penser le moins, c'est la mort, que la sagesse n'est point une méditation de la mort, mais de la vie. » Avec un esprit gracieux, mais triste, Saint-Évremond développe ce thème à plusieurs reprises. Qui ne connaît cette touchante *Défense de l'Espérance,* écrite par la Palatine Anne de Gonzague ? Elle était donc attaquée, cette espérance, puisqu'une si grande dame et d'un si haut esprit descendait pour elle dans l'arène ! En 1698, la princesse Palatine, l'autre, la seconde femme de Monsieur, frère de Louis XIV, écrira : « On ne voit presque plus maintenant un seul jeune homme qui ne veuille être athée; mais ce qu'il y a de plus drôle, c'est que le même individu qui fait l'athée à Paris, joue le dévot à la cour. »

Ce mot un peu vague de libertin servait de ralliement aux haines, comme d'autres mots à diverses époques ; il y avait des degrés dans le libertinage, et chacun l'interprétait à sa manière. Mme de Maintenon appelle libertin celui qui nie les miracles ; Boileau, l'homme qui

> Tient que ces vieux propos de démons et de flammes
> Sont bons pour étonner des enfants et des femmes...
> Et qu'enfin tout dévot a le cerveau perclus.

Pour Molière, c'est le sceptique, l'indifférent, le clairvoyant ; d'autres en font le synonyme d'athée ; de son côté, Saint-Évremond invoquait Bacon pour affirmer que les grands athées sont les hypocrites qui abusent du nom de Dieu. Plus tard, Robespierre professera que l'athéisme est aristocratique, et l'on sait l'usage qu'il fit de cette maxime.

« Par ce mot d'athée, dit le P. Garasse, je n'entends ni un huguenot, ni un athée, ni un hérétique, ni un politique, ni un composé de toutes ces qualités : de jeunes veaux qui, sous le nom d'esprits forts, revendiquaient surtout le droit de jouir de la vie. » — « Nous comprenons maintenant, conclut Perrens, ce qu'étaient les cinquante mille athées du P. Mersenne, cités partout, et les dix mille que Roquelaure avait offert de fournir pour une expédition en Italie, si M. de Liancourt fournissait vingt mille jansénistes, et M. de Turenne vingt mille huguenots : des sceptiques, des déistes qui n'aimaient ni ne craignaient un Dieu inerte, qui raisonnaient leur nonchalance, comme dit Ménage ; de braves gens nourris de l'antiquité, substituant sans malice dans leurs discours et leurs écrits à Dieu la Fortune ou le Destin. »

Il y avait plusieurs bandes d'esprits forts : la plus déterminée était, à coup sûr, celle des grands seigneurs dont il est parlé dans cette *Conversation du maréchal d'Hocquincourt* composée par Saint-Évremond dans un de ses meilleurs jours d'inspiration, et comparée par un biographe aux *Provinciales ;* celle des parlementaires était plus réservée et plus politique ; celle des philosophes plus spéculative en général ; (Bayle (1646-1706), qui représente le libertinage vertueux et militant, va chercher en Hollande la liberté de la pensée ;) celle des gens de lettres comme Saint-Pavin, Saint-Amant et autres, plus bruyante et plus fanfaronne ; celle des hommes pratiques traduisait l'épicurisme en un sensualisme plus ou moins délicat et de toutes nuances. Bernier, qui érigeait le plaisir en une sorte d'obligation religieuse, dit un jour à Saint-Évremond : « Je vais vous faire une confidence que je ne ferais pas à Mme de La Sablière, à Mlle de Lenclos même, que je tiens d'ordre supérieur. Je vous dirai donc que l'abstinence des plaisirs me paraît un grand péché. » On devine la série des déductions par où les épicuriens en arrivaient là. Une telle division entre adeptes de même école ne nous étonnera point. Dès la plus haute antiquité, les disciples d'Épicure s'étaient partagés sur le sens et la portée de cette maxime du maître, que la sagesse n'était que l'art de la vie, et que bien vivre, c'était vivre selon la nature : les uns tournant, selon leur inclination, à la volupté sensuelle, les autres à la volupté supérieure de l'esprit. Épicure reste pour beaucoup un apôtre de débauche, pour ses vrais interprètes il est un apôtre de vertu.

N'oublions pas les bataillons les plus nombreux, sans doute, les libertins d'occasion et de passage, les libertins par jeunesse ou fanfaronnade, par caprice ou découragement, qui s'abritent derrière le scepticisme comme les hypocrites derrière la religion, ceux qui font songer au mot de La Bruyère : « Un dévot est celui qui sous un roi athée serait athée, » à Mme de Nemours qui sautait, en récitant le *Pater*, l'article du pardon des ennemis. Il faut aussi tenir compte de ceux qui nient ou affirment pour le plaisir de discuter, poussés par quelque malin démon, comme ce personnage du xviiie siècle qui analysait en ces termes son état d'âme : « Les athées sont meilleure compagnie pour moi que ceux qui croient en Dieu. A la vue d'un athée, toutes les demi-preuves de l'existence de Dieu me viennent à l'esprit, et, à la vue d'un croyant, toutes les demi-preuves contre son existence se présentent à moi en foule. »

L'influence du scepticisme épicurien au xviie siècle est donc chose constante ; mais comme les épicuriens affectaient de ne pas prendre part aux affaires de ce monde, on les tourmenta moins, eux qui frondaient à peu près tout en religion, que les jansénistes, excellents chrétiens sans doute, mais qui montraient une humeur un peu plus envahissante. Richelieu n'exigeait des épicuriens que le respect extérieur, et ils promirent de le garder, surtout après les terribles exemples cités plus haut. D'ailleurs, le scepticisme n'était pas descendu dans les couches inférieures de la société ; là règnent encore, non seulement le respect, mais la foi, souvent la superstition ; un clergé riche et influent, des corporations actives et puissantes entretiennent l'esprit religieux dans le peuple. On n'aurait pas alors entendu ce mot d'un garçon coiffeur à Diderot : « Quoique je ne suis qu'un misérable carabin, je n'ai pas plus de religion qu'un autre. »

Quant aux faits, aux preuves d'incrédulité, je n'ai que l'embarras de la moisson : la mort si peu chrétienne de la maréchale de Guébriant, du spirituel Matha, l'ami du comte de Grammont ; M. de Brèves, ambassadeur de France à Constantinople, qui appelait le pape le Grand Turc des chrétiens, cria Allah! en mourant, et sans Gédoin, qui ne croyait pas plus que lui, ne se fût jamais confessé, mais Gédoin lui dit qu'il fallait le faire par politique. Tallemant des Réaux affirme qu'Éléonor d'Étampes de Valençay, archevêque de Reims, était mort en tenant un chapelet de marrons pour tout chapelet, et que, son confesseur lui représentant qu'il faudrait enfin rendre compte à Dieu, il l'écouta longtemps, puis lui murmura à l'oreille : « Le diable emporte celui de nous deux qui croit rien de tout ce que vous venez de me raconter! » Bois-Yvon, comme on lui parlait de Dieu, objecta : « Dieu est si grand seigneur, et moi si petit compagnon! Nous n'avons jamais eu de communication ensemble. » Il était persuadé de la mortalité de l'âme, et quand on lui conseilla de se confesser, il répondit qu'il lui restait trente sous qu'on donnerait à des porteurs, qui, dans leur chaise, le porteraient à la voirie. Étant malade une autre fois, il dit à un moine : « Ne me parlez point tant de Dieu, vous m'en dégoûtez ; » et il ajouta : « Faire ce que vous dites n'est pas de la vie que j'ai faite, et ce que vous dites n'est pas de la vie que vous menez (1). » Morel, ami du duc de Lorraine, refusa comme Bois-Yvon et dit en parlant de lui-même : « Laissez ce cadavre, il n'est plus bon à rien. » Il mourut ainsi et on n'en put tirer autre chose.

Le chevalier de Roquelaure, qui était le plus grand blasphémateur du royaume, dit un jour à Toulouse la messe dans un jeu de paume, communia, baptisa et maria des chiens : il faillit, il est vrai, être condamné à mort, et resta à la Bastille assez longtemps, mais à la Cour, des femmes murmuraient tout haut qu'on n'avait jamais vu arrêter un homme de condition pour de semblables bagatelles. Quelqu'un lui annonçant qu'il était question de faire son procès, et qu'il avait Dieu pour partie, il répondit : « Dieu n'a pas tant d'amis que moi dans le parlement. » Un jour son ami Romainville, un autre impie à faire tonner, était à l'extrémité ; vint un cordelier pour le confesser. Roquelaure prend un fusil, et, couchant le Père en joue, le menace : « Retirez-vous, mon Père, ou je vous tue ; il a vécu chien, il faut

----

(1) Sur Bois-Robert voir le premier volume de cet ouvrage, p. 291 à 304.

qu'il meure chien. » Cela fit tellement rire Romainville qu'il en guérit.

Qui ne connaît l'épitaphe de Patru ?

> Ci-gît le célèbre Patru,
> De qui le mérite a paru
> Toujours au-dessus de l'envie ;
> Il a savamment discouru,
> Mais peu de la seconde vie :
> Heureux s'il n'a trouvé que ce qu'il en a cru !

Maurice de Nassau, à son lit de mort, appelle un ministre et un prêtre, les fait disputer sur la religion, et après les avoir patiemment écoutés : « Je vois bien, dit-il, qu'il n'y a rien de certain que les mathématiques. » Et là-dessus, se tournant de l'autre coté, il expira !

Saint-Ibal, à la naissance du fils de Bardouville, un franc athée comme lui, déclara qu'il fallait lui mettre des entraves quand on le baptiserait, qu'autrement il regimberait contre l'eau bénite. Un duc de Créqui empêche son fils de recevoir les derniers sacrements, et le fait enterrer civilement dans son jardin. Faut-il répéter la réponse du jésuite à cette question : « Comment recevez vous tant de sots dans votre ordre ? — Il nous faut des saints. »

Charles Giraud et F. T. Perrens ont montré l'envers du grand siècle, et je renvoie à leurs substantielles études ceux qui voudraient examiner à fond le revers de la médaille. Rappelons en passant le *Conseil de Vau-riennerie* institué par Gaston d'Orléans, avec le comte de Moret comme *grand prieur,* et l'abbé de Rivière *grand monacal.* Mais ceci ressort d'un autre liberti nage.

Citons aussi le scandale de Roissy, la mascarade du carnaval de 1658 où l'on vit le jeune roi, suivi de Mademoiselle, de Monsieur, des filles d'honneur de la reine-mère, courir en masque tous les bals de Paris, escorté à quelque distance par une troupe de capucins et de capucines, qui n'étaient autres que les plus grands seigneurs et les plus belles dames de l'époque. Il fallait que le mal fût grand, puisque Bourdaloue le dénonce en vingt occasions : « N'en a-t-on pas vu, s'écrie-t-il, après avoir vécu sans foi ni sans loi, être assez insensés pour couronner l'œuvre par une persévérance diabolique dans leur impiété, vouloir mourir dans l'impénitence pour ne pas paraître faibles, et pour soutenir jusqu'au bout une prétendue force d'esprit dont ils s'étaient follement et peut-être faussement piqués? » — Le prédicateur distingue avec soin entre les indifférents et les militants, les neutres et les hostiles, les athées de créance et les athées de volonté, les athées qui ne reconnaissent point Dieu, et les athées qui voudraient ne point le reconnaître, et qu'en effet il n'existât point : il plaint les premiers, mais il ne les abandonne point à leur incrédulité, il cherche pour eux des raisons et des preuves, il veut ouvrir leurs yeux, les détromper, fait entendre ces belles paroles : « Ne faut-il pas, pour mettre notre esprit en possession de cette bienheureuse paix à laquelle il aspire, quelque chose de stable qui arrête et qui borne sa curiosité,

quelque chose de certain qui remédie à ses incon-
stances, quelque chose d'infaillible qui remédie à ses
erreurs ? Ne sont-ce pas justement les trois caractères
de la foi ? » Il accuse de flagrante contradiction les
libertins qui veulent mesurer par les sens les choses
de Dieu, qui, dans leur opiniâtre incrédulité, ne reconnaissent ni les miracles des premiers siècles, parce
qu'ils sont trop éloignés d'eux, ni ceux de ces derniers
siècles, parce qu'ils en sont trop près. Quant à l'athée
de volonté, il étonne, il irrite Bourdaloue qui réclame
contre lui l'appui du bras séculier : « Il ne désavouera
pas, gronde-t-il, que l'enfer ne lui a paru une erreur
populaire que quand il a été de son intérêt qu'il n'y
ait plus d'enfer ; qu'il n'a traité le péché de bagatelle
que quand il a été de son intérêt que le péché ne fût
plus péché ; et qu'il en est venu à conclure dans son
cœur que s'il n'y a point de Dieu, ce n'est que quand
il a été de son intérêt que l'être de Dieu fût anéanti. »
Ou bien encore : « Il s'élève tous les jours, dans le
christianisme, des sociétés de libertins qui, par leurs
impiétés et leurs railleries, profanent les choses les
plus saintes et discréditent autant qu'ils peuvent le
service de Dieu... il y en a plus que jamais ; leur nombre croît sans cesse ; et, parmi des chrétiens, parmi
des catholiques, parmi même des âmes dévotes, on
les écoute, on les souffre. » D'ailleurs, le grand ser-
monnaire ne s'élève pas avec moins de force contre les
prétendus dévots qui, donnant beau jeu aux esprits
forts, veulent accommoder la religion à eux et non
s'accommoder à elle. En résumé, il y a, d'après Bour-

daloue, et cela à la fin même du xviie siècle, deux mondes distincts : celui des sages chrétiens, des âmes vraiment pieuses, et celui des libertins, qui dédaignent la parole de Dieu, et, à des degrés divers, tiennent école d'incrédulité.

Saint-Évremond est le chef (1), l'oracle des libertins de condition, de ceux surtout qui ne font point une guerre ouverte à la décence, au bon goût, à l'Église. On devine son sourire, le sourire d'Érasme et de Montaigne, son esprit si pénétrant, cette grâce d'urbanité qui charmait les contemporains français, anglais, hollandais, soit qu'il parlât ou qu'il écrivît, non pour la gloire ou l'intérêt, mais pour amuser sa société, cette courtoisie raffinée dont les femmes lui savaient si bon gré, et qui met dans une action très simple un héroïsme

---

(1) Voici quelques pensées de Saint-Évremond :

« La religion réformée est aussi favorable aux maris que la catholique est favorable aux amants... L'une va seulement à s'abstenir de ce qui est défendu ; l'autre, qui admet le mérite des bonnes œuvres, se permet de faire un peu de mal qu'on lui défend sur ce qu'elle fait beaucoup de bien.

« La constance n'est qu'une longue attention à nos maux. (Lettre au maréchal de Créqui.) Je n'ai jamais senti en moi-même ce combat intérieur de la passion et de la raison. La passion ne s'opposait point à ce que j'avais résolu de faire par devoir, et la raison consentait volontiers à ce que j'avais envie de faire par un sentiment de plaisir...

« A peine commençons-nous à plier sous les années, que nous commençons à nous déplaire. »

« Le cœur est un aveugle à qui sont dues toutes nos erreurs. C'est lui qui préfère un sot à un honnête homme, qui fait aimer de vilains objets et en dédaigne de fort aimables ; c'est lui qui déconcerte les plus régulières, qui enlève les prudes à la vertu et dispute les saintes à la grâce ; aussi peu soumis à la règle dans le

délicat, une âme plus capable d'amitié que d'amour, de galanterie que de passion, qui se révèle dans ce curieux axiome : Il n'y a rien de si honnête qu'une ancienne amitié, et rien de si honteux qu'une vieille passion. Lui-même donnait cet amoral commentaire à sa maxime :

> Il faut briller d'une flamme légère,
> Vive, brillante, et toujours passagère ;
> Être inconstante aussi longtemps qu'on peut,
> Car un temps vient que ne l'est pas qui veut.

La flamme, l'enthousiasme, le souci de la postérité, lui font défaut, son style très naturel est peu coloré en général, et cela ne va même pas sans quelque séche-resse : mais ses facultés de critique, d'analyste, une

---

couvent qu'au devoir dans les familles, infidèle aux époux, moins sûr aux amants.

« La vertu est d'accommoder deux choses : l'inclination et la re-tenue.

« L'étude a je ne sais quoi de sombre qui gâte les agréments na-turels et vous ôte la facilité du génie.

« L'usage de l'amitié n'a été reçu qu'autant qu'il peut rendre la vie plus tranquille et plus heureuse; elle doit contribuer plus qu'aucune autre chose à notre bonheur... Si on me demande plus que de la chaleur et des soins pour les intérêts de ceux que j'aime, plus que mes petits secours dans les besoins, plus que la discré-tion dans le commerce et le secret dans les confidences, qu'on aille chercher ailleurs des amitiés, la mienne ne saurait fournir davan-tage... Se réduire à n'aimer qu'une personne, c'est se disposer à haïr toutes les autres. »

Après avoir lu ce chapitre, Mᵐᵉ de Mazarin l'intitula : l'Amitié sans amitié. En réalité, Saint-Évremond valait mieux que ses axiomes, mais il avait en quelque sorte la pudeur de ses bonnes actions.

souplesse extrême à suivre la pensée dans ses méandres les plus compliqués, l'art de la nuance enfin, l'ont placé en bon rang parmi les écrivains gentilshommes, avant Bussy-Rabutin, au-dessous de Retz et de Saint-Simon. Jamais il ne voulut *descendre jusqu'aux libraires.* « Ses œuvres, dit Victor de Langsdorf, se trouvent dans les bibliothèques et dans le cabinet des lettrés ; elles ne sont point dans les mains de tous et manquent de popularité. Il est de ceux qui méritent d'être goûtés, et qui ne le sont que du petit nombre. Ses écrits sont en quelques parties égaux aux meilleurs, ils restent sans influence. Philosophe par goût, il n'a point souhaité d'avoir d'autre disciple que lui-même, — écrivain habile qui semble n'avoir fixé sa pensée que pour s'en rendre compte, il n'inspire point un attrait passionné. Il semble avoir gardé, même après sa mort, l'horreur des disputes et du bruit ; il semble qu'il s'éloigne de vous, et qu'il ne veuille point sortir de son repos pour le stérile plaisir de vous convaincre et de vous plaire... Ce qui lui manque, ce n'est point la pénétration et la verve, mais le développement et le souffle. Ses plaisanteries ne peuvent s'étendre. D'ailleurs, elles concentrent dans une phrase, dans un mot, un grand nombre d'observations et d'idées. Il a, si l'on peut dire, le don des réticences, un silence éloquent, des qualités qui suffisent pour animer un récit où rien n'est inutile, où chaque mot porte coup, mais qui ne peuvent remplir la durée d'une action... »

Né le 1er avril 1610, au château de Saint-Denis-le-Guast, près Coutances, Charles de Saint-Denis, sieur de Saint-Évremond, montra dès l'enfance de si heureuses dispositions qu'on l'avait surnommé l'*Esprit*. En sa qualité de cadet, son père le destinait à la magistrature ; il fit ses études chez les jésuites du collège de Clermont, à l'Université de Caen, au collège de Harcourt ; en même temps il suivait ce qu'on appelait l'Académie : école de gentilshommes, où l'on apprenait à monter à cheval, à faire des armes, le blason, un peu de mathématiques et d'histoire militaire. Ses maîtres le vantent aux autres écoliers, et l'on parle dans les salles d'armes de la botte de Saint-Évremond. Ayant embrassé la carrière des armes, il débute à dix-neuf ans par cette fameuse campagne de Savoie où nos soldats enlevèrent à la française le Pas-de-Suze, fait sur le Rhin et dans les Pays-Bas les campagnes de 1632 à 1636, se montre bon officier, se lie d'amitié avec Miossens, le futur maréchal d'Albret, Clérembaut, Fouquet, combat aux côtés du duc d'Enghien à Rocroy, à Nordlingen, est distingué par ce prince qui lui confie la lieutenance de ses gardes, la direction de ses lectures et comme l'intendance de son esprit, et le charge même d'affaires importantes. Rabelais était un des auteurs préférés de Saint-Évremond ; n'ayant pu communiquer son goût au prince, il se rabattit sur Pétrone, ce bel esprit libertin de l'ancienne Rome, avec lequel il avait plus d'une affinité.

En ce temps-là, le métier de la guerre n'exigeait point le sacrifice de la vie entière : en hiver, peu d'officiers restaient au régiment. Ils revenaient dans leurs foyers, partageaient leur année entre les salons et les camps ; « la guerre avait sa saison, le salon avait la sienne. » Les gentilshommes entraient en campagne au printemps, livraient des combats, assiégeaient des places, et, l'hiver venu, retournaient cultiver leur esprit et leurs affections dans leurs châteaux ou à Paris. Saint-Évremond, reçu avec honneur à l'hôtel de Condé, dans la meilleure compagnie, était célèbre par son esprit et ses bonnes fortunes ; on lui attribuait la *Comédie des Académistes,* satire dialoguée des membres fondateurs de l'Académie française, qui semble avoir été composée par lui en pique-nique avec d'Estelan, fils du maréchal de Saint-Luc. La scène entre Godeau et Colletet, qui précède de trente ans celle de Vadius et Trissotin, a pu servir de modèle à Molière. Après de grandes révérences à l'évêque de Vence, les choses ne tardent pas à se gâter :

GODEAU

Colletet, vos discours sont obscurs et couverts.

COLLETET

Il est certain que j'ai le style magnifique.

GODEAU

Colletet parle mieux qu'un homme de boutique.

COLLETET

Ah ! le respect m'échappe. Et mieux que vous aussi.

GODEAU

Parlez bas, Colletet, quand vous parlez ainsi.

COLLETET

C'est vous, Monsieur Godeau, qui me faites outrage.

GODEAU

Voulez-vous me contraindre à louer votre ouvrage ?

COLLETET

J'ai bien loué le vôtre.

GODEAU

Il le méritait bien.

COLLETET

Je le trouve fort plat, pour ne vous céler rien.

GODEAU

Si vous en parlez mal, vous êtes en colère.

COLLETET

Si j'en ai dit du bien, c'était pour vous complaire.

GODEAU

Colletet, je vous trouve un gentil violon.

COLLETET

Nous sommes tous égaux, étant fils d'Apollon.

GODEAU

Vous, enfant d'Apollon ! Vous n'êtes qu'une bête.

COLLETET

Et vous, Monsieur Godeau, vous me rompez la tête

Avec deux de ses meilleurs amis, le comte d'Olonne et Guy de Laval marquis de Boisdauphin, fils de la marquise de Sablé, il avait conquis un autre genre de

renommée : tous trois étaient réputés pour leur raffine-
ment sur la bonne chère. « C'était de l'art, remarque
Giraud, c'était l'application de la finesse de l'esprit à
la finesse de la bouche, c'était le côté gastronomique
de la philosophie épicurienne. » Un jour que Saint-
Évremond dînait chez M. de Lavardin, évêque du Mans,
celui-ci commença de le railler sur cette délicatesse.
« Ces messieurs, dit-il, outrent tout, à force de vouloir
raffiner sur tout ; ils ne sauraient manger que du veau
de rivière ; il faut que leurs perdrix viennent d'Auvergne ; que leurs lapins soient de La Roche-Guyon ou
de Versine ; ils ne sont pas moins difficiles sur le fruit ;
et pour le vin, ils n'en sauraient boire que des trois
coteaux d'Ay, d'Haut-Villiers et d'Avenay. » Saint-
Évremond fit part à ses amis de cette boutade, et ils
en plaisantèrent si souvent, qu'on les appela les Trois-
Coteaux. De là vint ce fameux *Ordre des Coteaux,* où
l'on n'était admis qu'après avoir fait ses preuves de
gourmandise, comme ailleurs on faisait ses preuves
de noblesse ou de piété. Cet art, ce goût, ce défaut,
de quelque nom qu'on le décore, persiste jusqu'au
bout chez Saint-Évremond, se manifeste même un peu
plus que de raison dans sa correspondance des dernières années. « A quatre-vingt-huit ans, écrit-il à sa
fidèle amie Ninon de Lenclos, je mange des huîtres tous
les matins, je dîne bien, je ne soupe pas mal ; on fait
des héros pour un moindre mérite que le mien... M. de
La Pierre est arrivé qui m'a donné onze pêches qui
valent onze cités, comme disent les Espagnols quand
ils veulent faire valoir les présents qu'ils reçoivent...

> L'estomac est le plus grand bien ;
> Sans lui les autres ne sont rien.
> Un grand cœur veut tout entreprendre,
> Un grand esprit veut tout comprendre :
> Les droits de l'estomac sont de bien digérer ;
> Et dans les sentiments que me donne mon âge,
> La beauté de l'esprit, la grandeur du courage,
> N'ont rien qu'à sa vertu l'on puisse comparer.

Et ailleurs : « Si la pauvre Mme de Mazarin vivait encore, elle aurait des pêches dont elle n'aurait pas manqué de me faire part ; elle aurait des truffes que j'aurais mangées avec elle, sans compter les carpes de Newhall. » Comme on voit, la tendresse invoque parfois de singuliers arguments.

En 1648, l'intimité du grand Condé et de son lieutenant fut brusquement brisée (1). Le prince se plaisait beaucoup à chercher le ridicule des gens, s'enfermant souvent avec Saint-Évremond et Miossens pour se livrer à cette distraction peu charitable. Un jour, Saint-Évremond s'avisa de demander à Miossens s'il ne croyait pas que Son Altesse, qui aimait si fort à découvrir le ridicule des autres, n'eût elle-même le sien ; et ils convinrent que cette passion même lui donnait un ridicule d'une espèce toute nouvelle. Cette observation leur parut instructive, ils en firent part à leurs amis, et

---

(1) Lorsque Condé tomba malade à Gand, Guy Patin répète ce sarcasme : « S'il en meurt, il faudra dire : Belle âme devant Dieu, s'il y croyait ! »

Condé, qui ne tarda pas à le savoir, ôta sur le champ à Saint-Évremond sa lieutenance, et défendit à Miossens de se présenter devant lui. Deux ans après, celui-ci prit sa revanche, en arrêtant Condé et son frère, en les emmenant prisonniers au donjon de Vincennes. Quant à Saint-Évremond, il supporte sa disgrâce avec la plus grande sérénité, ne dit que du bien de l'homme qui l'avait frappé, et le souvenir de cette rigueur inexorable ne lui arrache d'autre plainte que celle-ci : « Cependant, puisqu'on ne règne pas dans les solitudes, et que c'est une nécessité pour les grands hommes de converser avec nous, il serait de leur intérêt de s'accommoder à notre faiblesse. Nous les vénérerions comme des dieux, s'ils se contentaient de vivre comme des hommes. »

Pendant la Fronde, Saint-Évremond prête à la cause royale l'appui de son suffrage, de sa plume et de son épée ; dans un petit pamphlet de seize pages, chef-d'œuvre d'ironie, comparable pour le fond comme pour la forme à la *Satire Ménippée*, il couvre de ridicule l'expédition du duc de Longueville en Normandie, la piteuse échauffourée des hobereaux de la province. S'élevant plus haut que la raillerie, l'auteur résume en quelques traits la leçon morale de toutes les frondes passées, présentes et futures : « Je me tiens heureux d'avoir acquis la haine de tous ces mouvements-là, plus par observation que par ma propre expérience. C'est un métier pour les sots et pour les malheureux, dont les honnêtes gens et ceux qui se trouvent bien ne se doivent point mêler. Les dupes viennent là tous les jours en foule ; les proscrits, les misérables s'y rendent des deux bouts du monde : jamais tant de générosité sans honneur, jamais tant de beaux discours et si peu de bon sens ; jamais tant de desseins sans actions, tant d'entreprises sans effets ; toutes imaginations, toutes chimères ; rien de véritable, rien d'essentiel que la nécessité et la misère... Ne confondons pas le bien public avec le nôtre, et ne faisons pas une guerre civile d'une querelle particulière... »

Saint-Évremond appartient à cette race d'esprits qui, par une contradiction assez fréquente, regardent comme nécessaire dans la pratique le respect de l'autorité qu'ils ne ménagent pas toujours suffisamment dans la théorie. « Tout en aimant se remuer à leur aise dans le monde des idées, remarque Gustave Merlet, ils recherchent l'ordre et la règle dans celui des faits. Assez hardis dans la spéculation, ils sont très circonspects dans toutes les questions qui intéressent leur bien-être, leurs habitudes et leurs intérêts. » Une pension de mille écus, le brevet de maréchal de camp, un emploi en Guienne, récompensèrent la fidélité de Saint-Évremond ; mais bientôt après, pour s'être permis de donner au duc de Candale, sans doute sous une forme caustique, des conseils contraires à ceux du cardinal, il passe trois mois à la Bastille ; puis, il sert en Flandre sous les ordres du maréchal d'Hocquincourt, et, chemin faisant, exerce sa verve de droite et de gauche, griffonne vers et prose, sans autre prétention que de s'amuser avec ses amis et de plaire aux belles dames. Nous le retrouvons dans le cortège des courtisans qui suivirent Mazarin, lorsque celui-ci partit pour signer le traité des Pyrénées. Il avait promis au marquis de Créqui de lui mander ses impressions, et cet engagement de l'amitié lui dicta un de ses écrits les plus acérés, amena sa disgrâce et provoqua un exil qui dura jusqu'à sa mort. La marquise du Plessis-Bellière, l'amie de Fouquet, avait reçu en dépôt une cassette de Saint-Évremond, où il y avait de l'argent, des billets, ses papiers les plus importants. Après l'arrestation de Fouquet, on mit les scellés sur les papiers de la marquise, on découvrit la cassette de Saint-Évremond où était le manuscrit original de la lettre sur le traité des Pyrénées. Colbert, Le Tellier, n'avaient aucune sympathie pour Saint-Évremond ; la tournure de leur esprit ne pouvait s'accorder avec le sien ; il était gentilhomme, bel esprit épicurien ; ils étaient gens d'affaires, élèves et héritiers politiques de Mazarin, affectaient pour sa mémoire un profond respect qu'ils n'avaient pas toujours montré pour sa personne de son vivant. Ayant apporté la lettre au roi, ils n'eurent pas de peine à le prévenir contre l'écrivain hardi qui parlait irrévérencieusement de l'Olympe et de ses ministres, et représentait son mariage comme une trahison des intérêts nationaux. Que Colbert y ait mis de la passion rancunière, on n'en saurait douter, car il opposa de tout temps une résistance opiniâtre à la grâce de Saint-Évremond, sollicitée plusieurs fois par Lionne, les Gramont et Lauzun. Hanté des souvenirs de la Bastille et préférant l'exil à la prison, Saint-Évremond quitta la France ; ce ne fut que vingt-huit ans après qu'il reçut la permission d'y rentrer, mais l'Angleterre était devenue sa nouvelle patrie, et ses infirmités, ses habitudes, la duchesse de Mazarin surtout, l'y retinrent. Cependant, chassé par le spleen et la peste qui sévissait à Londres en 1664, il passa quelques années en Hollande, à La Haye, où l'élite du pays se groupa autour de lui, comme elle avait fait en Angleterre, tandis que ses moindres fantaisies littéraires, à peine écloses, venaient en France faire les délices de la cour et de la ville. En 1670, le comte d'Arlington le suppliait de revenir à Londres, où Charles II lui offrait une pension de 300 livres sterling. Il accepta Londres « comme un milieu entre les courtisans français et les bourgmestres de Hollande, » et repassa la mer pour la dernière fois : « La puissance de la France était souveraine, dit Macaulay, en matière de bon goût et de modes, depuis le duel jusqu'au menuet. Elle décidait de la coupe de l'habit d'un gentilhomme, de la longueur de sa perruque, de la hauteur de ses talons. La langue française devenait rapidement la langue universelle, la langue de la société polie et de la diplomatie. » Secondé par ces circonstances, lié d'une étroite amitié avec Arlington, Buckingham et d'Aubigny duc de Richmond, Saint-Évremond fut bientôt un des hommes les plus recherchés de la cour. Il donnait souvent la réplique au poète Waller qui répondit à Charles II, comme celui-ci lui reprochait d'avoir fait de plus beaux vers pour Cromwell que pour lui : « Sire, c'est que, nous autres poètes, nous réussissons mieux dans les fictions que dans la réalité. » Il retrouvait aussi à Londres un autre personnage, le chevalier William Temple, politique amateur, et cependant fort célèbre pour avoir arrêté par le traité de la Triple Alliance les envahissements de Louis XIV. « Du vieux bois pour se chauffer, de vieux amis pour causer, du vin vieux pour boire, voilà, disait Temple, les trois choses qui passent avant tout; » et l'on devine si Saint-Évremond goûtait cet axiome d'épicurisme transcendant. Le chevalier regardait la politique comme un délassement où il voulait bien risquer sa mise, mais en joueur prudent il n'y engageait ni sa fortune, ni sa vie, pas même son bien-être. « Il est deux heures, disait-il à un ministre étranger qui lui exposait une machine de son invention; à cette heure, je préfère mon tournebroche et ses produits à toutes les machines du monde. » Et il le quitta brusquement. — Le soir, les deux amis se retrouvaient dans les cercles brillants, à ces soupers dont la mode était encore empruntée à la France; le jour, ils se donnaient rendez-vous au café Will, le lieu de réunion des écrivains et de tous les seigneurs qui tenaient à honneur de cultiver les lettres. Là, sous la présidence du poète Dryden, la querelle des anciens et des modernes, qui divisait tout Paris, était discutée avec une ardeur qui ne le cédait en rien à celle de nos beaux esprits. On lisait, on commentait les pamphlets de Perrault et les réponses de Boileau; Saint-Évremond était écouté avec respect : l'admiration, la sympathie, l'amitié, lui refaisaient une nouvelle patrie.

Entre temps, il distribuait des conseils épicuriens à

Louise de Kéroualle (1), qui, recherchée par Charles II *pour l'autre motif,* hésitait encore entre la vertu et l'ambition. Dans le *Problème à l'imitation des Espagnols,* il prêche l'art d'accommoder l'amour et la retenue. « La retenue consiste à n'aimer qu'une personne à la fois : cela est se donner ; on s'abandonne en ayant plusieurs amants ; de cette sorte de bien, comme des autres, l'usage est honnête et la dissipation est honteuse... Il y a bien de la peine à passer la vie sans amour... Laissez-vous aller à la douceur des tentations, au lieu d'écouter votre fierté... Quelle figure ferez-vous dans un couvent si vous n'avez pas le caractère d'une pénitente ?... Triste vie, ma sœur, que d'être obligée à pleurer par coutume le péché que l'on n'a point fait dans le temps que vient l'envie de le faire. Voilà le misérable état des bonnes filles qui portent au couvent leur innocence. Elles y sont malheureuses pour n'avoir pas fait un bon fonds de repentir, tellement nécessaire aux maisons religieuses qu'il faudra vous envoyer aux eaux par pitié pour vous faire, s'il est possible, quelque petit sujet de pénitence... »

Un sentiment tendre, un amour de tête, une affection assez semblable à celle de Mme du Deffand pour Horace Walpole, contribua, plus que tout le reste, à lui rendre précieux, indispensable même, le séjour de l'Angle-

---

(1) Sur Louise de Kéroualle duchesse de Portsmouth, voir l'étude de MM. LICHTENBERGER et LEMOINE dans *Revue des Deux-Mondes* des 1er et 15 mars 1903. — C. BOUVIER : *La duchesse de Mazarin à Chambéry.*

terre. Aimer une femme, trouver chez elle un salon, une sorte de piédestal où ils sont révérés, et rendent des oracles; à défaut du piédestal, un bon fauteuil où ils puissent pérorer tout à leur aise et se sentent écoutés avec une prédilection spéciale, beaucoup d'hommes supérieurs ont caressé, réalisé ce rêve : la duchesse de Mazarin apporta en partie cet idéal à Saint-Évremond.

Elle arrivait en 1675 à Londres, un peu comme la *Fiancée du roi de Garbe*, ayant couru mainte aventure, par sa faute, par la faute du cardinal de Mazarin, par la faute de la destinée et de son mari. Charles II d'Angleterre, alors sans couronne, un frère du roi de Portugal, le duc de Savoie, avaient brigué sa main et les millions de son oncle : celui-ci refusa ou manqua tous ces partis, et finit par la marier en 1661, peu avant sa mort, au duc de La Meilleraye, auquel il transmit la majeure partie de sa fortune, à la condition qu'il prendrait son nom et ses armes. « C'était, dit Mme de La Fayette, non seulement la plus belle des nièces du cardinal, mais aussi une des plus parfaites beautés de la cour... » Après cela vous ne vous étonnerez pas des apothéoses que lui décerne Saint-Évremond.

« C'était une de ces beautés romaines qui ne ressemblent pas aux poupées de France... Ses yeux ont un langage universel, leur couleur n'a point de nom; ce n'est ni bleu, ni gris, ni tout à fait noir; il n'y en a point au monde d'aussi doux; il n'y en a point d'aussi sérieux et de si sévères quand elle est dans quelque application. Ils sont grands, bien fendus, pleins de feu et d'esprit. Les mouvements de sa bouche, les grimaces les plus étranges ont un charme inexprimable quand elle contrefait ceux qui les font. Le rire lui change entièrement l'air du visage qu'elle a naturellement fier, et qui prend une teinte de douceur et de bonté ; son nez, qui est de la plus juste grandeur, donne un air noble et élevé à toute sa physionomie... » Un biographe de Saint-Évremond ajoute que la nature l'avait créée dans un jour de belle humeur et pour le plaisir.

La pauvre Hortense était tombée sur un maniaque, bigot, taquin, jaloux du roi, du duc de Nevers, de tout le monde, qui la rendit très malheureuse, la traînant de gouvernement en gouvernement, l'exposant à mille avanies, comme d'accoucher en pleine hôtellerie, la faisant enfermer dans des couvents, bien qu'il n'eût rien encore à lui reprocher, l'empêchant de mettre des mouches, faisant main basse sur ses diamants. Le Cardinal avait acheté force tableaux et statues mythologiques : un jour, notre original, le marteau à la main, brise de ces beaux marbres ce qui choquait le plus ses regards, barbouille avec acharnement des peintures du Titien et du Corrège. Il avait la manie des procès, les perdait presque tous et s'en réjouissait. « Je suis bien aise, déclarait-il, qu'on me fasse des procès sur tous les biens que j'ai eus de M. le Cardinal ; je les crois tous mal acquis ; du moins quand j'ai un arrêt en ma faveur, c'est un titre, et ma conscience est en repos. » Il faisait des loteries de son domestique, en sorte que le cuisinier devint son intendant et le frotteur son secrétaire : le sort marquait, selon lui, la volonté de Dieu. Le feu prit à un de ses châteaux, chacun accourut pour l'éteindre ; et lui, de chasser ces coquins qui attentaient au bon plaisir de la Providence. Il en était venu au point de défendre aux filles de traire les vaches, dans l'intérêt de leur chasteté, et aux nourrices d'allaiter les enfants le vendredi et le samedi ; il fit même un règlement pour déterminer les règles de décence à observer en certains cas par les garçons apothicaires.

Après avoir supporté ce fantoche quelques années, Hortense s'enfuit un beau jour en Italie ; elle revient en France pour obtenir une pension, se rend à Turin et à Chambéry auprès de son ancien prétendant, le duc de Savoie, qui lui fait le plus brillant accueil ; elle y tient pendant trois ans une petite cour. Charles-Emmanuel étant mort, elle quitte la Savoie et part pour l'Angleterre. Charles II vivait alors sous les lois de la duchesse de Portsmouth qui avait fait de lui le très humble pensionnaire de Louis XIV : le parti national voulut combattre cette influence et proposa à Mme de Mazarin de venir détrôner la maîtresse régnante. Hortense accepta sans façon la concurrence ; déjà l'astre de Louise de Kéroualle pâlissait, sa rivale avait reçu du roi une pension de 4,000 livres sterling, la cour était en suspens. Un coup de tête de Mme de Mazarin fit tomber le projet dans l'eau : elle s'éprit du prince de Monaco et ne s'occupa plus du Stuart qui, de dépit, lui retira sa pension pour la lui rendre bientôt après, en lui accordant le pavillon de Saint-James comme résidence.

Ayant manqué le sceptre de la main gauche, elle eut du moins un salon mondain et littéraire où les plus grandes dames, les hommes les plus spirituels de la cour, les savants, les Français les plus distingués de l'Angleterre, lui composèrent une petite cour fort agréable. Pour causer avec cette déité fantasque, le docte Vossius, le théologien Justel, protestant réfugié, Saint-Réal, Waller, supportent les incartades des chiens, chats et oiseaux favoris, les impertinences du croupier Morin qui fait parfois du salon une sorte de tripot. Pour l'amour d'elle, Saint-Évremond devient son poète, son secrétaire, son avocat, son souffre-douleur pendant vingt-quatre ans. « Elle avait dans son esprit le même abandon que dans sa vie ; quelque chose de soudain, d'involontaire, une abondance inculte, quelques-uns de ces dons que le Midi, que l'Italie, versent avec libéralité sur leurs enfants. Les faciles richesses d'une organisation si différente de la sienne séduisirent Saint-Évremond. La poésie, la passion, le naturel, tout ce qui manquait chez lui à l'écrivain et à l'homme, lui apparut dans la personne d'Hortense, et se fit aimer. » *Miracle d'amour* (c'était le surnom de la duchesse) lui emprunte de l'argent qu'elle ne rend pas, triche au jeu avec lui, l'appelle son vieux satyre, lui demande s'il a connu Mme Gabrielle et fait sa cour à Marie de Médicis, lorsqu'il veut baiser le bout de son oreille : enfin elle le retient en Angleterre après la révolution de 1688. Il se contraint, se transforme pour lui plaire, boit les vins qu'il n'aime pas, renonce à la cuisine française ; ses meilleurs moments sont ceux où il peut se constituer garde-malade de sa divinité; hélas ! la bassette dont Hortense raffole, les courses, la chasse, les paris, les

les combats de coqs, font à certains moments une terrible concurrence à l'esprit : son vieil amoureux se plaint quelquefois, mais de si bonne grâce que le ridicule ne l'atteint point. « Je vous supplie, Madame, que je ne sois pas censuré généralement sur tout ce que je dis, ni condamné sur tout ce que je fais. Si je parle, je m'explique mal; si je me tais, j'ai une pensée malicieuse; si je refuse de disputer, ignorance; si je dispute, opiniâtreté ou méchante foi; si je conviens de ce qu'on dit, on n'a que faire de ma complaisance; si je suis d'une autre opinion, on n'a jamais vu d'homme plus contrariant. Quand j'apporte de bonnes raisons, Madame hait les raisonneurs; quand j'allègue des exemples, c'est son aversion; sur le passé, je suis un faiseur de vieux contes; sur le présent, on me met au nombre des radoteurs. Comme toutes les choses ont leur temps, la conversation finit et le jeu commence, où, si je perds, je suis une dupe; si je gagne, un trompeur; si je quitte, un brutal. Veux-je me promener, j'ai l'inquiétude des jeunes gens; le repos est un assoupissement de ma vieillesse. Que la passion m'anime encore, on me traite de vieux fou; que la raison règle mes sentiments, on dit que je n'aime rien, et qu'il n'y eut jamais d'indifférence pareille à la mienne. »

Ne le plaignons pas : ce sentiment a rempli ce cœur qui n'avait pas de rides, il a aimé. La duchesse lui témoigne au surplus une amitié qui ne l'empêche pas de le brusquer, ni de lui demander des conseils, ni de s'irriter quand ils lui déplaisent, ni d'être reconnaissante à sa manière.

M. de Barillon, ambassadeur de France en Angleterre, avait imaginé une pénitence originale pour racheter ses excès de table : il entretenait Mme de Mazarin des religieux de la Trappe, et quand il avait parlé une demi-heure de leur abstinence, il croyait n'avoir mangé que des herbes, non plus qu'eux ; son discours lui faisait l'effet d'une diète. Hortense avait un procédé tout semblable ; elle formait de temps en temps des projets de retraite qui lui donnaient l'illusion de s'être convertie. « Vous verrez, disait-elle alors, que je me ferai carmélite. » Comme elle se trouvait dans ces dispositions, Philippe de Savoie, son neveu, tomba amoureux d'elle et tua en duel le baron de Banier, son rival. Ce fut un grand désespoir : elle ferma sa maison, la fit tendre en noir, s'y tint confinée, parla de se retirer dans un couvent auprès de sa sœur la connétable Colonna. Le temps et Saint-Évremond la dissuadèrent de cette fantaisie ; elle pensait d'ailleurs avec celui-ci que l'amour ne fait pas de tort à la réputation des dames, mais bien le peu de mérite des amants. Ce ne fut point dans un couvent, ce fut à sa maison de campagne de Chelsea qu'elle mourut, en 1699, à l'âge de cinquante-trois ans, dans tout l'éclat de sa victorieuse beauté, affirment les contemporains. La Fontaine avait chanté cette

> Mazarin, des Amours déesse tutélaire.

S'adressant à Saint-Évremond, il ajoutait :

> Hortense eut du ciel en partage
> La grâce, la beauté, l'esprit; ce n'est pas tout :
> Les qualités du cœur; ce n'est pas tout encore :
> Pour mille autres appas le monde entier l'adore,
> Depuis l'un jusqu'à l'autre bout.

> L'Angleterre en ce point le dispute à la France ;
> Votre héroïne rend nos deux peuples rivaux.
> O vous, le chef de ses dévots,
> De ses dévots à toute outrance,
> Faites-nous l'éloge d'Hortense !
> Je pourrais en charger le dieu du double mont,
> Mais j'aime mieux Saint-Évremond.

Le chef des dévots (1) n'y manquait guère, et il couronnait par cette étonnante hyperbole tout ce qu'il avait écrit de son amie : « Avec une beauté de l'ancienne Grèce, Mme de Mazarin eut une vertu de l'ancienne Rome. » Il est vrai qu'il avait dit de sa chère Ninon de Lenclos, cette autre reine des libertins de tout genre :

> L'indulgente et sage nature
> A formé l'âme de Ninon
> De la volupté d'Épicure
> Et de la vertu de Caton.

Après la mort d'Hortense, Saint-Évremond ne fit plus que languir et sa santé s'altéra de plus en plus ; mais, malgré les années, malgré la souffrance, malgré le chagrin, l'esprit ne vieillissait point ; il ne pouvait se passer d'amitiés féminines, et la marquise de Perrine fut sa dernière sœur de charité. Le 20 septembre 1703, il s'éteignit tout doucement, âgé de quatre-vingt-treize ans, un peu à la façon de Pétrone, en conversant

-----

(1) Voir, sur les autres nièces de Mazarin, le deuxième volume de cet ouvrage, p. 138 et suiv.

avec ses intimes, observant le conseil poétique de
La Fontaine aux épicuriens vieillis :

> Je voudrais qu'à cet âge
> On sortît de la vie ainsi que d'un banquet,
> Remerciant son hôte, et qu'on fît son paquet.

Espérait-il, comme Mme de Chevreuse, qu'il irait causer avec tous ses amis dans l'autre monde ? Était-il
curieux de voir si Dieu, comme l'a dit une belle dame
sceptique, gagne à être connu ? Peut-être. Les Anglais
l'ensevelirent à Westminster dans leur Panthéon.
Quelques rares Français rendaient encore hommage à
son mérite : Bayle parle de lui avec enthousiasme,
Mathieu Marais l'appelle le plus grand homme du
monde. Ce qu'on doit louer surtout, c'est l'équilibre de
son jugement dans le choc des opinions, c'est une certaine qualité d'esprit qu'on ne trouve que chez lui au
xviie siècle. Appliquant sa pensée à toutes choses, partout il poursuit le délicat, le fin, le recherché : il est,
par ordre de date, notre premier écrivain polygraphe.
Il y a du païen Horace en lui : tous deux épicuriens
de bonne compagnie, ils ont profondément exercé leur
esprit à la philosophie des choses de la vie, et leur
réflexion tourne constamment à la grâce, à l'indulgence, à la bonté ; avec plus de verve chez Horace,
avec plus de politesse chez Saint-Évremond. Enfin il
représente avec Bayle l'esprit d'examen, de critique,
et réfléchit les idées comprimées en France pendant
les cinquante dernières années du règne de Louis XIV;
il annonce, il prépare Voltaire et Montesquieu, il est
un des précurseurs de la société moderne.

———

LA GRANDE MADEMOISELLE

Mesdames, Messieurs,

S'il existe deux classes bien distinctes de héros et d'héroïnes, ceux qui savent mesurer la difficulté des entreprises où les entraînent leurs ambitions de gloire, dont le génie eut pour collaborateurs le bon sens, la prudence et la fortune — et ceux qui, destitués de tels dons, incapables de maîtriser leur démon familier, livrés sans contrepoids à la fougue de leur imagination, prenant tour à tour des moulins à vent pour des géants et des montagnes pour des taupinières, se ruent à la poursuite de l'impossible, à la conquête des chimères, et n'acquièrent jamais ni la science de leurs intérêts ni l'art de leur bonheur, — c'est assurément dans cette seconde catégorie qu'il convient de ranger la Grande Mademoiselle, Mlle d'Eu, Mlle de Montpensier, Mlle de Dombes, fille de Gaston d'Orléans, petite-fille de Henri IV, cousine germaine de Louis XIV. De prétendre que la Providence ou son pseudonyme, la fatalité, n'aurait pu tourner à bien ses qualités et ses défauts, une telle affirmation témoignerait d'une grande ignorance de l'histoire : tant de places occupées sans être remplies, tant de faquins déguisés en personnages, tant d'oies passées cygnes, d'ânes revêtus de la peau du lion par un coup de baguette de l'enchanteur hasard, me donneraient, à toute époque, un éclatant démenti. Mais il faut bien reconnaître que la Grande Mademoiselle eut des travers suffisant à expliquer sa malchance relative, et qu'elle manquait des qualités qui corrigent celle-ci.

Avec de l'esprit, du courage et de la grandeur, une âme éprise de l'idéal cornélien, un penchant presque invincible à choisir les partis les plus généreux, tous les fantômes romanesques, toutes les fantasmagories de la chimère s'entre-choquent dans sa cervelle, emportant comme fétus les conseils de la raison et de la méfiance. Juchée de bonne heure dans son orgueil comme l'aigle sur sa cime, elle n'en descendra guère, tantôt dupe d'elle-même, et tantôt dupe des autres, crédule et naïve en raison directe de cet orgueil même, de sa loyauté aussi. Sous ce rapport, elle rappelle cette aimable femme à laquelle on reprochait ses légèretés, et qui répondait : « Je croyais, à chaque nouvelle faiblesse, que ce serait la dernière. » Elle croit de même qu'on ne la trompera plus, qu'elle ne se trompera plus, comme si l'illusion et la ruse ne revêtaient pas sans cesse de nouveaux costumes, afin de mettre en défaut les calculs les mieux concertés. Il semble qu'elle jugeait bien les hommes en bloc, mais qu'elle les traitait en particulier comme s'ils ne portaient pas la livrée des sept péchés capitaux : disposition d'esprit commune à beaucoup de personnes, la plus féconde peut-être en déceptions ; car le pessimisme de pensée masque à merveille l'optimisme du caractère. Et puis, pour se consoler, Mlle de Montpensier avait la ressource d'accuser les trahisons de la fortune, ce qui la dispense de confesser qu'elle fit parfois concurrence à cet admirable Don Quichotte (1).

Vivre dans l'Empyrée, respirer la fumée d'encens, écouter d'une oreille distraite ou maltraiter les rares amis de la vérité auprès des grands, quelles conditions pour fortifier leur penchant à se croire infaillibles, transformer leurs caprices en arrêts de droit divin, les livrer sans défense aux embûches des événements! Mademoiselle sort si peu de son horizon de la cour, elle regarde si rarement dans la rue, la religion de sa naissance l'aveugle tellement, qu'au plus fort de sa passion

---

(1) Arvède BARINE : *La Jeunesse de la Grande Mademoiselle,* 1 vol., Hachette, 1901. — *Mémoires de Mlle de Montpensier,* 4 vol., Charpentier, 1891. — E. DE BARTHÉLEMY : *Galerie des portraits de Mlle de Montpensier; Les Amis de la marquise de Sablé.* — DE MOÜY : *Grands Seigneurs et grandes Dames.* — COMBES : *Mme de Sévigné historien.* — Duc DE NOAILLES : *Histoire de Mme de Maintenon,* 4 vol. — CLÉMENT : *Mme de Montespan.* — *Mémoires de Mme DE MOTTEVILLE,* de RETZ, de SAINT-SIMON, du marquis de LA FARE. — E. COLOMBEY : *Ruelles, salons et cabarets,* 2 vol. — *Recueil* de LA SUZE. — *Recueil* de SERCY. — Victor COUSIN : *La Société française au XVIIe siècle.* — CALLIÈRES : *Les Mots à la mode.* — Voir aussi le chapitre sur *L'Hôtel de Rambouillet et la Préciosité, le Salon de Mlle de Scudéry, les Grandes dames de la Fronde,* dans mon livre : *La Société française du XVIe au XXe siècle,* tomes I, II, III, in-18, Perrin.

pour Lauzun, ayant appris qu'il fréquentait chez Mme de La Sablière, alors jeune, belle, tenant un cercle brillant, et très courtisée par ce même Lauzun, on la rassura en lui contant que c'était une petite bourgeoise du Marais, laide, insignifiante, une manière de paysanne, qu'il employait sans doute à quelque intrigue. Même après la Fronde, elle ne craint pas d'écrire qu'il faut traiter les intentions des grands comme les mystères de la foi, que la foule doit révérer, sans songer à les pénétrer, en croyant qu'ils visent toujours le bien et le salut de la patrie. Dans un autre passage de ses *Mémoires,* à propos d'une menace de la comtesse de Fiesque à l'un de ses serviteurs, elle remarque : « Des personnes comme moi on doit respecter jusqu'au moindre marmiton. » Et bien qu'elle s'avoue un peu *glorieuse,* et reconnaisse qu'une *once* de grandeur trouble fort son cœur, rien ne saurait diminuer cette hypertrophie du moi princier. Au temps de la lune rousse, après la prison de Pignerol, lorsque Lauzun avait déjà montré de quoi il était capable en fait d'ingratitude, il s'avisa un jour de trouver à redire qu'elle mit des rubans couleur de feu à sa tête. Elle avait alors cinquante-trois ans et répliqua avec hauteur : « Les gens de ma qualité sont toujours jeunes. » C'est le mot de la duchesse de Chaulnes, soixante-dix ans plus tard : « Une duchesse n'a jamais que trente ans pour un bourgeois. »

L'orgueil princier, l'égotisme de race, vont au point qu'ils passent avant l'amour de la France. Ses familiers n'osent pas lui annoncer de vive voix la nouvelle de la bataille de Lens (20 août 1648), qui apportait un nou-

veau rayon de gloire, du crédit, de l'influence, au prince
de Condé, à cette autre branche cadette. « Personne ne
me l'osa dire, écrit Mademoiselle ; l'on mit sur ma table
la relation qui était venue de Paris ; au sortir de mon
lit, je vis ce papier sur ma table, je le lus avec beaucoup d'étonnement et de douleur... Dans cette rencontre, je me trouvais moins bonne française qu'ennemie... » Et plus d'une fois, hélas ! dans le triomphe de
la monarchie, elle ne voit que sa défaite personnelle,
comme dans les revers de la France, elle ne songe
qu'aux embarras de la reine et de Mazarin, à ses ambitions privées. « Le bien public, se lamente d'Ormesson,
ne servait plus que de prétexte pour venger les injures
particulières. » Car elle n'était pas seule à penser ainsi,
et la paix de Westphalie, « un des grands événements
de l'histoire universelle, » fit moins d'impression à Paris
qu'un mot de Retz, ou une nouvelle toilette de Mme de
Longueville. Et quelle triste lettre Mademoiselle écrit à
l'archiduc Léopold appelé en France par Mme de Longueville ! « Vos troupes sont plus capables de causer
de la joie que de donner de la crainte. Toute la cour
juge en bonne part votre arrivée en France, et vos
entreprises ne passeront jamais pour suspectes ; faites
tout ce qu'il vous plaira. Les victoires que vous rem-
porterez en France sont des victoires de bienveillance
et d'affection (1). » Là-dessus, Arvède Barine, le brillant

---

(1) La douce Mme de Motteville écrit à propos de la première
Fronde : « Les bourgeois étaient tous infectés de l'amour du bien
public. »

historien de la Grande Mademoiselle, remarque sévèrement : « Il faut voir dans les documents de l'époque ce qu'étaient ces « victoires d'affection, » à quel degré de férocité bestiale en arrivaient les armées régulières du xvii⁰ siècle. Devant ces abominations, les manœuvres des grandes Frondeuses pour multiplier les invasions et les soulèvements perdent leur air trompeur de roman héroïque pour devenir de laides réalités. On prend en horreur ces fausses héroïnes, ces femmes sans bonté et d'imagination pervertie, qui badinaient agréablement sur la guerre civile entre deux jeux de société, mettaient leur vanité à rendre un honnête homme criminel, et trouvaient élégant d'attirer de la souffrance sur quelque pauvre village ignoré... Quant aux galants qui exploitaient l'influence des amazones de la Fronde, ils sont écœurants. »

Une santé et une vigueur peu communes, la passion de la danse où Mademoiselle excellait, de la chasse et du cheval, le goût des bons livres et de la conversation des honnêtes gens, par-dessus tout de celle des gens de guerre, car elle était férue d'art militaire, et se croyait l'étoffe d'un bon général : par malheur Dieu s'était trompé en la faisant du sexe féminin. A ces traits ajoutons la fermeté et la promptitude dans les résolutions, une fidélité immuable à ses amis : « Rien, dit-elle, ne me paraît difficile pour les servir ; » une horreur de toute action basse et noire, qui la rendait plus propre à faire miséricorde que justice, un naturel fort emporté, l'art d'obliger avec grâce. Segrais affirme qu'il fallait prendre de grands détours quand on voulait qu'elle suivît certains conseils, et qu'elle pût se persuader qu'elle les avait pris d'elle-même. Comme elle ne concluait rien sur-le-champ, elle y revenait quelque temps après, et proposait le sentiment qu'on lui avait insinué, comme si elle l'eût tiré de son fonds.

Au physique, elle n'était pas jolie, mais plutôt belle que laide ; laissons-la d'ailleurs parler elle-même. Le marquis Honoré d'Urfé dans le roman de l'*Astrée,* Mlle de Scudéry dans la *Clélie* et le *Grand Cyrus,* avaient, l'un, commencé, l'autre, achevé de mettre à la mode les portraits, et l'on sait quelle fortune ce genre littéraire fit avec Retz, La Bruyère, Saint-Simon, plus tard avec Sainte-Beuve, Victor Cousin, aujourd'hui avec MM. Émile Ollivier, Augustin Filon, Émile Faguet, de Vogüé, d'Haussonville, etc. Quelques amies de Mademoiselle introduisirent cette mode dans son salon, elle y prit goût, demanda à tous venants des portraits, fit elle-même le sien, ceux d'un certain nombre de ses serviteurs, de personnes de sa société. Cela devint une fureur, un délire, au point qu'un lettré composa un long poème sous ce titre : *Remontrances des peintres de portraits aux Précieuses de ce temps, pour démontrer le soi-disant préjudice que ces portraits écrits causent aux peintres de portraits peints.* Édouard de Barthélemy en a recueilli un gros volume de 550 pages ; le ton général demeure celui de l'adulation la plus outrée ; tout y est nymphe, déité, Vénus, Minerve, Mars, Apollon : on dirait un recueil d'épitaphes ou de prospectus. Le procédé est presque invariable : on commence par la personne physique, on continue par la personne intellectuelle et morale. L'auteur du portrait de Mme de La Calprenède confesse joliment les ridicules de cette mode :

> Et comme jadis bouts-rimés
> Inondèrent toute la France,
> Et qui ne furent supprimés
> Que par notre propre inconstance,
> Aujourd'hui portraits à foison
> Se font voir sur notre horizon,
> Et sont les beaux objets de toute l'éloquence.
> Il n'est point de petit garçon
> Qui n'en donne au public quelqu'un de sa façon ;
> Il n'est point de fille ou de femme
> Qui ne nous dépeigne son âme,
> Et qui ne fasse voir à nu
> Ce qu'elle a de plus inconnu.

« Ce que je trouve d'admirable dans ce nouveau genre d'écrire, c'est que ceux qui pensent faire leur portrait s'attribuent tout ce qu'ils ont ouï dire de beau, ou pour les manières de l'esprit, ou pour les nobles sentiments de l'âme. Le moindre petit écolier se sent, dit-il, généreux, chaud ami, libéral, éclairé plus qu'il ne paraît ; et la moindre petite femme assure qu'elle aime ses amis avec une constance inébranlable, qu'elle hait la médisance et la coquetterie plus que la mort, et qu'elle ne connaît dans son cœur nul mouvement d'envie ni d'avarice. Enfin tous les hommes sont des Catons ou des Césars pour le moins, et les femmes des Lucrèces ou des Octavies. »

En somme, et sauf un petit nombre d'exceptions (1),

______

(1) On rencontre, dans le recueil de Barthélemy, quelques por-

il y a peu de psychologie dans ces portraits, et Segrais se moque ou fait son métier de courtisan lorsqu'il les appelle « des historiens en raccourci, des abrégés de notre vie et des espèces de confessions générales. » Neuf fois sur dix les peintres ne confessent que des qualités ou des défauts agréables ; rien de plus fade et de plus monotone, et souvent de plus inexact : c'est ainsi qu'on y vante la vertu de Mme de Gouville et de Mme d'Olonne, deux grandes *coquettes* du siècle. Espérons pour Bussy-Rabutin qu'il ne donne pas d'entorse à la vérité, lorsqu'il dit de Mme de Monglas : « L'air qu'elle souffle est plus pur que celui qu'elle respire, » et constatons que Mademoiselle a été bien inspirée lorsqu'elle a fait le portrait de Condé tel qu'elle le vit après un combat : son âme guerrière lui souffla les paroles propres à montrer le héros, et ce jour-là elle prouva, selon sa propre expression, que « les feux et la fumée du canon servent de beaux rembrunissements à la peinture aussi bien que le sang et le carnage. »

Voici quelques lignes du portrait de Mademoiselle qui ne s'éloignent pas trop de la vérité.

« Je suis grande, ni grasse ni maigre, d'une taille fort belle et fort aisée. J'ai bonne mine, la gorge assez bien faite, les mains et les bras pas beaux, mais la peau

---

traits en contre-vérité, signés de noms de fantaisie, dont les auteurs ajustent avec une rudesse cynique leurs clients réels ou imaginaires : voyez, entre autres, les pages 373 et sq. M. de Moüy, qui a écrit une pénétrante étude sur la Grande Mademoiselle, relève quelques erreurs de Barthélemy : *Grands Seigneurs et grandes Dames,* p. 107.

belle. J'ai la jambe droite et le pied bien fait : mes cheveux sont blonds et d'un beau cendré ; mon visage est long, le tour en est beau ; le nez grand et aquilin ; la bouche ni grande ni petite, mais façonnée et d'une manière fort agréable, les lèvres vermeilles ; les dents point belles, mais pas horribles aussi ; mes yeux sont bleus, ni grands ni petits, mais brillants, doux et fiers comme ma mine. J'ai l'air haut, sans l'avoir glorieux. Je suis civile et familière, mais d'une manière à m'attirer plutôt le respect qu'à m'en faire manquer. J'ai une fort grande négligence pour mon habillement ; mais cela ne va pas jusqu'à la malpropreté, je la hais fort... et sans me flatter, je dépare beaucoup moins ce que je mets que ce que je mets ne me pare. Je parle beaucoup sans dire des sottises ni de mauvais mots... J'ai de certains chapitres où l'on me ferait volontiers donner dans le panneau ;... il semble que j'écoute volontiers le bien que l'on dit de moi et que je cherche davantage à m'attirer des louanges qu'à en donner aux autres. Je pense que voilà seulement en quoi je suis moquable... J'ai une telle indifférence pour toutes les choses du monde, par le mépris que j'ai des autres et par la bonne opinion que j'ai de moi, que je passerais ma vie dans la solitude plutôt que de contraindre mon humeur fière en rien, y allât-il de ma fortune. J'aime à être seule, je n'ai nulle complaisance et j'en demande beaucoup ; je suis défiante sans me défier de moi ; j'aime à faire plaisir et à obliger. J'aime souvent aussi à picoter et à déplaire. Comme je n'aime point les plaisirs, je ne procure pas volontiers ceux des autres... J'ai beaucoup de mémoire et je ne manque pas de jugement... J'ai grande application à mes affaires, je m'y attache tout à fait et j'y suis aussi soupçonneuse que sur le reste. J'aime la règle et l'ordre jusques aux moindres choses... Je suis beaucoup plus sensible à la douleur qu'à la joie, connaissant mieux l'une que l'autre, mais il est difficile de s'en apercevoir ; car quoique je ne sois ni comédienne ni façonnière, et qu'on me voie d'ordinaire jusqu'au fond du cœur, j'en suis toutefois si maîtresse quand je veux, que je le tourne comme je veux et n'en fais voir que le côté que j'en veux montrer. Jamais personne n'a eu tant de pouvoir sur soi, et jamais esprit n'a été si maître de son corps... Les grands chagrins que j'ai eus en auraient tué une autre que moi, mais Dieu m'a proportionné toutes choses, et les a rendues si soumises les unes aux autres qu'il m'a donné une santé et une force non pareilles... » — « Je n'ai pas l'âme tendre. » Et Lauzun ? — « Je ne suis point intrigante. » Et la Fronde ?

Mme de Motteville de son côté, avec beaucoup de précautions oratoires, fait allusion à certains défauts de sa personne physique et morale : « Elle avait de la beauté, de l'esprit, des richesses, de la vertu, et une naissance royale... Sa beauté néanmoins n'était pas sans défaut, et son esprit, de même, n'était pas de ceux qui plaisent toujours. Sa vivacité privait toutes ses actions de cette gravité qui est nécessaire aux personnes de son rang, et son âme était trop peu portée par ses sentiments. Ce même tempérament ôtait quelquefois à son teint un peu de sa perfection en lui causant quelques rougeurs ; mais

comme elle était blanche, qu'elle avait les yeux beaux,
la bouche belle, qu'elle était de belle taille et blonde,
elle avait tout à fait en elle l'air de la grande beauté. »
Les beautés blondes, à cette époque, avaient le pas sur
les brunes.

La vie de la Grande Mademoiselle peut se diviser en
trois parties : le cycle héroïque, la phase romanesque,
le rôle social et littéraire. Son existence héroïque tient
tout entière dans la Fronde où elle s'engagea par dépit,
par légèreté, par une sorte d'exaltation vaniteuse :
« Comme je n'étais pas fort satisfaite de la reine et de
Monsieur dans ce temps-là, ce m'était, dit-elle, un grand
plaisir que de les voir embarrassés. » Une occasion se
présenta de donner carrière à son amour de la gloire :
il s'agissait de maintenir dans le parti de la Fronde la
ville d'Orléans, afin de donner la main au prince de
Condé qui arrivait de Guyenne, et d'empêcher la ligne de
la Loire d'être coupée. Parler en princesse de légende,
porter aussi bien une pique qu'un masque, pénétrer
seule et sans escorte par une brèche qu'avait faite pour
elle le parti populaire, s'emparer en un clin d'œil de
la place, improviser des harangues à l'Hôtel-de-Ville,
tenir des conseils de guerre, entendre proclamer ses
deux dames d'honneur, les comtesses de Fiesque et de
Frontenac (1), *ses Maréchales de camp,* recevoir des
compliments de Condé qui compare ses talents militaires à ceux de Gustave-Adolphe, n'était-ce pas de quoi

---

(1) Naturellement on fit une chanson sur l'entrée à Orléans et

éblouir son imagination? Acclamée, populaire, elle goûtait la délicieuse sensation du sourire de la multitude ; on l'appelait la reine de Paris, on la comparait à Jeanne d'Arc, et la reine détrônée d'Angleterre, dont elle avait refusé le fils comme mari, remarquait ironiquement qu'il était bien juste qu'elle sauvât Orléans comme la Pucelle, ayant commencé par chasser les Anglais.

Le 2 juillet 1652, jour du combat du faubourg Saint-Antoine, quand le prince de Condé va être écrasé par Turenne, Mademoiselle arrache le consentement de son père, paraît à l'Hôtel-de-Ville, en impose aux indécis, puis, courant à la Bastille avec de pleins pouvoirs, fait tirer quelques coups de canon qui empêchèrent l'entrée des troupes royales et la défaite sanglante des frondeurs de tourner au désastre. Mazarin dit à ce propos que ces coups de canon *avaient tué son mari*, c'est-à-dire ses chances de mariage avec Louis XIV.

Deux jours après, le 4 juillet 1652, lors du massacre de l'Hôtel-de-Ville, Mademoiselle offrit de s'entremettre

---

l'état-major emplumé auquel les gens du peuple témoignaient un tendre empressement :

> Deux jeunes et belles comtesses,
>   Ses maréchales de camp,
> Suivirent sa royale Altesse
> Dont on faisait un grand cancan.
> Fiesque, cette bonne comtesse,
> Allait baisant les bateliers ;
> Et Frontenac (quelle détresse !)
> Y perdit un de ses souliers.

Saint-Simon rapporte que la comtesse de Fiesque vendit une pièce de terre pour acheter un miroir : « Après tout, disait-elle en guise d'excuse, ce champ ne produisait que du blé. »

entre les assassins et les victimes, et, parvint non sans
peine à arracher quelques malheureux à la fureur du
peuple.

Gaston d'Orléans, causeur charmant, politique pi-
toyable, célèbre par ses paniques (1), qui passa sa vie
à trahir et envoyer à l'échafaud les amis qu'il avait
engagés dans des complots, faisait déjà sa paix avec
la Cour, et Mademoiselle, qui eut tant à souffrir de ce
triste père, ne pouvait s'empêcher de répondre à un
chef de la Fronde : « Vous le connaissez, je ne réponds
rien de lui. » Lorsqu'elle vint lui demander ses ordres,
il la désavoua, lui reprocha ironiquement l'expédition
d'Orléans, l'affaire de Saint-Antoine, mais il s'attira
cette fière réponse :

« Je ne crois pas vous avoir plus mal servi à la porte
Saint-Antoine qu'à Orléans. Ces deux actions si repro-
chables, je les ai faites par votre ordre ; et, si elles
étaient à recommencer, je les ferais encore, parce que
mon devoir m'y obligerait... Il vaut mieux avoir fait ce

---

(1) On fit courir une chanson où la France suppliait Gaston de
la protéger contre Condé ; mais il répondait :

> .....Je veux dormir.
> Je naquis en dormant : j'y veux passer ma vie.
> Jamais de m'éveiller il ne me prit envie.
> Toi, ma femme et ma fille, y perdez vos efforts.
> Je dors.

Les peurs de Gaston étaient appelées « les accès de la colique de
Son Altesse Royale. » Quand il se décide à mettre son nom au bas
du traité d'union des deux Frondes, il signe « comme il aurait
signé la cédule du sabbat s'il avait eu peur d'être surpris par son
bon ange ».

que j'ai fait que de pâtir pour n'avoir rien fait. Je ne sais ce que c'est que d'être héroïne ; je suis d'une naissance à ne jamais rien faire que de grand et d'élevé. On appellera cela comme on voudra ; pour moi, j'appelle cela suivre mon inclination et aller droit mon chemin ; je suis née à n'en pas prendre d'autres. »

Et, en vérité, ceci ne semble pas indigne de Corneille.

Plus tard, l'abbé de La Rivière louait fort, en présence de Mademoiselle, le duc d'Orléans son père : « C'était, disait-il, un prince très pieux, très sage, et qui valait beaucoup. — Vous devez savoir mieux que personne, repartit Mademoiselle, ce qu'il valait ; vous l'avez vendu assez de fois pour cela. » L'abbé avait gouverné Monsieur pendant longtemps (1).

Laissons couler dix-sept années, et venons à l'existence romanesque.

Restée chaste d'âme et de corps, exempte de toute

---

(1) Un piquant passage de ses *Mémoires* est celui où elle conte son entrevue avec le prince de Condé, remis en liberté : « ... Les compliments finis, nous nous avouâmes l'aversion que nous avions l'un pour l'autre : il me confessa avoir été ravi lorsque j'avais eu la petite vérole, avoir souhaité avec passion que j'en fusse marquée, et qu'il m'en restât quelque difformité, et qu'enfin rien ne se pouvait ajouter à la haine qu'il avait pour moi. Je lui avouai n'avoir jamais eu joie pareille à celle de sa prison ; que j'avais fort souhaité que cela arrivât, et que je ne pouvais songer à lui que pour lui souhaiter du mal. Cet éclaircissement dura assez longtemps, réjouit fort la compagnie, et finit par beaucoup d'assurances d'amitié de part et d'autre. » Un peu plus tard, elle va dîner au quartier général de M. le Prince, et chacun de remarquer que « l'homme du monde le plus malpropre » a mis du linge blanc en son honneur et fait sa barbe.

faiblesse de cœur, elle s'était contentée de parler de l'amour dans son salon, dans cette correspondance avec Mme de Motteville où elle trace le plan d'une république galante, platonique et chrétienne, dont les statuts interdisent absolument le mariage. Cependant elle n'avait jamais cessé de songer à *cette erreur si commune qu'une vieille coutume a rendue légitime,* et elle voulait un établissement ; mais comme elle était la princesse la plus riche de l'Europe, ayant trois cent cinquante mille livres de rentes, sa famille ne s'empressait guère à la seconder. Elle avait espéré épouser, on lui avait plus ou moins sérieusement offert tout un sérail de princes : Condé, l'empereur, le roi de Hongrie, l'archiduc Léopold, le prince de Galles, le duc de Neubourg, le duc de Lorraine, le duc de Savoie, le roi de Portugal, le prince de Danemark, et le roi Louis XIV lui-même, malgré la différence d'âge.

Cette idée de mariage hantait si fort Mademoiselle qu'elle chargea Segrais de voir un Père Minime de Perpignan, qui passait pour un habile homme dans l'astrologie judiciaire, afin de savoir si elle serait mariée ; et elle lui confia son horoscope, son thème de nativité ; il répondit : « Monsieur, elle ne sera pas mariée ; ne voyez-vous pas que voilà Jupiter et Mercure en opposition ? Les règles de notre art seraient fausses si cela arrivait. »

Il lui vint cette vision pendant la Fronde que le jeune roi, à peine âgé de treize ans, et qui ne pouvait la sentir, s'éprenait d'elle : et de laisser tomber dans l'eau la négociation avec Mme de Choisy et la Palatine qui lui offrait de la marier avec Louis XIV moyennant finances et promesse de places. Anne d'Autriche la leurrait de belles paroles par devant, et par derrière se moquait d'elle : « Ce n'est pas pour son nez, quoiqu'il soit bien grand. » Toujours ingénue et romanesque, Mademoiselle tomba dans le piège : « Cette voie d'être reine, confesse-t-elle, m'aurait beaucoup plus plu que l'autre. »

En 1670, elle allait avoir quarante-trois ans ; ses amis, dans des buts divers, s'agitaient encore pour la marier ; quelques-uns pensaient à Monsieur, frère du roi, devenu veuf par la mort de Mme Henriette d'Angleterre ; mais Louis XIV se souciait médiocrement que son frère devînt assez riche pour se passer de ses bienfaits. Loin de témoigner de l'empressement, Monsieur ne dissimulait point qu'il ne l'épouserait que pour ses grands biens, et ses favoris le détournaient de cette alliance. Mademoiselle refusa. On crut alors qu'elle se déciderait en faveur du jeune et beau comte de Saint-Paul, candidat des maisons de Condé, de Longueville, et de la marquise de Puisieux, amie intime de la princesse et fort avant dans sa confiance.

Les choses en étaient là, lorsque le 15 décembre 1670 éclata la nouvelle la plus extraordinaire, la plus…, je renvoie pour les autres épithètes à la fameuse lettre de Mme de Sévigné. La Grande Mademoiselle, cette Altesse si fière, cousine germaine du roi, première dame du royaume après la reine, épousait celui que la Palatine appela plus tard : ce *crapaud de Lauzun*, et La Fare : « le plus insolent petit homme qu'on eût vu depuis un siècle, » un simple cadet de Gascogne, le marquis de Puyguilhem, de la maison de Caumont. Louis XIV donnait son consentement. Un miracle patent, avéré, n'eût pas produit une plus profonde stupéfaction. Mais on sait le joli mot de Bussy-Rabutin sur l'amour : « Il est beau pour son honneur qu'il se passe de temps en temps des choses extraordinaires dans son empire ; cela le fait respecter. »

Né en 1632, venu à Paris sans sou ni maille, présenté par le comte de Guiche à la comtesse de Soissons, de chez qui le roi « ne bougeait, » nous dit Saint-Simon, il avait conquis la faveur de Louis XIV qui, en peu d'années, le faisait colonel général des dragons, capitaine des gardes, lui donnait les grandes entrées des premiers gentilshommes de la chambre, une patente de général d'armée avec le commandement des troupes de sa maison, et lui confiait plusieurs missions militaires importantes.

Spirituel jusqu'à la méchanceté, ironique jusqu'à la mystification, incapable à certains moments de dominer son humeur et sa fantaisie, tantôt il eût rendu des points au courtisan le plus délié, et tantôt il risquait de tout perdre par un coup de tête ou un bon mot. Veut-il se venger de la princesse de Monaco, surintendante de Mme Henriette, il profite d'un instant où Madame et sa cour sont assises sur le parquet du salon pour se rafraîchir au plus fort de l'été, pose le talon sur la main de son infidèle, la broie à moitié en faisant la pirouette, et s'en va comme si de rien n'était. Cette brutalité de reître ne lui nuisit nullement auprès des dames ; tout au contraire, elles prisèrent de plus en plus sa fierté, son audace, son courage, ses qualités apparentes et cachées. Il avait le vol des dames, dit Saint-Simon, et le jargon de la galanterie.

Veut-il savoir pourquoi le roi, qui lui a promis la charge de grand maître de l'artillerie, ne tient pas sa parole : il réussit à se cacher sous le lit de Mme de Montespan, et, dans cette posture, écoute sans bouger, respirant à peine, les conversations du roi et de la favorite ; il a l'effronterie de les répéter à celle-ci mot à mot. Puis, se présentant au roi, il le somme de tenir sa promesse, et celui-ci ayant répliqué que Lauzun n'avait pas observé le secret promis, il s'éloigne de quelques pas, tire son épée, brise la lame sous son pied, s'écriant avec fureur qu'il ne servirait plus un prince qui lui manquait « si vilainement » de parole. Le roi indigné eut cependant assez de sang-froid pour ouvrir la fenêtre et jeter sa canne dehors, disant qu'il serait fâché d'avoir frappé un homme de qualité. Lauzun en fut quitte pour un petit séjour à la Bastille.

« Lauzun, dit Saint-Simon, était un petit homme blondasse, bien fait dans sa taille, de physionomie haute, plein d'esprit, qui imposait, mais sans agrément dans le visage, à ce que j'ai ouï dire aux gens de son temps ; plein d'ambition, de caprices, de fantaisies, jaloux de tout, voulant toujours passer le but, jamais content de rien, sans lettres, sans aucun ornement ni agrément dans l'esprit, naturellement chagrin, solitaire, sauvage ; fort noble dans toutes ses façons, méchant et malin par nature, encore plus par jalousie et par ambition, toutefois bon ami quand il l'était, ce qui était rare, et bon parent ; volontiers ennemi même des indifférents, et cruel aux défauts, et à trouver et donner des ridicules ; extrêmement brave et aussi dangereusement hardi ; courtisan également insolent, moqueur et bas jusqu'au valetage, et plein de recherches, d'industrie, d'intrigue, de bassesses, pour arriver à ses fins ; avec cela dangereux aux ministres, à la Cour redouté de tous, et plein de traits cruels et pleins de sel qui n'épargnaient personne... »

Il y a, paraît-il, quatre manières d'accepter un rendez-vous : y aller avant l'heure, à l'heure, après l'heure, n'y pas aller du tout ; cette dernière est la sublime, on est alors un amant à la mode. Lauzun pratique quelquefois les deux dernières, et les femmes pardonnent, parce que ce mauvais sujet est grand homme en amour, doué du délicieux et fatal don de plaire. L'amour a sa stratégie, sa tactique, ses champs de bataille, semés d'autant de surprises, de larmes, de deuils, hérissés d'autant d'obstacles que ceux où les nations jouent leurs destinées ; là aussi il y a des inspirations subites qui sont en quelque sorte la partie divine de l'art de plaire. Certains êtres résument, condensent une portion de la puissance humaine : Shakespeare a dix mille âmes, Napoléon renferme en lui cent mille volontés, Lauzun possède le charme de vingt séducteurs.

Sa conduite avec Mademoiselle peut passer pour un chef-d'œuvre de diplomatie galante : pendant plusieurs années, il joue en perfection, avec persévérance, la scène de la nymphe qui s'enfuit vers les saules. Il recule, se dérobe, feint de ne pas comprendre les ouvertures de la princesse, et, tout en l'accablant de ses respects, lui rend mille bons offices : cependant que sa sœur, la comtesse de Nogent, et deux confidents, Guitry, Rochefort, chantent ses louanges et réfutent avec habileté tous les bruits désavantageux qu'on fait courir. Mademoiselle a commencé de le distinguer en 1667 ; elle a remarqué sa belle tenue, le luxe de ses équipages, sa conversation originale, sa parfaite discrétion sur ses galanteries, ses duels, ses prouesses guerrières. Petit à petit, elle en vient à rechercher involontairement sa compagnie, elle se met à la fenêtre pour le voir passer à cheval, et quand il est absent, la Cour lui paraît triste, déserte ; elle s'étonne, cherche à voir clair dans son cœur, car comment admettre qu'avec cette âme très princière, cet orgueil de déesse, ce même cœur ferait de la démocratie ?

Elle s'aperçut enfin que Lauzun s'était emparé de son âme.

« Enfin, dit-elle, après m'être inquiétée quelques jours, je m'aperçus que c'était M. de Lauzun que j'aimais, qui s'était glissé dans mon cœur ; je le regardais comme le plus honnête homme du monde, le plus agréable, et que rien ne manquait à mon bonheur que d'avoir un mari fait comme lui, que j'aimerais fort et qui m'aimerait aussi ; que jamais personne ne m'avait témoigné d'amitié ; qu'il fallait une fois en sa vie goûter la douceur de se voir aimée de quelqu'un qui valût la peine que l'on l'aimât. Il me parut que je trouvais plus de plaisir à le voir et à l'entretenir qu'à l'ordinaire ; que

les jours que je ne le voyais point, il m'ennuyait. Je
crus que la même pensée lui était venue, qu'il n'osait
me le dire ; mais que les soins qu'il avait de venir
chez la reine, de se rencontrer dans la Cour, quand
elle sortait, dans les galeries, enfin partout où l'on se
pouvait voir par hasard, me le faisait assez connaître. »

Elle essaya de lutter, de ne plus voir Lauzun ; enfin,
n'ayant pu imposer silence au tumulte de son cœur,
elle décida de s'abandonner au sentiment nouveau qui
l'envahissait. Ce qui consolait et encourageait cette
digne élève de l'hôtel de Rambouillet et de la *Clélie*,
c'est qu'elle voyait dans l'amour la vertu des belles
âmes, mais dégagée des servitudes des sens. Songeant
un jour à cette mystérieuse union des cœurs, elle se
rappelle vaguement des vers de Corneille sur la pré-
destination des mariages, envoie quérir le volume, les
trouve les plus tendres, les plus galants et les plus
chrétiens du monde, se les répète sans cesse pour se
prouver à elle-même la beauté et la légitimité de sa
flamme :

Quand les ordres du ciel nous ont faits l'un pour l'autre,
Lise, c'est un accord bientôt fait que le nôtre ;
Sa main, entre les cœurs, par un secret pouvoir,
Sème l'intelligence avant que de se voir ;
Il prépare si bien l'amant et la maîtresse,
Que leur âme au seul nom s'émeut et s'intéresse.
On s'estime, on se cherche, on s'aime en un moment ;
Tout ce qu'on s'entredit persuade aisément :
Et, sans s'inquiéter de mille peurs frivoles,
La foi semble courir au-devant des paroles.

> La langue en peu de mots en explique beaucoup ;
> Les yeux, plus éloquents, font tout voir d'un seul coup ;
> Et de quoi qu'à l'envi tous les deux nous instruisent,
> Le cœur en entend plus que tous les deux n'en disent.

Dans l'enivrement de sa passion, notre héroïne compose en quelque sorte le dossier justificatif de la mésalliance qu'elle médite ; elle étudie avec soin la généalogie de la maison de Caumont, dresse une liste des femmes, filles et sœurs de rois qui ont épousé de simples gentilshommes, s'encourage en pensant à la faveur de son ami, à ses vertus, « comptant, dit-elle, dans un élan d'idolâtrie monarchique, M. de Lauzun pour tout et tout le reste pour rien, hors le roi qui a toujours été devant toute chose pour moi. » Mais comment l'instruire de son projet ? Rechercher les entretiens particuliers avec lui ? Il les abrège le plus possible. Lui faire une déclaration ? Sa fierté, sa pudeur, se révoltent, elle est désespérée, elle pleure, elle n'ose se confier à personne. Cependant son rang commande qu'elle fasse les premières avances, elle se décide, et rencontrant Lauzun chez la reine, elle lui fait signe de la suivre dans l'embrasure d'une fenêtre. « Vous m'avez, dit-elle, témoigné tant d'amitié depuis quelque temps, que cela me donne la dernière confiance en vous, et que je ne veux rien faire sans votre avis. » — Lauzun l'ayant remerciée avec de grands témoignages de respect, elle parla d'un mariage projeté entre elle et le prince de Lorraine, et ajouta : « Jusqu'ici on a parlé de beaucoup de mariages pour moi ; j'ai toujours écouté tout ; mais, au fait et au prendre, j'aurais été au désespoir qu'ils eussent réussi. J'aime mon pays, j'y suis si grande dame que mon ambition s'y peut borner, et quand l'on a de la raison, on en doit être content, et chercher le bonheur de la vie ; on n'en saurait avoir avec un homme que l'on ne connaît point...

« Il me dit : « Vous avez là des sentiments bien raisonnables et qui doivent être approuvés ; mais vous êtes si heureuse ! Songeriez-vous à vous marier ? »

« Je lui dis : « Je suis heureuse véritablement ; mais j'enrage quand j'entends compter les gens qui aspirent à ma succession. »

« Ah ! dit-il, pour cela je serais au désespoir, et rien ne me donnerait tant d'envie que cela de me marier. »

La reine vint, et la naïve princesse s'en alla toute ravie, croyant qu'elle avait fait un grand pas, que Lauzun ne pouvait plus douter de ses sentiments, et qu'à la première occasion, elle connaîtrait les siens.

Elle comptait sans son hôte. D'autres entretiens suivirent ; Lauzun, sans se départir de son rôle de conseiller, restait dans les respects, les révérences, poussait tantôt au mariage et tantôt y trouvait mille difficultés, affectait de ne point comprendre les insinuations de Mademoiselle. Un jour, par exemple, il lui soumet ce curieux argument conjugal : « Je trouve que vous avez raison de prendre un parti, rien au monde n'étant si ridicule, de quelque qualité que l'on soit, que de voir une fille de quarante ans, dans les plaisirs, le monde, habillée comme une de quinze qui ne songe à rien. Quand l'on est à cet âge, il faut ou se faire religieuse ou dévote, ou, habillée modestement, n'aller à rien. A cause de votre qualité, vous pourriez une fois, pour faire votre cour, aller à un opéra ; encore ne faudrait-il pas que ce fût tout le temps, et vous en faire bien prier ; ne témoigner être aise ni y prendre plaisir, ne louer rien, par l'inapplication que vous y auriez ; aller à vêpres, au sermon, au salut, aux assemblées de pauvres, aux hôpitaux... ou bien vous marier ; car l'étant, à tous les âges on va partout ; on est habillée comme les autres, pour plaire à son mari. On va aux plaisirs, parce qu'il veut que l'on fasse comme les autres ; mais ce mari me paraît une chose bien difficile à trouver ; et peut-être, quand on l'aurait trouvé à sa fantaisie, aurait-il des défauts qui vous rendraient malheureuse. C'est pourquoi on ne sait que dire là-dessus. »

Cependant Mademoiselle était à bout de forces : ne pouvant vaincre cette réserve de Lauzun, dictée par le calcul le mieux concerté, elle prit son courage à deux mains, et résolut de brûler ses vaisseaux. Un jour donc, elle lui annonça qu'elle était décidée à se marier, qu'elle avait quasi trouvé l'homme qui lui plaisait ; un autre jour, elle lui déclara que l'affaire de Monsieur était rompue, ajoutant : « Je veux vous dire déterminément qui c'est. » Lui de répondre : « Attendez à demain. — Cela ne se peut, car il serait vendredi. — Ah ! je ne puis vous dire en face ce que j'en penserai. — Si j'avais une écritoire, je vous l'écrirais. Je m'en vais souffler contre le miroir, et je l'écrirai. » Ils badinèrent une demi-heure de cette façon. Comme minuit sonnait, elle s'écria : « Il n'y a plus moyen de le dire, car il serait vendredi. »

Le lendemain, elle écrivit sur une feuille de papier tout en haut ces deux mots : *C'est vous*, la cacheta et la mit dans sa poche. Elle dit à Lauzun dans la soirée : « J'ai le nom dans ma poche, mais je ne veux pas vous le donner le vendredi ; » et malgré ses instances, sa promesse de n'ouvrir le papier qu'après minuit, elle attendit à dimanche. Elle le vit à la messe, puis au cercle de la reine ; elle lui montrait le billet, le remettait dans sa poche, dans son mouchoir, enfin elle le lui donna avec ordre de répondre sur la même feuille.

Au lieu de se confondre en actions de grâces, Lauzun se contenta de lui rendre le billet le lendemain ; estimant qu'elle ne se compromettait pas assez, et craignant un retour d'orgueil, il joua l'incrédule, se montra jaloux, triste, rêveur, répondit qu'elle se moquait de lui. « C'est vous, reprenait-elle, qui vous moquez de moi ; vous voyez très bien que je parle sérieusement. » Et elle lui confessa à plusieurs reprises la tendre estime qu'elle avait pour lui. « Quoi, objectait-il, voudriez-vous épouser un domestique de votre cousin germain ? — Mon cousin germain est mon maître aussi bien que le vôtre. Ainsi je ne trouve rien d'aussi glorieux que de le servir, et je vous aime mieux d'avoir cet honneur et ces sentiments ; si vous ne les aviez point, je vous les inspirerais, et si vous n'aviez pas une charge, je vous en donnerais une, puisque je n'aime rien mieux que le roi. »

Pour faire court, Lauzun finit par se laisser convaincre, et pendant trois jours Mademoiselle se crut la plus heureuse femme de la terre. Elle écrivit au roi, sollicita un entretien, plaida sa cause avec éloquence ;

il répondit doucement, lui conseilla de réfléchir : « Sire, dit-elle, j'estime et j'aime M. de Lauzun ; l'honneur que Votre Majesté lui fait m'a fait naître ces sentiments. J'ai de quoi l'élever plus qu'un prince étranger. L'honneur d'être votre sujet me le fait plus considérer qu'un souverain. Je ne fais rien pour lui ; c'est vous, Sire, qui faites tout, et qui ferez aussi le repos et la joie de ma vie. » Louis XIV répondit : « Je ne vous le conseille pas, je ne vous le défends point ; mais je vous prie d'y songer. L'avis que j'ai à vous donner est que personne ne le sache ; beaucoup de gens s'en doutent ; les ministres m'en ont parlé. Bien des gens n'aiment pas M. de Lauzun. Prenez là-dessus vos mesures. »

Jusque-là Lauzun avait manœuvré avec l'habileté la plus consommée ; à cette nouvelle du consentement du roi, confirmé en plein conseil malgré l'opposition de Monsieur, la tête lui tourna ; il voulut que le mariage fût annoncé à la Cour, tandis que Mademoiselle et le duc de Montpensier opinaient pour qu'il eût lieu le soir même, en petit comité ; mais il répugnait à tout ce qui pouvait sembler un mariage clandestin.

Mal lui en prit : les maisons de Condé et de Longueville, déçues dans leurs espérances, Monsieur, Louvois, la reine elle-même, qui avait jeté son dévolu sur la fortune de Mademoiselle pour son fils le duc d'Orléans, s'agitèrent avec fureur ; le roi résistait, mais on parvint à détacher du parti de Lauzun Mme de Montespan ; elle mit en œuvre contre Lauzun son esprit, sa beauté, sa séduction, et naturellement elle l'emporta.

Tout était prêt pour la célébration du mariage ;

Mademoiselle, ivre d'amour et de joie, avait fait dresser un contrat où elle donnait à Lauzun la principauté de Dombes et le duché de Montpensier : elle aurait voulu se dépouiller de tout en sa faveur. Le 19 décembre 1670, le roi lui fit demander de venir le trouver; aux premiers mots, elle devina le reste; elle pria, pleura, cria, se jeta à ses pieds; il se jeta à genoux en même temps qu'elle et l'embrassa; ils restèrent trois quarts d'heure dans cette posture, affirme-t-elle, sa joue contre celle du roi qui pleurait aussi fort qu'elle. « Ah ! pourquoi avez-vous donné le temps de faire des réflexions ? Que ne vous hâtiez-vous ? — Hélas ! Sire, qui se serait méfié de la parole de Votre Majesté ? Vous n'en avez jamais manqué à personne, et vous commencez par moi et par M. de Lauzun ! Je mourrai, et je serai trop heureuse de mourir. Je n'avais jamais rien aimé de ma vie; j'aime et aime passionnément et de bonne foi le plus honnête homme de votre royaume. Je faisais mon plaisir et la joie de ma vie de son élévation. Je croyais passer ce qui m'en reste agréablement avec lui, à vous honorer, à vous aimer autant que lui. Vous me l'aviez donné, vous me l'ôtez, c'est m'arracher le cœur. »

Louis XIV alla chez elle, lui fit mille excuses, confessa qu'il méritait qu'elle le battît, l'embrassa longuement, promit de faire des choses admirables pour Lauzun; elle répondit : « Votre Majesté me fait comme les singes qui étouffent leurs enfants en les embrassant; les mêmes gens qui l'ont fait changer la feront bien changer encore... Je vous supplie, Sire, d'être persuadé que toutes les fois que je me présenterai devant vous et que je vous regarderai, ce sera pour redemander M. de Lauzun, comme un bien qui était à moi, et que l'on m'a ravi... »

« En rentrant dans ma chambre, il fallut, ajoute-t-elle, me délacer ; je crevais. »

Guilloire, son secrétaire des commandements, osa lui dire : « Vous êtes la risée et l'opprobre de toute l'Europe ; » il fut disgracié avec Segrais.

Le roi exigea qu'elle se rendît à Vincennes avec la Cour : elle ne pouvait pas prendre sur elle, et pleurait au milieu des bals.

L'affaire fit tellement de bruit que Louis XIV envoya à ses ambassadeurs une circulaire expliquant les raisons qu'il avait eues de permettre, puis de défendre le mariage, avec ordre de la communiquer secrètement aux Cours près desquelles ils se trouvaient accrédités.

Tout d'abord Lauzun eut une belle attitude. Tandis que la pauvre princesse pleurait toutes les larmes de son corps, il lui dit d'un grand sang-froid : « Si vous croyez mon conseil, vous irez demain aux Tuileries, et remercierez le roi de l'honneur qu'il vous a fait d'avoir empêché une chose dont vous vous seriez repentie toute votre vie. »

Quand Louis XIV lui signifia ses volontés, il se jeta à ses pieds et lui dit : « Sire, il m'arrive en cette occasion ce que j'avais le plus souhaité au monde, de trouver celle de donner la plus grande marque de ma soumission aux volontés de Votre Majesté, comme je la trouve en ce moment. »

Le roi l'assura qu'il lui ferait tant de bien pour le consoler que ses envieux en seraient encore plus jaloux ; en effet, il le nomma peu après gouverneur du Berry, lui donna cinquante mille livres pour payer ses dettes ; il lui offrit encore le titre de duc et le bâton de maréchal, mais il refusa ces deux dignités, ne se sentant pas encore digne d'un tel honneur. Et puis il suivit la loi de son caractère ; quand il sut que l'échec de son mariage devait être attribué à Mme de Montespan, il se déchaîna contre elle en toute occasion, tant et si bien que la favorite eut peur d'un homme aussi vindicatif, le fit arrêter et enfermer à Pignerol.

Il y resta environ cinq ans, jusqu'en 1676, soumis d'abord à un traitement fort rigoureux, trouvant cependant le moyen de communiquer avec les autres prisonniers, avec l'ex-surintendant Fouquet auquel il racontait cette étonnante histoire qui fait penser à la réflexion de La Bruyère : « Sa vie est un roman ; non, il lui manque le vraisemblable. Il n'a point eu d'aventures ; il a eu de beaux songes, il en a eu de mauvais. Que dis-je ? On ne rêve point comme il a vécu. » Il tomba si malade à Pignerol qu'il dut songer à se confesser, mais, craignant un prêtre supposé, il exigea un capucin, et dès qu'il fut venu, il mit la main à sa barbe, et la tira de toutes ses forces pour s'assurer qu'elle n'était point postiche.

Sa princesse inconsolable ne l'oubliait point et se consumait en efforts pour obtenir sa grâce. Mme de Montespan pratiqua avec elle la politique du bec dans l'eau, lui vendit bien cher son crédit, l'amena à assurer sa principauté de Dombes, son comté d'Eu, et son duché d'Aumale au duc du Maine, sans rien stipuler en échange ; un de ces marchés avec le diable où l'autre partie ne reçoit qu'un peu de cendres et de feuilles sèches. Le roi, emporté par sa passion d'enrichir et d'élever ses enfants illégitimes, ses « demi-louis, » donnait la main à ce vilain manège.

En retour d'une telle rançon, on permit seulement à Lauzun de se rendre à Bourbon pour sa santé, mais toujours avec un air de prison, puisqu'il était gardé par un détachement de mousquetaires. On avait besoin de sa signature pour ratifier cette colossale duperie. Peut-être aussi Mademoiselle eut-elle licence de contracter avec lui un mariage secret. « Lauzun écrivit des merveilles et ne fit pas de même ; » il courtisa la maréchale d'Humières, se conduisit aussi légèrement à Chalon-sur-Saône, à Amboise, qu'il avait fait à Bourbon. On pense bien que ses ennemis tenaient la princesse au courant de ses frasques. Pour le dédommager du reste, elle lui avait donné Saint-Fargeau, la seigneurie de Thiers, dix mille livres de rentes sur les gabelles du Languedoc ; elle apprit qu'il disait que c'était si peu de chose qu'il avait eu peine à accepter.

Elle en vint à craindre son retour. Cependant le roi avait fini par y consentir (1681), mais à condition qu'il ne le verrait qu'une fois, s'en irait ensuite à Paris et partout où il voudrait, sauf à la Cour. Cinq ans de détention et quatre ans d'exil n'avaient pas corrigé Lauzun ; il commit faute sur faute, sa langue n'épargnait personne, et Colbert avertissait sans cesse Ma-

demoiselle qu'il empirait ses affaires. « Je crains bien
qu'il ne change pas, et que vous ne soyez obligée à
demander au roi qu'on le chasse, avec autant d'empressement que vous en avez eu à le faire revenir. »
Jouant beaucoup et gros jeu chez Monsieur, frère du
roi, reprenant ses habitudes donjuanesques, il faisait
le dévot, l'hypocrite avec la princesse, se plaignant
toujours de ses maux, qu'il se mourait, et se portait
pourtant à merveille : elle n'était plus sa dupe, et,
sans cesser toutefois de l'aimer, avait avec lui force
piquanteries.

Oyez ce bout de conversation :

« Je m'en vais, et je vous dis adieu pour ne vous voir
de ma vie. »

« Je lui répondis : « Elle aurait été bien heureuse si je
ne vous avais jamais vu, mais il vaut mieux tard que
jamais.

— « Vous avez ruiné ma fortune ; vous êtes cause que
je ne vais point avec le roi ; vous l'en avez prié.

— « Oh ! pour celui-là, cela est faux ; il peut dire lui-
même ce qui en est. » Il s'emporta beaucoup, et moi,
je demeurai dans le plus grand sang-froid. »

Même à Eu, dans sa maison, sous les yeux de Mademoiselle, Lauzun donnait cours à ses goûts de galanterie ; la première fois qu'elle le sut, elle lui égratigna
le visage. Il obtint son pardon en traversant une grande
galerie sur ses genoux jusqu'aux pieds de Mademoiselle. Les scènes, les gourmades, se renouvelèrent,
et, à son tour, il la battit, si bien qu'elle le bannit
tout à fait de sa présence et ne fit pas même men-

tion de lui dans son testament. Piteuse fin d'un grand amour, mais d'un amour unilatéral, si j'ose dire, puisqu'en cette affaire Lauzun ne consulta jamais que son ambition et son orgueil.

Furieux de ne pouvoir rentrer en grâce, décidé à fuir ce supplice de Tantale, ce paradis perdu de la Cour, Lauzun demanda la permission de passer en Angleterre ; il y était depuis huit ou dix mois lorsqu'éclata la révolution. Abandonné, trahi par tous, trahi surtout par lui-même, Jacques II lui confia la reine et le prince de Galles qu'il conduisit heureusement à Calais. La reine, en contant ses périls au roi, parla de Lauzun, son sauveur, qu'elle n'osait mener à ses pieds. La réponse du roi fut qu'il partageait cette obligation avec elle, et qu'il rendait ses bonnes grâces à Lauzun : aussi Mme de Sévigné écrivit-elle qu'il *avait trouvé le chemin de Versailles en passant par Londres.* Le roi lui rendit les grandes entrées, un logement à Versailles, à Marly, à Fontainebleau, et il en avait un aussi à Saint-Germain auprès de Jacques II, de telle sorte qu'il ne quitta plus la Cour ; l'ordre de la Jarretière, la patente de général de l'armée qui devait envahir l'Angleterre, des lettres de duc, une des plus magnifiques maisons de la Cour, quel retour de fortune ! Tout cela ne satisfaisait point encore son humeur inquiète, il ne parvenait pas à reconquérir la confiance du maître : et c'est pourquoi, âgé de soixante-trois ans, il épousait en 1695 une jeune personne de quinze ans, la fille du maréchal de Lorges qui commandait les armées d'Allemagne, afin de se raccrocher par son crédit. Cette manœuvre ne réussit

pas mieux que les autres; « il n'approchait familièrement du roi que par les dehors, sentait l'esprit et le
cœur du monarque en garde contre lui, et dans un
éloignement que tout son art et son application ne
purent jamais effacer. » Appartenant à cette race de
gens incapables de mourir au monde et à la fortune
avant que l'un et l'autre ne les quittent, *ce ver rongeur
d'ambition empoisonnait sa vie.* Lors de la mort de
Mademoiselle, à laquelle il survécut trente ans, il parut
en grand manteau à la cour, laissant ainsi comprendre
qu'il l'avait épousée secrètement. Le roi fut très choqué
de cette hardiesse qui sans doute éloigna encore plus
Lauzun de son but.

« Il était extraordinaire en tout par nature, et se
plaisait encore à l'affecter jusque dans le plus intérieur
de son domestique et de ses valets. Il contrefaisait le
sourd et l'aveugle, pour mieux voir et entendre sans
qu'on s'en défiât, et se divertissait à se moquer des
sots, même des plus élevés, en leur tenant des langages
qui n'avaient aucun sens. Ses manières étaient toutes
mesurées, réservées, doucereuses, même respectueuses;
et de ce ton bas et emmiellé, il sortait des traits per-
çants et accablants par leur justesse, leur force ou leur
ridicule, et cela en deux ou trois mots, quelquefois d'un
air de naïveté ou de distraction, comme s'il n'y eût pas
songé. Aussi était-il redouté sans exception de tout le
monde, et, avec force connaissances, il n'avait que peu
ou point d'amis, quoiqu'il en méritât par son ardeur
à servir tant qu'il pouvait, et sa facilité à ouvrir sa
bourse... »

Dans ses quinteuses foucades, Lauzun n'épargnait pas plus les ministres, les généraux et les princes que sa propre famille, ses connaissances et ses amis, à l'exception des Gramont auprès desquels il avait trouvé hospitalité et protection au début de sa carrière. Il disait à Mademoiselle : « Ma sœur est une comédienne ; elle ne m'aime point, ni son mari. S'ils croyaient que j'eusse de l'argent dans les os, ils me les casseraient, tant ils sont intéressés. »

Le roi se complaisait à dresser, il le croyait du moins, le ministre Voysin, qui, tout frais émoulu, fort novice dans sa charge, et la tête un peu grisée par la faveur, se plaisait à changer de costumes plusieurs fois par jour, en vrai maître Jacques du ministère. On trouvait ces façons assez ridicules. Quelqu'un ayant demandé à Lauzun ce qui se passait à Marly : « Rien, répondit-il, du ton bas qu'il avait fait sien ; il n'y a aucunes nouvelles ; *le roi s'amuse à habiller sa poupée.* »

Saint-Simon, qui fut son beau-frère, a conté ses mystifications cruelles à l'adresse des maréchaux de Tessé, de Tallart, de Villeroy, sa brouille avec son beau-père le maréchal de Lorges. L'évêque de Marseille, de la famille des Gramont, avait fait merveille pendant la peste, payant de ses biens et de sa personne avec une abnégation sublime. Lauzun demanda pour lui une abbaye au Régent qui promit... et oublia. A quelque temps de là, Lauzun l'interroge s'il a eu la bonté de songer à son protégé. Embarras du prince. — Lauzun, comme pour le mettre à son aise, reprend du ton le plus respectueux : « Monsieur, il fera mieux une autre fois, » et il s'en alla en souriant. — Le mot fit grand bruit.

Même pendant de graves maladies, il ne pouvait s'empêcher de mystifier ses amis, ses parents, son confesseur ; par exemple, s'apercevant que son neveu Biron et la femme de celui-ci se tenaient derrière ses rideaux, pour tâcher de s'assurer s'il mourrait bientôt, il prononce tout haut, comme se croyant seul, une oraison jaculatoire, demande pardon à Dieu de sa vie passée, exprime la résolution de léguer tous ses biens sans réserve aux hôpitaux. Puis il appelle, envoie chercher des notaires, leur dicte son testament, mais il diffère de le signer, et une fois guéri, raconte à quelques-uns cette comédie et le désespoir de Mme de Biron.

Les hommes de cette sorte semblent avoir fait un pacte avec la jeunesse et réaliser ce miracle de mourir tout entiers : peu de mois avant sa dernière maladie, ayant plus de quatre-vingt-dix ans, il dressait encore des chevaux, et il fit cent passades au bois de Boulogne, sur un poulain qu'il venait de former, devant le jeune roi qui allait à la Muette.

Après comme avant sa grande passion, Mademoiselle n'avait cessé de cultiver les lettres, de protéger les écrivains, de tenir ruelle. Qu'elle habite Saint-Fargeau, le Luxembourg, Eu, Paris, Forges, dont les eaux étaient fort à la mode alors, où elle va presque chaque année, qu'elle accompagne le roi à Marly, Fontainebleau ou dans ses voyages, elle a une sorte de cour, un grand salon si l'on veut, où afflue la meilleure compagnie, où les divertissements sont plus nombreux que ceux des salons de La Rochefoucauld, La Fayette, Longueville, et à peu près les mêmes que ceux des hôtels de Rambouillet, de Créqui, d'Albret, de Richelieu, de Bouillon, de Nevers, du château de Chantilly où Condé avait ses courtisans lettrés et polis, *le clergé de M. le Prince*. On voit s'y succéder comédies, ballets, danses, conversations, lectures de portraits et de romans, sans doute aussi de quelques chapitres des *Mémoires* de la princesse. Ces *Mémoires* semblent absolument véridiques, et bien qu'elle ait eu longtemps pour secrétaire l'académicien Segrais, « espèce de savant tourné sur le bel esprit, » elle a dû les composer elle-même, sans auxiliaire, sans qu'il fût nécessaire de faire leur toilette : les défaillances, la simplicité un peu prolixe du style, témoignent contre une collaboration, à laquelle une personne si loyale eût fait allusion, si elle avait existé. On n'en dirait pas autant de ses romans satiriques et à clef sur des personnes de la Cour, *La Princesse de Paphlagonie, La Relation de l'Ile invisible,* où Segrais, en les recopiant avant de les envoyer chez l'imprimeur, confesse avoir supprimé de fréquentes répétitions, des *mais,* des *car,* des *parce que* qui les encombraient. Quant à son orthographe, elle est celle de beaucoup de grandes dames d'autrefois, et, de nos jours, ferait honte à une fillette de dix ans.

Quarante personnes constituant le particulier d'une princesse, selon le mot de la duchesse du Maine, on n'en finirait pas d'énumérer les familiers de celle-ci, ses clients et ses courtisans. Tout cela composait une société intéressante, et, dans cette société même, un examen attentif révélerait un cercle plus trié, formé de quelques amis ou *d'agréables apparences d'amis*, auxquels Mademoiselle accordait spécialement la confiance de son cœur ou de son esprit, sinon de sa volonté : la princesse de Tarente, Mlle de La Trémouille, Mmes de Sévigné, de Puisieux, de Choisy, de Fiesque, de Frontenac, Saujon, Préfontaine, Barail, Guilloire, — Mlle de Vandy qui fut sa confidente jusqu'au bout et la servit avec la plus intelligente fidélité, tandis que d'autres la trahissaient ou lui attiraient de pénibles soucis domestiques. — Mlle de Vandy, grande précieuse devant l'Éternel, poussait la réserve, la sévérité des mœurs, au point de n'entendre pas raillerie ou allusion sur certain chapitre. Un jour, un cavalier qui lui racontait une histoire nomma *l'amour*, elle rougit infiniment, il s'arrêta court ; elle, qui voulait mettre fin à cet embarras réciproque, reprit le fil du discours en demandant : « Eh bien, *l'autre*, qu'a-t-il fait ? » — ne voulant pas nommer *l'amour* ; — de telle sorte que, pendant un temps, on ne parla plus que de *l'autre* pour désigner le petit dieu malin.

Un couplet du temps fait allusion à cette pudeur raffinée que les dames de la Cour estimaient béguculerie :

> Brusque Vandy, vous êtes un peu fière
> De vous fâcher pour un madrigalet
> Qui n'a rien dit de votre corselet,
> De votre esprit, vos beautés, vos lumières,
> Et qui n'a pas passé votre jarretière.

Les conversations chez Mademoiselle amenaient par

fois des incidents assez comiques : ainsi Molière, dans la scène de Trissotin et de Vadius, paraît avoir démarqué une aventure toute semblable survenue dans le salon du Luxembourg, et où l'abbé Cotin joua le principal rôle.

Les anecdotes, les cancans de la ville et de la province allaient leur train à la cour de Mademoiselle. On s'amusait de cette réflexion naïve des paysans paroissiens de Msr Huet, évêque d'Avranches : « Nous prierons le roi de nous donner un évêque qui ait fait ses études, car le nôtre étudie tous les jours. » En effet, quand ils venaient lui conter leurs affaires, on les renvoyait en disant : « Monseigneur étudie. »

On se délectait encore des églogues de Segrais, des fables du Bonhomme, des lettres de Mme de Motteville, des réflexions du marquis de Sourdis sur l'amour, des distractions de la comtesse de Maure, autre grande précieuse, malade imaginaire de la force de Mme de Sablé, qui soignait éperdûment sa santé, mais « ne considérait son corps qu'autant il était nécessaire pour exercer les fonctions de son âme, quoiqu'il ait toujours été admiré de tous ceux qui l'ont vu. » On faisait fête aux petits vers, aux bouts-rimés, à des énigmes dans le genre de celles-ci :

Première énigme : Perruque.

Des dépouilles d'autrui je suis un assemblage :
Qu'on m'enlève au vieillard, il demeure confus.
L'infidèle Ottoman méprise mon usage,
La France est le pays où je règne le plus.

Deuxième énigme : Fusil.

Sans être évêque, j'ai ma crosse,
Sans être berger, j'ai mon chien,
Et sans être magicien,
J'ai ma baguette et ma fureur atroce.

Troisième énigme : Épée.

De quelque éclat dont je puisse briller,
Souvent le plus galant pâlit à me voir nue.
Alexandre se plut à me déshabiller,
Darius eût voulu ne m'avoir jamais vue.

Quatrième énigme : Aiguille à tapisserie.

Si vous ne vous parez d'une légère armure,
Je pourrai vous causer de piquantes douleurs ;
Sœur du pinceau, j'assemble les couleurs,
Mon chef-d'œuvre parfait égale la peinture.

Cinquième énigme : Jarretière.

Je tiens mon nom de l'endroit que je presse :
Aux regards du soleil on aime à me cacher :
Heureux qui peut me voir et me toucher
Aux genoux de sa maîtresse !

Sixième énigme : les Points d'un dé à jouer.

Nous sommes trois fois sept frères,
Logés en six carrés qui se touchent entre eux.
A qui nous chérit trop si nous sommes contraires,
Quelque riche qu'il soit, nous en ferons un gueux.

Septième énigme : Cadran solaire.

Immobile témoin du rapide qui court,
J'embrasse l'infini dans un modique nombre :
Interprète du temps, je suis muet et sourd,
Ministre du soleil, je ne puis rien sans l'ombre.

Sonnet-Énigme : la Goutte.

J'ai pour père un des dieux, pour mère une déesse,
J'attrape sans courir même les plus dispos,
Je fais de mes sujets la peine et le repos,
Et des plus grands seigneurs je me rends la maîtresse.

Le poltron sous mes lois ferme dans sa faiblesse
Aux plus affreux périls ne tourne point le dos.
On rit en ma présence, on dit mille bons mots,
Et je suis cependant pire qu'une tigresse.

Au gré de mon humeur, je puis en liberté
Être chaude l'hiver, être froide l'été.
Des astres inconstants je prédis le caprice;

Et, sans être sensible au cri le plus perçant,
Mon ardeur est si grande à châtier le vice,
Qu'on me le voit punir jusque dans l'innocence.

Sonnet-Énigme : le Purgatoire.

On ne sait où je suis, on n'y voudrait pas être;
Tantôt c'est un devoir de ne s'y pas trouver,
Tantôt, pour bien des gens n'y jamais comparaître,
C'est le dernier malheur qui leur puisse arriver.

J'enferme un purgatif difficile à connaître,
Douloureux, mais aussi toujours sûr de sauver.
Mon empire est soumis au pouvoir d'un grand-prêtre
Qui, lorsqu'il l'affaiblit, veille à le conserver.

Sans jamais offenser ni pied, ni main, ni cuisse,
Tête, épaule ni bras, je mets l'homme au supplice :
Il l'endure pourtant sans jurer, sans pester.

Au More, à l'Ottoman, je suis inaccessible ;
Je fais peur, mais, au fond, quoique je sois terrible,
Souvent pour m'adoucir il suffit de chanter.

En somme la cour de Mademoiselle forme un salon précieux, qu'il faudrait ranger dans la troisième catégorie, si l'on accepte cette définition d'Édouard de Barthélemy : « Au moment de l'avènement de Mme de Maintenon, que je considère comme le triomphe, mais le triomphe trop tardif, pour être efficace, de la préciosité, il y avait donc quatre classes sociales bien distinctes : la coterie de la Cour, sévère, intelligente assurément, mais trop prude, trop collet-monté, et à laquelle Mme de Maintenon donna une direction trop austère ; la coterie que je nommerai de l'ancienne Cour, de plus en plus dissolue, et qui conduisit aux honteuses débauches du souper de la maréchale de Rochefort ; la coterie vraiment précieuse, où se retranchèrent les débris des anciens habitués des ruelles, et ceux qui voulaient demeurer fidèles à ces salons où l'esprit fin et aimable s'entretint, et où la conversation demeura en honneur ; enfin la coterie, précieuse sous les yeux du roi, débauchée hors de Versailles, coterie corrompue et qui, loin de réformer ses vices, en ajouta un encore à une liste trop longue déjà : l'hypocrisie. »

Mademoiselle mourut assez subitement, en 1693, à l'âge de soixante-six ans ; sa vie, intéressante à plus d'un titre, montre en même temps ce qu'était, ce que pouvait être l'existence, à la Cour et en dehors de la Cour, d'une très grande dame, d'une princesse du sang au xviie siècle, à quel degré s'élevèrent alors l'orgueil de la race, le respect et le fétichisme de la monarchie, ce que devenait un caractère héroïque, romanesque, placé en certaines circonstances. Dans ses *Mémoires* elle fait souvent allusion à sa mauvaise fortune, s'imagine qu'elle a vidé jusqu'à la lie la coupe du malheur. Est-ce bien vrai ? Eût-elle été plus heureuse en épousant un prince étranger pour obéir à la raison d'État, en allant régner dans un pays où elle n'eût pas retrouvé cette Cour du grand roi, enviée, admirée dans toute l'Europe comme l'arbitre des grâces, du goût, comme un séjour paradisiaque ? N'a-t-elle pas eu ses jours de gloire, de bonheur, l'expédition d'Orléans, le combat du faubourg Saint-Antoine, un roman d'amour qui se prolongea pendant huit ans et plus ? N'est-elle point arrivée jeune à chaque âge de sa vie, et les illusions ne sont-elles pas la meilleure de nos propriétés ? Et n'est-ce pas le privilège des âmes semblables à celle-là de vivre des éternités de bonheur en quelques instants ? Nous faisons au destin, d'aucuns diraient à la Providence, des objections enfantines, des reproches assez ridicules ! Les riches ont les remèdes, les pauvres ont la santé ; ceux-ci souffrent surtout de maux matériels, les puissants de ce monde ont les maladies de l'âme. Mademoiselle n'en a pas été exempte assurément, mais, tout compte fait, mettant en balance les joies et les disgrâces qui remplissent sa carrière,

les comparant surtout à celles de tant d'autres princesses dont l'histoire a embaumé les noms, elle n'eut
pas trop à se plaindre de la vie. Quelqu'un a dit cette
parole profonde : « On ne sait pas ce que contiennent
de larmes les yeux des reines ! »

CINQUIÈME CONFÉRENCE

———

L'AMOUR PLATONIQUE AU XVIIe SIÈCLE

MESDAMES, MESSIEURS,

Est-il vrai que l'humanité ait toujours les mêmes vertus, les mêmes vices, le même idéal, les mêmes chimères?

Sans doute l'homme reste l'animal qui se querelle et qui se bat, qui aime et qui hait, qui, au réel et au figuré, boit de la folie rouge ou blanche, et succombe plus souvent encore à l'ivresse morale qu'à l'autre ivresse; mais il est aussi le roseau pensant qui combine, invente sans cesse des moyens de bonheur et de malheur. Les causes et les effets ont leurs actions réflexes; ils sont emportés dans le tourbillon de l'histoire universelle, si bien que l'effet d'un événement devient cause à son tour, les anciennes passions cédant la place aux jeunes passions, comme les vieilles modes disparaissent devant la mode d'aujourd'hui. Des milliers de faits prouvent que l'homme moderne ne ressemble guère à l'homme d'autrefois, que chaque siècle a son empreinte, sa gloire, ses étonnements, ses découvertes, ses défauts, différents de ceux des siècles précédents. Rappelez-vous cette vision d'Hébal où Ballanche, *le premier des écrivains qu'on ne lit pas,* présente chaque époque avec son génie propre et distinct! Le voyageur qui fait le tour du monde voit partout de l'eau, de la terre, des arbres, des montagnes, des plaines, des maisons, des hommes : qui donc cependant oserait soutenir que son horizon est toujours le même? Mais combien le monde moral n'est-il pas plus vaste, plus compliqué et capti-vant que le monde matériel, et comment oublier que le sentiment de l'infini, du divin, donne aux âmes la diversité, les pousse éperdument vers des mondes in-connus, à la poursuite de l'idéal. Hélas! le mieux rêvé se trouve le plus souvent être autre chose : heureux quand nous n'avons pas à dire comme Gavarni qui venait de bouleverser son jardin : « C'est presque aussi bien qu'avant! »

Et, par exemple, l'antiquité n'a guère pratiqué l'amour mystique ou chevaleresque, l'amour *à la platonique,* comme on disait au XVIIe siècle; en dehors de l'amour conjugal et de l'amour sensuel, il n'y a plus rien (1). Mais il faut reconnaître qu'un philosophe a donné de l'autre amour la théorie la plus complète et la plus

---

(1) Encore, à propos de l'amour conjugal, convient-il de distin-guer entre la Grèce et Rome : la matrone, honneur de la Rome antique, n'existe pas à Athènes, ou se cache à l'ombre du gyné-cée qui ressemble un peu au harem de l'Asie voisine. Pénélope exceptée, l'épouse se manifeste à peine dans la littérature grecque :

éloquente, théorie restée à l'état de conception métaphysique dans le monde païen, et qui, pour se condenser en faits, éclore en sentiments, sous l'influence des idées chrétiennes et guerrières du moyen âge, a attendu près de deux mille ans. Le philosophe c'est Platon, le livre c'est le *Banquet :* et l'on pourrait montrer à quel point le langage des romans de chevalerie et de la *Table Ronde,* des *Amadis,* de l'*Astrée,* du *Grand Cyrus,* du *Discours sur les Pensées de l'Amour* de Pascal, du *Discours de l'Amour* de Descartes, combien aussi les belles tirades des héroïnes de Corneille, les subtilités délicates des précieuses, ressemblent en réalité au langage de cet Athénien qui écrivait quatre cents ans avant Jésus-Christ, ancêtre ignoré de la plupart de ceux qui l'ont commenté par la conversation, l'écriture ou le sentiment. Et ceci ne détruit nullement mon affirmation précédente, car toutes les idées, tous les systèmes se rencontrent plus ou moins développés dans les écrivains d'autrefois ; mais lorsqu'ils se font peuple, lorsqu'ils quittent leur empyrée et se cristallisent en actes, défauts, vertus, crimes, révolutions, alors seulement ils commencent à vivre, à régner, et deviennent en quelque sorte les héros de l'histoire.

Quelques amis sont réunis, la tête couronnée de

---

elle ne paraît guère sur le théâtre que pour être moquée dans *Lysistrata,* et surtout dans l'*Assemblée des Femmes* où Aristophane a dit plus et mieux que les modernes contre le féminisme. Voir sur la femme à Athènes l'étude pénétrante de M. Henry Houssaye : *Athènes, Rome, Paris,* 1 vol., 1879, Calmann-Lévy.

fleurs et la coupe en main, autour de la table du jeune Agathon : Socrate, Platon, Pausanias, Eryximaque, Aristophane, Alcibiade; ils conviennent de renvoyer les joueuses de flûte qui assistaient d'ordinaire aux repas des anciens, et de prononcer chacun à son tour un discours à la louange de l'amour (1). L'un d'eux commence et s'exprime en ces termes :

« Il n'y a ni naissance, ni honneurs, ni richesses, rien enfin qui soit capable, comme l'amour, d'inspirer à l'homme ce qu'il faut pour se bien conduire, je veux dire la honte du mal et l'émulation du bien ; et, sans ces deux choses, il est impossible que ni un particulier, ni un État fasse rien de beau ni de grand. J'ose même dire que, si un homme qui aime avait ou commis une mauvaise action, ou enduré un outrage sans le repousser, il

---

(1) Émile DESCHANEL : *Histoire de la conversation.* — René DE MAULDE : *Les Femmes de la Renaissance*, 1 vol. in-8°, Perrin. — H. BLAZE DE BURY : *Les Dames de la Renaissance.* — E. DE BARTHÉLEMY : *Les Amis de la Marquise de Sablé.* — Henry BORDEAUX : *L'Amitié amoureuse.* — Victor COUSIN : *Mᵐᵉ de Hautefort; La Société française au XVIIᵉ siècle.* — SAINT-MARC-GIRARDIN : *Cours de littérature dramatique,* tomes II et III. — *Historiettes* de TALLEMANT DES RÉAUX. — *Mémoires* du Cardinal DE RETZ, de la GRANDE MADEMOISELLE, de SAINT-SIMON, de Mᵐᵉ DE MOTTEVILLE. — Mᵐᵉ DE LA FAYETTE : *La Princesse de Clèves; Vie d'Henriette d'Angleterre.* — *Œuvres* de PLATON, traduction de Victor COUSIN, tome VI. — Gaston PARIS : *La Poésie au moyen âge.* — *Œuvres* de saint AUGUSTIN. — *Poésies* de Laurent DE MÉDICIS, de MICHEL-ANGE. — Émile OLLIVIER : *Michel-Ange.* — Comte D'HAUSSONVILLE : *Mᵐᵉ de La Fayette.* — Duc D'AUMALE : *Histoire des Princes de Condé,* 7 vol. — Comtesse D'AULNOY : *La Cour et la Ville de Madrid vers la fin du XVIIᵉ siècle; Relation du voyage d'Espagne,* 2 vol., Plon, 1874. — *Mémorial* de NORVINS, tome II. — TAINE : *Essais de critique et d'histoire.*

n'y aurait ni père, ni parent, ni personne au monde devant qui il eût tant de honte de paraître que devant ce qu'il aime. Il en est de même de celui qui est aimé ; il n'est jamais si confus que lorsqu'il est surpris en faute par son ami. De sorte que, si par quelque enchantement, un État ou une armée pouvaient n'être composés que d'amants et d'aimés, il n'y aurait point de peuple qui portât plus haut l'horreur du vice et l'émulation de la vertu. Des hommes ainsi unis, quoiqu'en petit nombre, pourraient presque vaincre le monde entier ; car il n'y a personne par qui un amant n'aimât mieux être vu abandonnant son rang ou jetant ses armes que par ce qu'il aime, et qui n'aimât mieux mourir mille fois que subir cette honte, à plus forte raison que d'abandonner ce qu'il. aime et de le laisser dans le péril. Il n'y a point d'homme si timide que l'amour n'enflammât de courage, et dont il ne fît alors un héros ; et ce que dit Homère, que les dieux inspirent de l'audace à certains guerriers, on peut le dire plus justement de l'amour par rapport à ceux qui aiment. »

Ainsi donc, ceux qui aiment sont des amis divins inspirés par les dieux : l'amour fait naître les belles conversations, les actions héroïques ; et cette même thèse triomphe dans les romans de chevalerie, dans les mœurs de la société polie au xvII^e siècle.

« Sire, interroge la dame de Maloane délivrée des entreprises d'un félon par un chevalier de la *Table Ronde,* quelle est la chose de ce monde qui plus tôt mène un chevalier à faire prouesse et valeur ?

— Dame, dit Gyron le Courtois, n'en doutez point,

c'est Amour. Amour est si haute chose et a si merveilleux pouvoir, qu'il ferait, au besoin, d'un homme couard un preux et hardi chevalier.

— En nom de Dieu, sire, selon ce que vous me dites, il m'est avis qu'Amour est trop puissante chose.

— Dame, reprit-il, ainsi m'aide Dieu ! Vous dites la vérité pure. Or, sachez que jamais un jour de ma vie je n'eusse été tel chevalier, comme messire Luc vient de l'éprouver, n'eût été la grande force qui est en Amour... Oui, dame, si n'eût été la très-grand'force d'Amour, je n'eusse pu faire en ce tournoi ce que vous vîtes ; et, si je fis là aucune chose dont je doive avoir los et prix, j'en dois savoir gré à Amour et à ma dame que j'aime. Nulle autre chose au monde je n'en dois remercier... »

Héros et personnages croient valoir en raison directe de la grandeur de leurs affections, et l'on en vient à considérer que sans amour l'âme tombe en paralysie, que le premier devoir de l'homme de bonne compagnie, de l'honnête homme, consiste à être amoureux. Cyrus professe que cette faiblesse est glorieuse, et qu'il faut avoir l'âme grande pour en être capable. L'amour platonique avait ses règles, ses mystérieuses lois auxquelles les dévots initiés ne pouvaient contrevenir sans une espèce de profanation. Aussi bien, il est de mode parmi les précieuses d'unir la pureté des mœurs à l'éclat du bel esprit : et la sagesse, dans le sens où elles l'entendent, comporte la rhétorique, l'astronomie et la chasteté. Les épreuves burlesques, les vaines prouesses où sa folie entraîne don Quichotte, le bon chevalier de la Manche, n'attestent-elles pas, comme dans une magnifique démonstration par l'absurde, la splendeur d'un sentiment qui illuminait le cœur d'un homme, au point de le lancer en dehors des rites de l'existence ordinaire, en plein gigantesque, en plein ciel, planant au-dessus des misères, des bassesses et des grossièretés humaines, emporté par un rêve sublime, supérieur aux réalités, rêve qu'on ne saurait trop admirer, car on n'a point à craindre que la majorité s'y laisse enchaîner; celle-ci préférera presque toujours Sancho Pança à Don Quichotte, Épicure à Zénon, les libertins aux jansénistes, les cafés-concerts aux salons, et, pour tout dire d'un mot, la livrée du bon sens, avec ses défauts et ses qualités, aux superbes chevauchées, aux pompeuses parures de l'imagination. Si la plus belle personne du monde ne donne jamais que ce qu'elle n'a pas, si la poésie de l'homme aimant crée la plupart des qualités de la femme aimée, s'il y a un code de bienséance, une conversation, des salons depuis quatre siècles et plus, si les femmes, ces éternelles mineures des religions et des lois, ont pris leur revanche, régné par les mœurs, affiné nos goûts, fait peser sur beaucoup d'hommes la plus lourde en même temps que la plus légère de toutes les dictatures, la dictature de la grâce, si elles ont réussi parfois à consacrer cette idée que la *plus belle victoire est de vaincre son cœur,* à bannir de nos discussions le pédantisme dogmatique, c'est à l'idéal platonique que nous devons encore ces bienfaits. Cet idéal, nous le comprenons, nous le sentons plus ou moins bien, nous le pratiquons avec plus ou moins de succès; quelques-uns lui demeurent fidèles jusqu'au bout, la plupart ont des éclipses et des retours alternatifs, comme cette princesse de Guémené qui faisait des fugues tantôt à Port-Royal, tantôt dans le domaine de la galanterie, goûtant une joie infinie de l'infidélité qu'elle faisait aux hommes et à Dieu tour à tour; beaucoup aussi le méconnaissent et affectent de le railler. Mais ceux-là mêmes lui ont quelquefois obéi, et ils lui rendent hommage comme l'athée qui dans une grande douleur fait machinalement les gestes du chrétien : et ils en demeurent les tributaires inconscients, car cette rhétorique du cœur, ces longs sièges mis devant une femme, ces respects, ces protestations éthérées des amoureux, attestent encore la puissance de l'idéal dont il faut tout au moins observer les rites et traverser l'église, même lorsque l'on prétend ne pas s'y attarder. Et puis de faire les gestes d'une vertu, de répéter même en sceptique des mots convenus, de forcer son imagination à combiner des formules spiritualistes, fussent-elles contraires à la pensée intime, cette gymnastique intellectuelle peut aussi avoir d'heureux effets sur des hommes, je veux dire sur des êtres que l'habitude domine si fortement; c'est une manière d'éducation qui s'insinue dans l'esprit d'abord, dans le cœur ensuite, et fait germer des fleurs mystiques qui s'étonnent de se rencontrer sur un terrain ingrat, autant qu'elles étonnent ceux qui les cueillent. Comme le dit Auguste Dorchain dans un vers inspiré :

Apprends-leur que l'amour contient plus que l'amour !

Revenons au *Banquet* et citons un autre passage, celui où Agathon, mêlant habilement le langage de l'âme et le langage des sens, revêt en quelque sorte l'amour d'un costume divin et réel tout à la fois.

« L'amour, dit-il, plane et se repose sur tout ce qu'il y a de plus tendre ; car c'est dans les âmes des dieux et des hommes qu'il fait sa demeure, et encore n'est-ce pas dans toutes les âmes indistinctement. Rencontre-t-il un cœur dur, il passe et ne s'arrête que dans un cœur tendre. Or, s'il ne touche jamais de son pied ou du reste de son corps que la partie la plus délicate des êtres les plus délicats, ne faut-il pas qu'il soit doué lui-même de la délicatesse la plus exquise ? Il est donc le plus jeune et le plus délicat des dieux. J'ajoute qu'il est d'une essence toute subtile : autrement il ne pourrait pénétrer partout, se glisser inaperçu dans tous les cœurs, et en sortir de la même manière. Et qui ne reconnaîtrait une subtile essence à la grâce qui, de l'aveu commun, distingue l'Amour ? Amour et laideur sont partout en guerre. Jamais l'Amour ne se fixe dans rien de flétri, corps ou âme ; mais où il trouve des fleurs et des parfums, c'est là qu'il se plaît et qu'il s'arrête (1). »

---

(1) Barthélemy SAINT-HILAIRE : *Socrate et Platon.* — EMERSON : *Les Sur-Humains,* traduit de l'anglais par Jean IZOULET. — Louis PRAT : *Le Mystère de Platon.* — Ch. BÉNARD : *Platon, sa philosophie.* — Rodolphe DARESTE : *La Science du droit en Grèce : Platon, Aristote, Théophraste.* — HUIT : *Études sur le banquet de Platon, sur le Philèbe, sur le Politique ; le Gorgias ; Platon à l'Académie ; La Vie et l'œuvre de Platon.* — E. L'OLLIVIER : *La Méthode de Platon.* — SYBEL : *Technique de Platon. Le Banquet et l'Euthydème,* Marburg, 1889. — Van DER REST : *Platon et Aristote.* — Charles WADDINGTON : *Mémoire sur l'authenticité des écrits de Platon ; Le Parménide de Platon.* — Édouard ZELLER : *La Philosophie des Grecs,* traduit de l'allemand par Émile BOUTROUX.

Socrate prend la parole après les autres convives, et formule la théorie intégrale de l'amour spiritualisé, théorie qu'il prétend tenir d'une femme de Mantinée, Diotime, sibylle et prophétesse, « savante en amour et en beaucoup d'autres choses. »

« L'objet de l'amour, dit-il en résumé, est de perpétuer la race humaine, de remplacer les vieillards qui s'inclinent vers la tombe par les jeunes gens qui fleurissent, c'est donc de s'immortaliser. Et ce besoin d'immortalité, c'est la beauté surtout qui l'excite. Mais la beauté du corps n'est que le premier degré de cette échelle du beau qui commence sur la terre et qui aboutit aux cieux ; et à mesure que nous montons ces degrés divins, l'idée du beau qui monte devant nous et qui nous appelle, se transfigure et se purifie... A cette hauteur la beauté de l'âme est tout, celle des formes n'est plus rien. Heureux donc celui qui, instruit des vrais mystères de l'amour, s'élève dans ses contemplations jusqu'au sommet merveilleux où réside la beauté souveraine, celle qui n'a ni naissance ni fin, qui ne connaît ni l'accroissement ni la décadence, qui n'a point de forme ni de visage, qui n'est pas même telle pensée ou telle science particulière, qui ne change et qui ne varie point, et d'où sortent, comme d'une source inépuisable, toutes les idées du beau ici-bas, sans que jamais l'éternelle et souveraine beauté s'appauvrisse en prêtant son image à la terre, ou s'enrichisse en la retirant. Heureux qui, voyant face à face et sous sa forme unique cette beauté divine, attache ses yeux et ses désirs à sa contemplation et à son commerce !

Heureux enfin qui enfante avec elle la vertu et la vérité qui sont les filles de la beauté ! Car celui-là vraiment n'est plus un homme, il est immortel, il est Dieu ! »

L'antiquité païenne demeura incapable de pratiquer de si hautes leçons ; mais les Pères de l'Église, Dante et Pétrarque, les platoniciens d'Italie au xv⁰ siècle, leur firent grand accueil. Rappelons en passant qu'il y eut une amitié tendre et purement mystique entre saint Jérôme et Paula : ils ne se virent jamais sans témoins, et s'aimaient au point de ne pouvoir vivre séparés ; de même entre sainte Claire et saint François d'Assise, sainte Thérèse et saint Jean de la Croix, sainte Jeanne de Chantal et saint François de Sales. Saint Augustin proclame que si les platoniciens avaient eu la lumière de la révélation, ils seraient chrétiens en changeant peu de chose à leur doctrine ; car celle-ci, par les ascensions successives de l'âme, conduit naturellement à l'amour de Dieu. « Ces pieuses extases de l'amour en face de la beauté éternelle, affirme Saint-Marc-Girardin, ces enchantements de la vertu et de la vérité, une fois que l'âme est entrée en commerce avec Dieu, tout cela qui est de Platon, est aussi des Pères et des docteurs de l'Église. Le mysticisme, c'est-à-dire la transformation chrétienne du platonicisme, prend place dans la théologie. Il y a, de saint Augustin jusqu'au xvⁱⁱ⁰ siècle, une chaîne et une tradition continue d'idées mystiques, dont l'origine remonte à Platon : saint Denis l'Aréopagite qui crée et organise la hiérarchie du monde mystique, mène à Scot Érigène ; Scot Érigène, qui pousse imprudemment le mysticisme vers la philosophie, mène à saint Bernard qui la ramène à la foi chrétienne ; saint Bernard mène à Gerson, Gerson à sainte Thérèse, en passant par l'*Imitation* (1), dont Gerson mérite d'être l'auteur, et sainte Thérèse enfin à Fénelon, qui croit affermir et embellir la foi chrétienne en la faisant résider dans l'amour. » Notons toutefois une différence capitale entre la doctrine de Platon et le mysticisme chrétien : la haine que celui-ci professe pour l'amour terrestre, tandis que le philosophe grec l'admet comme premier degré de l'amour du beau. Et puis Platon spiritualise l'amour, mais en le faisant un peu vague et subtil ; à force de s'épurer, l'idée du beau infini semble s'évaporer : sans parler de certaine aberration pour laquelle les anciens se montrent beaucoup plus indulgents que les modernes

Dans quels égarements l'amour jeta la Grèce !

au contraire le christianisme lui a rendu toute sa réalité, en donnant Dieu même pour objet et pour but.

Écoutez ce que Sainte-Beuve appelle « le plus beau cri d'amour sorti de lèvres humaines. »

Ce cri fut poussé par sainte Thérèse :

« Est-ce que tu crois, ô toi, éternellement vivant, que je t'aime à cause des récompenses futures promises

---

(1) Voir M. Jean de Bonnefon, *Préface d l'Imitation de Jésus-Christ*, 1 vol., 1903.

dans ton royaume, pour les palmes, les harpes, les merveilles, les délices espérées de ton ciel?... Oh! non, moi, je t'aime, parce que tu as été malheureux, parce que tu as passé par toutes les douleurs, supporté toutes les humiliations ! Toi, Dieu chargé de fers; toi, Dieu conduit au supplice par les bourreaux ! Moi, je t'aime parce que tu as été forcé de crier vers le Père : « Pourquoi m'as-tu abandonné ? » Moi, je t'aime, plus à cause de ton agonie et de ta mort qu'à cause de ta résurrection. Car, je m'imagine que, toi, ressuscité, remontant dans les espaces azurés, ayant ton univers à tes ordres, tu as moins besoin de ta servante ! Mais, lorsque j'assiste à ton agonie, il me semble que je reviens dans les contrées déjà connues de moi, que j'avais déjà contemplé jadis cette colline et cette croix inondées de la pourpre de ton sang, — que cette Madeleine, ta sainte, ta bien-aimée, qui gémit là-bas, c'était peut-être moi ! Car, dans mon cœur, son cœur se lamente, car toutes les larmes de ses yeux sourdent dans mes paupières, et mon désespoir est si terrible, si profond, que deux semblables désespoirs ne peuvent pas exister ! Non, elle ne t'aimait pas davantage ! Je sais qu'elle est une grande sainte, et moi une pauvre chétive dont les actions son⁺ moins méritoires devant toi ; mais elle ne t'aimait pas davantage !... Une seule fois dans sa vie elle s'est prosternée tout en larmes dans la poussière, arrosée de ton sang, sur le Golgotha, une seule fois seulement : et moi combien de fois !...

« Car, presque chaque nuit, se renouvelle pour moi le

supplice du Calvaire, et, après tant de siècles écoulés, se présente pour moi, dans toute sa réalité, ce moment où, au milieu des ténèbres, mourut le Créateur, en présence de toute la création ! Et je dévore de mes regards la croix de ton martyre, sur laquelle se détache en blanc ton corps éclairé par la lumière de l'amour, tandis que le reste de ma cellule est plongé dans l'obscurité sépulcrale !

« Toi et moi, Seigneur ! personne de plus ! Nous sommes si près l'un de l'autre, et si séparés ! Car je me trouve bien bas sous tes pieds, et toi, au-dessus de moi, dans cette effrayante immensité, cloué avec du fer à ces poutres de cèdre !

« Je suis prosternée à genoux (1), silencieuse. Mais, tout mon cœur tressaille sous les tourments de ton corps ; les ronces de ton front s'enfoncent dans mes tempes ; les clous de tes mains déchirent mes mains, la

---

(1) Bien que l'inspiration n'en soit pas purement mystique, l'épitaphe de Louis Veuillot m'a paru digne d'être rapprochée de la prière de sainte Thérèse :

> Placez à mon côté ma plume,
> Sur mon cœur le Christ, mon orgueil,
> Sous mes pieds mettez ce volume,
> Et clouez en paix le cercueil !
>
> Après la dernière prière,
> Sur ma fosse plantez la croix,
> Et si l'on me donne une pierre,
> Gravez dessus : « J'ai cru, je vois ! »
>
> Dites entre vous : « Il sommeille,
> Son dur labeur est achevé. »
> Ou plutôt dites : « Il s'éveille,
> Il voit ce qu'il a tant rêvé ! »

plaie de ton flanc saigne sous mon cœur ! Et quoique je sois ici dans la poussière, je me confonds si bien avec mon Dieu, que je me sens là-haut crucifiée avec toi. »

L'amour mystique étant en quelque sorte le sublime de l'amour platonique porté à sa plus haute puissance, il ne semble pas inutile de citer ici quelques pages inspirées par un tel sentiment. Quand on compare entre eux ces grands croyants qui, depuis des siècles, nourrissent tant d'âmes de leur merveilleux rêve, et les enivrent des pures voluptés de l'idéal divin, on s'aperçoit qu'il existe des nuances assez nombreuses dans l'amour mystique, nuances qui reflètent l'éducation, les mœurs, les caractères, l'époque où elles sont exprimées. De même cet amour se traduit en quelque sorte par plusieurs styles : le style roman, le pur Saint-Louis, le flamboyant, etc... Tel mystique trouve le chemin de certaines âmes, tel autre ravit des esprits d'une essence différente ; celui-ci semble voler à travers l'infini et oublier toute notion du réel ; celui-là, dans ses extases les plus vives, ne perd pas de vue

---

... Ceux qui font de viles morsures,
A mon nom sont-ils attachés ?
Laissez-les faire : ces blessures
Couvrent peut-être mes péchés.

Je fus pécheur, et, sur ma route,
Hélas ! j'ai chancelé souvent : _
Mais, grâce à Dieu, vainqueur du doute,
Je suis mort ferme et pénitent.

J'espère en Jésus : sur la terre
Je n'ai pas douté de sa loi.
Au dernier jour, devant son Père,
Il ne rougira pas de moi !

la raison, ou du moins il tire d'elle des arguments qui rendent plus séduisante son exaltation. Et non seulement l'amour, mais encore la philosophie, le socialisme, la politique, l'art, ont leurs mystiques qui, pour eux-mêmes et pour les foules, parlent un langage parfois très entraînant (1).

Cette même sainte Thérèse, dont les paroles enflammées étonnent des chrétiens convaincus, joignait à ses visions éloquentes l'esprit le plus ferme, le plus pratique, un art admirable de gouverner, d'amener à ses projets des adversaires décidés. Et c'est sans doute cette dualité psychologique qui la rendait si attrayante à Bossuet :

« Que dirai-je, chrétiens ? s'écrie celui-ci. Qui me donnera des paroles pour vous exprimer dignement la divine ardeur qui la presse ?... Disons néanmoins, comme nous pouvons, ce que son histoire raconte; disons que l'admirable Thérèse, nuit et jour, sans aucun repos ni trêve, soupirait après son divin Époux; disons que son amour s'augmentant toujours, elle ne pouvait plus supporter la vie, qu'elle déchirait sa poitrine par des cris et par des sanglots, et que cette dou-

---

(1) GRIMES : *Esprit des saints illustres.* — BOSSUET : *Panégyrique de sainte Thérèse.* — Arvède BARINE : *Psychologie d'une sainte,* dans les *Portraits de femmes.* — *Vie de sainte Thérèse écrite par elle-même.* — CARTIER : *Lettres de sainte Catherine de Sienne,* traduites de l'italien, 3 vol., 1858. — *Œuvres complètes de A.-F. Ozanam.* — MONTALEMBERT : *Les Moines d'Occident,* t. I, au chapitre : *Le Bonheur dans le cloître.* — Saint FRANÇOIS DE SALES : *Traité de l'amour de Dieu,* etc...

leur l'agitait de sorte qu'il semblait à chaque moment qu'elle allait rendre les derniers soupirs... Dans l'ennui qu'elle a de la vie, elle ne trouve point de consolation que de dire continuellement à Dieu : « Seigneur, ou souffrir ou mourir !... » Les afflictions, les douleurs aiguës, ce cruel amas de maux sous lequel elle paraît accablée, et qui pourrait contraindre les plus patients à appeler la mort au secours, c'est ce qui lui fait désirer de vivre ; et au lieu que la vie est amère aux autres, si elle n'est adoucie par les voluptés, elle n'est amère à Thérèse que lorsqu'elle y jouit de quelque repos. Qui lui donne ces désirs étranges ? D'où lui viennent ces inclinations si contraires à la nature ? C'est qu'il n'est rien de plus opposé que de vivre selon la nature, et de vivre selon la grâce ; c'est, comme dit l'apôtre saint Paul, qu'elle n'a pas reçu l'esprit de ce monde, mais un esprit victorieux du monde ; c'est que, pleine de Jésus-Christ, elle veut vivre selon Jésus-Christ ; elle veut souffrir ou mourir, et son amour ne peut endurer qu'aucune cause retarde sa mort, sinon celle qui a différé la mort du Sauveur. Quand Thérèse fait cette prière : *Que je souffre, ou bien que je meure,* c'est de même que si elle eût dit : « A quelque prix que ce soit, je veux être avec Jésus-Christ ; s'il ne m'est pas permis de l'accompagner dans sa gloire, je le suivrai du moins dans ses souffrances, afin que, n'ayant pas le bonheur de le contempler assis sur son trône, j'aie du moins la consolation de l'embrasser pendu à sa croix. »

Les cantiques d'amour de saint François d'Assise « sont si embrasés, si pleins de brûlante poésie, de suaves expressions, en italien surtout, que nous n'osons presque point les traduire ! remarque l'abbé Grimes. C'étaient de continuelles étincelles ou plutôt des tourbillons de flammes, qui s'échappaient de cette fournaise séraphique, depuis qu'un séraphin lui-même était venu l'allumer de ses traits célestes ! »

« O vrai Dieu ! Théotime, s'écrie saint François de Sales, dans son *Traité de l'amour de Dieu,* que de douleurs amoureuses et que d'amours douloureuses ! Car le céleste Séraphin le vint inciser et blesser, non avec le fer, mais avec des rayons de lumière..., et tout le reste de sa vie, ce pauvre saint alla toujours traînant et languissant comme bien malade d'amour. »

Écoutons les chants de ce *sublime amoureux :*

« L'amour m'a mis dans la fournaise.

« L'amour m'a mis dans la fournaise.

« L'amour m'a tout embrasé dans une fournaise d'amour !

« Mon nouvel époux, l'amoureux, le très aimable petit agneau, m'a mis l'anneau au doigt, et puis il m'a frappé d'un couteau qui m'a partagé le cœur.

« Il m'a enfermé en lui, comme dans une étroite prison; il m'a percé d'un fer aigu, d'un javelot tiré du carquois enflammé de l'amour; il a rompu les barrières de mon cœur par ses traits brûlants, et il l'a consumé par le feu le plus ardent.

« Je me meurs de délices ! ne vous étonnez pas, ces coups sont frappés par une lance amoureuse, le trait est long et large de cent brasses, sachez-le ; il m'a traversé de part en part.

« Je suis tout dévoré par ce feu véhément ! car une

grêle de traits est ensuite venue fondre sur moi, et il s'est fait comme un combat acharné, et j'ai vainement couvert ma poitrine pour résister au feu qui me frappait : de sa main droite il déchirait mon cœur d'où jaillissaient des flammes qui m'anéantissaient...

« Mais lorsque, après cette lutte où furent vains tous mes efforts, je retrouvai mes forces premières, je vis que je portais sur moi toutes les marques, toutes les blessures de l'amour de Jésus-Christ, et je devins calme et paisible, et je commençai à jouir d'une ivresse ineffable, d'une ineffable consolation ; et maintenant, brûlant sans cesse, Jésus-Christ veut bien fortifier mon cœur.

« L'amour m'a mis dans la fournaise.

« L'amour m'a brûlé dans la fournaise de l'amour.

« L'amour m'y a tout consumé. »

Un peu plus loin, dans un autre cantique.

« Amour, amour ! tout ce que tu fais, moi je ne puis le faire. Amour, amour, je crois bien que je finirai par mourir d'amour. Amour, amour, fais-moi donc tout entier passer en toi ! Amour, fais-moi souffrir, fais-moi languir, fais-moi soupirer, fais-moi désirer, fais-moi brûler, fais-moi tout ce que tu voudras. Je veux mourir en embrassant mon amour, mon amour Jésus, Jésus mon amour ; oui, je veux me pâmer, me changer, me transformer en lui ; je ne veux pas savoir ce que je suis, je veux dire ce qu'il est... O amour ! permets-moi donc de mourir d'amour. Jésus, amour d'amour, maintenant je suis entré dans le port, j'ai échappé aux fureurs de la mer... Que je me quitte moi-même, que je sois métamorphosé en amour, que je meure à moi, que je vive à l'amour, que je revive encore à un nouvel amour. Toutes choses n'appellent que l'amour. O amour, amour! Tu es le cercle de mon cœur, tu en es le vêtement, tu en es les délices, ô amour, amour!... O amour, amour, amour! mon cœur se perd en toi; tu es la vie de ce cœur, tu en es l'époux! Oh! je veux mourir d'amour dans tes bras, ô mon amour!... »

« Voilà, dit l'abbé Grimes, cette magnifique poésie du pauvre mendiant poète, orateur, législateur, philosophe et apôtre à la fois, sans avoir eu le temps de rien cultiver. Tout ce qu'on peut dire est contenu dans ces paroles de saint Bernard sur le *Cantique des cantiques :* « L'amour chante dans ce cantique, et si quelqu'un « veut le comprendre, il faut qu'il aime. En vain celui « qui n'aime pas écoutera ce chant d'amour; ces dis- « cours enflammés ne peuvent être compris par une « âme froide. Cette langue est étrangère et barbare « pour ceux qui n'aiment pas, et frappe leurs oreilles « d'un son vain et stérile... »

Saint Bernard, lui aussi, dans ses discours sur le *Cantique des cantiques,* a célébré dignement les noces de l'âme avec Dieu, la large et suave blessure de l'amour; il dépeint en traits de flamme « cette épouse qui n'aime que pour aimer et être aimée, qui trouve dans le seul amour tout ce qu'elle cherche, tout ce qu'elle désire, tout ce qu'elle espère, qui ne craint plus rien, et ne doute pas plus de l'amour qu'elle inspire que de celui qu'elle ressent. »

Sainte Catherine de Sienne, qui au XIVe siècle a rempli des ambassades, pacifié des peuples, s'est fait écouter des papes et des hommes d'État, a aussi des pages touchantes sur l'amour mystique. Ayant été en danger d'être massacrée dans une émeute à Florence, elle soupirait : « Glorifions-nous dans les souffrances, sans chercher notre gloire, mais la gloire de Dieu et le salut des âmes, comme le faisaient les martyrs...; c'est avec leur sang répandu par amour du Sang, qu'ils ont fondé les murailles de la sainte Église. O doux Sang, qui ressuscites les morts ; ô Sang, tu donnes la vie, tu dissipes les ténèbres dans les esprits aveuglés des créatures raisonnables, et tu leur donnes la lumière ! Doux Sang, tu rapproches ceux qui sont séparés, tu revêts ceux qui sont nus, tu rassasies les affamés, tu désaltères ceux qui ont soif, et, avec le lait de ta douceur, tu nourris ceux qui sont petits par une humilité sincère, et innocents par une pureté véritable !... Mon cœur se fendait d'amour et de désir de sacrifier ma vie. Ce désir m'était doux et pénible ; doux parce que j'étais unie à la vérité ; pénible, parce que mon cœur souffrait de voir l'offense de Dieu et cette multitude de démons qui obscurcissaient toute la ville, et aveuglaient les intelligences... Mais le désir que j'avais de donner ma vie pour la vérité, pour la douce épouse du Christ, ne fut pas exaucé. L'éternel Époux de mon âme m'a bien trompée. Aussi je pleure parce que la multitude de mes péchés est si grande que je n'ai pu mériter que mon sang donnât la vie et la lumière à ces pauvres aveugles. Mon sang n'a pas réconcilié le fils avec le père. Mon sang n'a pas cimenté la pierre dans le corps mystique de la sainte Église... Dieu est la force suprême et éternelle. Celui qui est en la charité est en Dieu, et Dieu est en lui parce que Dieu est charité... Jetez-vous donc sans crainte à travers les épines avec le vêtement puissant de la charité. »

Et voici comment l'amour mystique est défini et célébré dans l'*Imitation*.

« C'est quelque chose de grand que l'amour, et un bien au-dessus de tous les biens. Seul il rend léger ce qui est pesant, et fait qu'on supporte avec une âme égale toutes les vicissitudes de la vie.

« Il porte son fardeau sans en sentir le poids, et rend doux ce qu'il y a de plus amer...

« L'amour aspire à s'élever, et ne se laisse arrêter par rien de terrestre...

« Rien n'est plus doux que l'amour, rien n'est plus fort, plus élevé, plus étendu, plus délicieux ; il n'est rien de plus parfait ni de meilleur au ciel et sur la terre, parce que l'amour est né de Dieu, et qu'il ne peut se reposer qu'en Dieu, au-dessus de toutes les créatures. Celui qui aime, court, vole ; il est dans la joie, il est libre, et rien ne l'arrête. Il donne tout pour posséder tout : et il possède tout en toutes choses, parce qu'au-dessus de toutes choses il se repose dans le seul Être souverain, de qui tout bien procède et découle...

« L'amour souvent ne connaît point de mesure ; mais comme l'eau qui bouillonne, il déborde de toutes parts.

« Rien ne lui pèse, rien ne lui coûte ; il tente plus qu'il ne peut ; jamais il ne prétexte l'impossibilité, parce qu'il se croit tout possible et tout permis... L'amour veille sans cesse; dans le sommeil même il ne dort point.

« L'amour est prompt, sincère, pieux, doux, prudent, fort, patient, fidèle, constant, magnanime; et il ne se recherche jamais, car dès qu'on commence à se rechercher soi-même, à l'instant on cesse d'aimer.

« L'amour est circonspect, humble et droit, sans mollesse, sans légèreté; il ne s'occupe point de choses vaines; il est sobre, chaste, ferme, tranquille, et toujours attentif à veiller sur les sens.

« L'amour est obéissant, et soumis aux supérieurs; il est vil et méprisable à ses yeux. Dévoué à Dieu sans réserve, et toujours plein de reconnaissance, il ne cesse point de se confier en lui, d'espérer en lui, lors même qu'il semble en être délaissé, parce qu'on ne vit point sans douleur dans l'amour (1). »

Dante et Pétrarque créent l'amour platonique dans

---

(1) Montalembert, qui a si bien parlé du bonheur et de l'amour mystique dans le cloître, cite ces vers de Musset :

> Cloîtres silencieux, voûtes des monastères,
> C'est vous, sombres caveaux, vous qui savez aimer ;
> Ce sont vos froides nefs, vos pavés et vos pierres,
> Que jamais lèvre en feu n'a baisés sans pâmer !...
> Trempez-leur donc le front dans les eaux baptismales,
> Dites-leur donc un peu ce qu'avec leurs genoux
> Il leur faudrait user de pierres sépulcrales,
> Avant de soupçonner qu'on aime comme vous !
> Oui, c'est un vaste amour qu'au fond de vos calices,
> Vous buviez à plein cœur, moines mystérieux !...
> Vous aimiez ardemment ! Oh ! vous étiez heureux !

la littérature moderne. Dante aime sa Béatrix comme la plus ravissante image du beau et du bon sur la terre, et toute cette chaste aventure qu'il déroule dans la *Vie nouvelle,* s'accomplit en son cœur, sans fracas d'action ; amour grave et pieux comme une religion, se confondant avec l'amour de Dieu, lui inspirant sagesse et charité, et si discret que le monde ne le devine point.

« Pour qui l'amour te fait-il ainsi souffrir ? » interrogeaient ses amis. Je les regardais en souriant, et ne répondais rien. Un jour, il arriva que la dame de mon cœur se trouva dans un lieu où se chantaient les hymnes de la Reine du ciel. J'y étais, et de ma place je regardais celle qui faisait ma joie. Entre elle et moi était assise une dame belle et gracieuse, qui tourna ses yeux sur moi, étonnée de mes regards qui paraissaient s'arrêter sur elle. Plusieurs s'aperçurent de ses mouvements, et on les remarqua si bien qu'en sortant de ma place j'entendais dire près de moi : « Voyez comme cette dame le fait souffrir d'amour ; c'est pour elle qu'il est malade. » Ils la nommèrent, et je vis qu'il s'agissait de cette dame qui était placée au milieu de la ligne qui partait de la beauté de Béatrix, et venait aboutir à mes yeux. Alors je me rassurai, voyant que mon secret n'était pas découvert, et je pensai même à me servir de cette dame pour mieux cacher la vérité. Je fis si bien en peu de temps que tous ceux qui parlaient de moi croyaient savoir quelle était celle que j'aimais... Je veux expliquer quels vertueux effets produisait le salut qu'elle m'adressait. Quand je la voyais venir de quelque côté, plein de l'espérance de recevoir un gracieux salut, je ne me souvenais plus que j'eusse des ennemis, je me sentais enflammé du feu de la charité, et j'aurais pardonné sans peine à quiconque m'eût offensé. Si, dans cet instant, quelqu'un m'eût interrogé, je n'aurais su que lui parler d'amour... Quand elle passe par les chemins, son regard donne la paix (1)... »

Béatrix ne devient ni la femme ni l'amie de Dante, elle meurt jeune, et c'est là peut-être un des plus parfaits exemples d'amour platonique, exemple d'autant plus rare que l'amoureux est en même temps le poète de son amour. Laure est mariée (2), elle aura onze enfants, et Pétrarque se vante de l'avoir aimée même après la perte de sa beauté ; elle semble moins divine, moins idéale, plus littéraire ; son amoureux confesse qu'il a aimé le corps avec l'âme. Plusieurs affirment qu'elle fut légère avec d'autres ; Blaze de Bury se demande même si, de 1341 à 1347, après seize ans de poésie, la déesse, attendrie par la gloire de son adorateur, quitta ses fières attitudes et devint une simple mortelle : il ne jurerait point, il ne parierait point, il hésite... Pétrarque alors fut aimé, mais comment ? A l'entendre, cette tendresse ne lui a inspiré aussi que sagesse et piété. « Si vos yeux pouvaient voir mon

---

(1) Ferdinand CASTETS : *Le VIe centenaire de Béatrix (1290-1890).* — Max DURAND-FARDEL : *Dante et Béatrix dans la « Vita Nuova ».* — J. PACHEU : *De Dante à Verlaine ; Études d'idéalistes et mystiques.* — Mᵐᵉ Lucie Félix-Faure a publié une remarquable étude sur *Les Femmes dans l'œuvre de Dante.*

(2) Dante était marié, et mal ; il devait d'ailleurs être parfaitement insupportable dans son intérieur.

amour, vous le verriez aussi pur que la beauté de Laure. Que dis-je ? c'est à Laure que je dois tout ce que je suis : jamais je ne serais parvenu à la moindre renommée, si son amour n'avait fait fleurir dans mon âme les germes de vertu que la nature y avait semés. C'est elle qui arracha ma jeunesse à la souillure du vice ; c'est elle qui me donna mon essor vers le ciel ; c'est elle qui me fit aimer Dieu. Par elle je devins vertueux, car l'amour métamorphose les amants et les rend semblables à ce qu'ils aiment (1)... »

Les deux amoureux se rencontrent sur les bords de la Sorgue, dans les assemblées d'Avignon et les jardins du vieux poète Sennuccio del Bene, partout, sauf au château du sire de Sade, mari de Laure de Noves. Amour infiniment littéraire, où s'amalgament les éléments les plus divers, sensualité, christianisme, fantaisie arabe, théologie aristotélique, troubadourisme, amour que d'ailleurs nous devons bénir, puisqu'il nous a valu tant de pages rayonnantes et de sonnets comme celui-ci (2) :

Que bénis soient le jour et le mois et l'année,
Le temps et la saison, et l'heure et le moment,
Que bénis soient les lieux et le pays charmant
Où, par ses deux beaux yeux, fut mon âme enchaînée !

---

(1) Le Tasse, dans la *Jérusalem délivrée*, fait dire à un amoureux : « Mais comment un miroir reproduirait-il tant de charmes ? Comment un si petit espace renfermerait-il tant de merveilles ? Le ciel peut rendre tes perfections : c'est dans les astres que tu retrouveras ton image. »

(2) BLAZE DE BURY : *Dames de la Renaissance*, p. 33.

Que bénie à jamais soit la plainte donnée
Au premier désespoir de mon égarement ;
Bénis l'arc, le carquois et la flèche empennée,
Qui m'ont enfin au cœur blessé mortellement !

Et bénis tant de cris de joie et de détresse
Où j'ai mêlé le nom de ma belle maîtresse,
Mes larmes, mes soupirs, mes vœux, ma passion !

Et bénis tous ces chants qui sont mon héritage,
Et bénis mes pensers dont, seule et sans partage,
Elle est l'honneur, la gloire et l'adoration !

Mais, pour se consoler des rigueurs de Laure, Pétrarque a la passion de la gloire, de l'étude et de la philologie, le sentiment de la nature, les salons où on l'encense : il visite les cardinaux, correspond avec les princes italiens, prépare de loin son triomphe au Capitole, s'éloigne de sa Thébaïde de Vaucluse, ou s'y mortifie entre deux sonnets ; et puis encore il entreprend de grands voyages, et séduit des jeunes filles dont plusieurs le rendent père. Entre temps, et tout en fréquentant les tyrans, il se prend d'un bel enthousiasme pour la chimère d'une république romaine, mais « son patriotisme est objet d'art comme son amour et sa vertu. » On sent trop qu'il aime la popularité, qu'il caresse l'opinion publique dans le présent et dans l'avenir. Telle est la puissance du génie qu'il efface toutes les fautes, et Pétrarque demeure à nos yeux le personnage qu'il a voulu représenter (1).

---

(1) Henry Cochin : *La Chronologie du « Canzoniere » de Pétrarque.*
— Le Bourdellès : *Études littéraires sur les grands classiques ita-*

Avec les philosophes platoniciens de l'Académie florentine des Médicis, l'amour reprend une couleur plus philosophique, plus païenne aussi, conforme aux mœurs de l'Italie du xve siècle; l'amour humain n'est plus traité en réprouvé, il redevient un des degrés qui conduisent à l'amour du beau infini. La doctrine du *Banquet* convient à merveille au génie italien, s'accorde avec le sens des arts et le culte du beau; Platon, selon le mot de Saint-Marc-Girardin, a créé aussi la philosophie des arts, en montrant le rapport qui existe entre la beauté de la forme et la beauté de l'idée : le philosophe définit le beau : « La splendeur du vrai. » Sans doute les Italiennes traduisirent à leur gré cette doctrine érudite et indulgente, en s'arrêtant trop souvent au bas de l'échelle ; mais ce n'est pas d'aujourd'hui seulement que les traductions ont mérité leur surnom de belles infidèles. Et puis, on ne saurait exiger que les théories des hommes de génie soient aveuglément respectées, puisque sans cesse les mœurs modifient les lois, puisque l'être humain demeure en quelque sorte un champ

---

liens, 1899, in-18. — Amédée DE MARGERIE : *Pétrarque.* — Marquis DE MONCLAR : *La Maison de Pétrarque à Vaucluse.* — Pieri MARIUS : *Le Pétrarquisme au XVIe siècle.* — Sur l'Italie du moyen âge et de la Renaissance, on ne saurait trop consulter les études de M. Émile GEBHART, l'écrivain délicat et profond. Voir notamment : *Études Méridionales : La Renaissance italienne et la Philosophie de l'histoire; Introduction à l'Histoire du sentiment religieux en Italie depuis la fin du XIIe siècle jusqu'au Concile de Trente; Autour d'une tiare ; Le Drame de Nicée; L'Italie mystique; Histoire de la Renaissance religieuse au moyen âge; Conteurs florentins du moyen âge ; Moines et Papes, Essais de Psychologie historique.*

clos où la fatalité et le libre arbitre, le tempérament et l'éducation, se livrent de perpétuels assauts. Beaucoup, toutefois, restaient fidèles à l'idéal platonicien tel que l'affirme Marsile Ficin lorsqu'il rappelle ces banquets solennels que Laurent de Médicis donnait à ses amis, le jour de la naissance et de la mort de Platon : « Non, ce n'est ni des philosophes Anaxagore, Damon ou Archélaüs, ni du rhéteur Prodicus, ni d'Aspasie, la maîtresse de l'éloquence grecque, ni du musicien Conus, que Platon nous annonce qu'il avait appris la doctrine de l'amour. C'est de la prophétesse Diotime, c'est d'une femme inspirée par l'esprit divin qu'il avait reçu la science, disait-il, sans doute pour montrer qu'il n'y a que l'inspiration de la divinité qui puisse faire comprendre aux hommes ce que c'est que la vraie beauté, le véritable amour, tant est grande et sainte la faculté d'aimer. Loin donc de ce banquet divin, loin d'ici, profanes qui, vautrés dans la fange de la vie terrestre, et vils esclaves de Bacchus et de Priape, avalez aux plaisirs de la terre l'Amour, cet esprit des cieux ! Mais vous, chastes compagnons qui, livrés au culte de Diane et de Minerve, jouissiez de la liberté des purs esprits et de la joie éternelle de l'âme, venez et écoutez avec un zèle respectueux les mystères divins que Diotime a révélés à Socrate ! »

Et, je ne sais pourquoi, cette page réveille en ma mémoire les aimables vers de Legouvé dans le *Mérite des Femmes.*

C'est la pure amitié, tendre sans jalousie.
Des hommes qu'elle enchaîne elle charme la vie,

Mais auprès d'une femme elle a plus de douceur ;
C'est alors que d'amour elle est vraiment la sœur,
C'est alors qu'on obtient ces soins, ces préférences,
Ces égards délicats, ces tendres complaisances,
Que les hommes entre eux n'ont jamais qu'à demi.
On a moin·, qu'une amante, on a plus qu'un ami.

Michel-Ange et Vittoria Colonna, marquise de Pescaire, nous fournissent un des plus beaux exemples de l'amour platonique, *amor intellectualis,* dira Spinoza. A la mort de son mari (1525), se trouvant seule et sans enfants, la marquise voulut prendre le voile, mais Clément VII s'y opposa, et la belle veuve dut se contenter de prodiguer sa fortune aux malheureux, « étoile de paix en ce siècle troublé, » de chanter sa douleur et celui qu'elle avait tant aimé. « Sa vie fut l'aliment de ma faible vie ; pour lui j'étais née, à lui j'appartenais. Pourquoi ne suis-je pas morte pour lui ? » Neuf ans plus tard, lorsqu'elle rencontre Michel-Ange (1536), elle a quarante-quatre ans, et l'artiste en a soixante-deux : cet âge sans doute rend plus facile l'amour idéal, mais un homme comme Michel-Ange avait la verte vieillesse des patriarches. « Leur sublime s'amalgama ; » il ne lui baisa jamais que la main, la plupart de ses poésies lui sont dédiées, l'art et Dieu demeurent leurs intermédiaires (1); tous les jours il lui rend visite au couvent

---

(1) Voir l'étude si éloquente de M. Émile OLLIVIER : *Michel-Ange,* 1 vol. in-18, Garnier. — Anatole DE MONTAIGLON : *Vie de Michel-Ange.* — RACZYNSKI : *Les Arts en Portugal.* — Cesare CANTU : *Erettei d'Italia.* — Pierre DE BOUCHAUD : *Michel-Ange à Rome.*

des Bénédictines de Sainte-Anne où elle s'établit en 1544, où elle écrit ses derniers vers.

« On se prend, dit Blaze de Bury, à songer à l'Abbaye-aux-Bois. Non point qu'il y ait sujet à comparer Chateaubriand à Michel-Ange, ou l'aimable Mme Récamier à l'illustre personne qui fait si grande figure dans la Renaissance italienne ; mais si vous cessez de vous occuper des proportions, si vous élargissez ou diminuez le cadre selon les besoins de l'optique, n'est-ce pas des deux côtés la même solitude, le même écœurement dans le présent, la même nostalgie du passé, de ses agitations, de ses triomphes, de ses déceptions, et, disons tout, le même rabâchage de la vie au bord de la tombe (1) ?... » Vittoria n'avait jamais perdu le goût des nobles conversations, et Polo, Contarini, Sadolet, Bembo, avaient joui de son amitié. Le cardinal Polo dissipa les fantômes d'incrédulité, confondit les objections de Ferrare, et, la tirant « d'un chaos d'ignorance, lui procura une telle plénitude de sérénité qu'elle oubliait toutes ses misères ; il lui avait appris à lire dans le grand livre toujours ouvert de la Croix. » Elle le

---

(1) Aux poésies assez médiocres de Michel-Ange, je préfère ses bons mots, parfois féroces. Un jour, par exemple, il dit à un statuaire : « C'est une vraie pitié que ta Pitié ! » Ou bien encore il charge le fils de Francesco Francia de ce message : « Dis à ton père de ma part que les enfants qu'il fait sont mieux que ceux qu'il peint. » Et son propos sur Titien : « C'est un coloriste ; mais quel dommage qu'il ne sache pas dessiner ! » Il est vrai qu'il rendit hommage au chef-d'œuvre de Ghiberti : « Ces portes-là mériteraient d'être les portes du paradis. » Sa franchise n'épargnait personne.

suit à Viterbe en 1541, ne pouvant plus vivre loin de son guide spirituel, et c'est de là qu'elle écrit à Michel-Ange cette lettre qui fait si bien la lumière sur la nature de leurs relations calomniées, comme le furent et le sont les plus belles vies, les vérités les plus pures. « Messer magnifico, si nous continuions à nous écrire ainsi que votre courtoisie m'en ferait un devoir, je devrais renoncer à me trouver à la chapelle aux heures fixes avec les Sœurs de Sainte-Catherine, et vous devriez cesser de vous rendre dès avant le jour dans la chapelle de Saint-Paul, interrompre vos douces conversations avec vos peintures, qui, par leur naturel accent, ne vous parlent pas moins que les personnes vivantes dont je suis entourée. Et ainsi nous manquerions, moi aux épouses du Christ, et vous à son vicaire... Sachant combien notre amitié est solide, et combien notre affection liée par un nœud chrétien est sûre *(stabile amicizia in nodo cristiano ligata)*, je ne me sens pas pressée de provoquer par mes lettres l'expression de vos sentiments. Il me suffit d'attendre avec une âme toujours prête l'occasion substantielle de vous servir, et je prie ce Dieu, dont vous m'avez parlé avec un cœur si humble et si ardent à mon départ de Rome, qu'il me fasse vous retrouver à mon retour, avec son image renouvelée et aussi vivante que vous l'avez dépeint dans la *Samaritaine* dont vous m'avez fait don... »

Vittoria Colonna revint à Rome après le départ de Polo pour Trente; sa santé, depuis longtemps altérée par les jeûnes et le chagrin, ne put résister au mal qui

la consumait, et, au commencement de 1547, elle termi-
nait une existence qui « parmi bien des larmes amères,
en avait eu quelques douces. » Elle léguait dix mille
écus à Polo, mais ne nommait pas Michel-Ange dans
son testament, non plus que dans ses poésies. La douleur de celui-ci fut profonde : « La mort, écrit-il, la
mort m'a pris un grand ami. » *Uno grande amico*, un
ami ; *une amie* eût pu paraître équivoque. Le *grand
ami* avait à son actif un autre titre d'honneur ; une des
premières parmi les femmes célèbres, dans un siècle
tumultueux, passionné, où les luttes religieuses incen-
diaient les âmes, elle épousa les idées de Polo, de Contarini, prêcha la conciliation, défendit la tolérance.

En étudiant les *Amadis*, l'*Astrée*, l'*Hôtel de Rambouillet*, le *Salon de Mlle de Scudéry*, j'ai déjà essayé
de préciser quelques-uns des caractères de l'amour aux
XVIe et XVIIe siècles (1). L'amour platonique ou quasi
platonique y tient un rang assez honorable ; il a, lui
aussi, ses nuances, ses catégories, son absolu et son
relatif ; ses romanciers, Honoré d'Urfé, Mme de La
Fayette ; ses orateurs de salon, un Voiture, un chevalier de Méré, un marquis de Sourdis ; ses protagonistes,
Julie d'Angennes, la comtesse de Maure, la marquise
de Sablé, la marquise de Sévigné, la comtesse de

---

(1) *La Société française du XVIe au XXe siècle*, 3 vol., Perrin. —
Voir aussi : *Les Causeurs de la Révolution ; Orateurs et Tribuns ;
Le Prince de Ligne et ses Contemporains ; La Comédie de Société au
XVIIIe siècle ; La Société française avant et après 1789*, 5 vol. in-18,
Calmann-Lévy.

Brégis ; des philosophes et des moralistes, tels que la reine de Navarre dans ses *Prologues,* Descartes, Pascal, La Rochefoucauld. Et l'on pourrait peut-être lui appliquer cette pensée d'Ernest Renan : « Le beau et le laid, le bien et le mal, le juste et l'injuste, le vrai et le faux, se confondent les uns dans les autres par des nuances presque aussi indiscernables que celles du cou d'une colombe : » de même, par des gradations infinies, presque aussi subtiles, se confondent l'amour mystique et l'amour platonique, l'amour chevaleresque, l'amour cornélien, l'amour précieux. Pour faire court, je serais tenté de proposer quatre divisions dans l'amour platonique :

1° L'amour platonique des jeunes filles, qui a le charme divin de l'innocence et du printemps ;

2° L'amour platonique littéraire, celui que décrivent romanciers et historiens, et qui en somme reflète les mœurs, les sentiments de leur époque ;

3° L'amour platonique de conversation, ou par lettres, celui que glorifièrent les précieuses de l'hôtel de Rambouillet, par une sorte de protestation muette contre les désordres de la Cour ;

4° L'amour quasi platonique, ou amour de buste, un amour moins éthéré qui trouve son explication dans le mot d'une grande dame d'antan : « Pour vertueuses de la ceinture aux pieds, beaucoup d'entre nous le sont ; mais pour vertueuses de la ceinture à la tête, celles-là sont plus rares. » Il s'agit donc d'une chasteté limitée par ce que nos aïeux nommaient plaisamment *la petite oie ;* la petite oie, c'est-à-dire les abatis, tout ce qui n'est qu'accessoire dans la personne. « Il n'en eut que la *petite oie,* » lisons-nous dans les mémoires du temps. Et dans un portrait en contre-vérité : « Je n'abandonne jamais les dehors que quand je suis résolue à rendre la place, et si je donne la petite oie, je donne l'habit en même temps. » (Le terme s'applique aussi aux accessoires de la toilette : nœuds, gants, rubans, galants.)

Et j'entends bien que les très nombreuses admiratrices de la politique du tout ou rien vont se récrier, en appeler aux principes, déclarer qu'en pareille matière on ne peut être à la fois oiseau et souris, du parti de la Ligue et du parti du roi. Mais quoi ? Les peuples, les individus, les sentiments, ne vivent-ils pas aussi de compromis, de concordats ? Tout être humain n'a-t-il pas dans le cœur un casuiste qui sommeille, et ne voyons-nous point, par la lecture de certains théologiens, que la casuistique religieuse admet des nuances infiniment délicates ? Vous voulez enchaîner les hommes à votre char de triomphe, les empêcher de déserter votre salon, votre intimité ! Et tout cela sans donner des arrhes, en pratiquant éternellement le système du bec dans l'eau ? Point de festin, soit, répondront-ils, et ce sont les meilleurs, mais laissez-nous goûter aux hors-d'œuvre ! Vous savez pourtant bien que vous ne pouvez les retenir indéfiniment par l'espérance, qu'il faut entrer dans la voie des concessions, trouver un juste milieu entre les bienséances, la coquetterie et la pudeur, cette belle vertu que Duclos calomniait en affirmant qu'on l'attache le matin sur soi avec des épingles. Mais d'entendre des déclarations, de rechercher la délicieuse sensation de cette prière muette qu'un sexe adresse continuellement à l'autre, n'est-ce pas l'exorde du péché, et comme une provocation déguisée pour attirer l'homme sur ce terrain glissant, dans cette oasis charmante où il est si difficile d'entrer, dont il est si facile de sortir ? Oui, le seul fait d'aimer la toilette, de se décolleter, d'aller dans le monde, est une sorte d'invite à l'amour, et l'on mérite peu ou prou l'apostrophe d'une vieille marquise à cette jolie femme qui, devant plusieurs de ses admirateurs, célébrait l'amour platonique dont faisaient profession les anciens preux pour les dames de beauté : « Votre robe n'est guère montante, ma chère enfant, vos fraîches épaules sont bien en vue, et vos beaux bras bien nus pour le prêche que vous adressez à ces messieurs. Quand on veut laisser jeûner les gens, on ne fait rien pour les mettre en appétit. » Montrer de l'indulgence, ranger parmi les variétés de l'amour platonique celui qui, malgré la passion de l'homme, grâce à la pudeur de la femme, s'en tient aux prémices, s'arrête devant la conclusion, me paraît donc une solution juste et raisonnable. Et c'est dans cet esprit que je voudrais trancher cette question posée, paraît-il, par un évêque anglais à une congrégation romaine : Le flirt, tel qu'il existe dans la société anglaise et dans la société élégante du monde entier, doit-il être réprouvé ou toléré ? Convient-il d'accorder ou de refuser les sacrements aux fidèles qui avouent avoir flirté, et déclarent avoir l'intention de persévérer dans cet exercice, sous le prétexte de son innocence, de son platonisme (1)?

Il convient aussi de rendre grâce aux poètes en prose ou en vers, qui ont idéalisé l'amour; par eux, l'amour devient un alchimiste qui découvre sans cesse la pierre philosophale et convertit de simples cailloux en diamants; par eux, la puissance de l'amour est dans son bandeau. Sachons gré à ces amoureux qui entassent Pélion sur Ossa pour plaire à la dame de leurs pensées, qui sur un mot d'elle se désespèrent ou voient s'entr'ouvrir le Paradis. Il ne me déplaît nullement de noter certains raffinements de galanterie : ces gentilshommes qui, avant de porter leurs bas de soie, priaient leurs dames de s'en servir d'abord quelque temps, — celui qui reste muet deux ans à la Cour, parce que celle qu'il adore le lui a commandé, — ce troisième qui boit toute l'eau d'un bénitier parce que sa maîtresse y a trempé le bout de ses doigts, — ce duc de Lorraine qui, épris de Marie de Hautefort, délivre deux prisonniers français avec ces mots : « Je ne veux pour votre rançon que l'honneur de savoir que vous avez baisé de ma part la robe de Mlle de Hautefort. » N'oublions jamais le mot de Pascal qui, lui aussi, nourrit un amour platonique pour la sœur de son ami le duc de Roannez. Mais Pascal, bien qu'il appartînt à la grande bourgeoisie, ne pouvait épouser

---

(1) M. Jean de Bonnefon qui est plein d'esprit et de talent a écrit sur ce thème des pages très savoureuses.

une personne d'un tel rang ; il ira à Dieu en 1654 et conseillera à Mᴵˡᵉ de Roannez de l'imiter. Elle entra comme novice à Port-Royal en 1657, mais vers 1667, cinq ans après la mort de Pascal, elle en sortit pour épouser le duc de La Feuillade. Dans le *Discours de Pascal sur les passions de l'amour,* on sent frémir ce cœur si tendre auquel son trouble dicte des pages d'une divination pénétrante : il va au plus profond du mystère, analyse en traits immortels la métaphysique du sentiment, s'élève sans effort aux idées générales en partant d'une réalité toute saignante.

...« Celui qui aime une personne à cause de sa beauté l'aime-t-il ? Non ; car la petite vérole qui tuera la beauté sans tuer la personne fera qu'il ne l'aimera plus. On n'aime donc jamais une personne, mais seulement ses qualités.

« Qui voudra connaître à plein la vanité de l'homme n'a qu'à considérer les causes et les effets de l'amour. La cause en est *un je ne sais quoi,* et les effets en sont effroyables. Ce je ne sais quoi, si peu de chose qu'on ne peut le reconnaître, remue toute la terre, les princes, les armées, le monde entier. Le nez de Cléopâtre, s'il eût été plus court, toute la face de la terre aurait changé.

« Nous naissons avec un caractère d'amour dans nos cœurs, qui se développe à mesure que l'esprit se perfectionne, et qui nous porte à aimer ce qui nous paraît beau, sans que l'on nous ait jamais dit ce que c'est. Qui doute après cela si nous sommes au monde pour autre chose que pour aimer ?

« Chacun a l'original de sa beauté dont il cherche la copie dans le grand monde.

« Aimer se fait sans qu'on y pense ; l'esprit s'y porte de soi-même ; la nature le veut, elle le commande. Il faut pourtant avouer que c'est une misérable suite de la nature humaine, et que l'on serait plus heureux si l'on n'était pas obligé de changer de pensée : mais il n'y a point de remède.

« Le plaisir d'aimer sans l'oser dire a ses peines, mais il a aussi ses douceurs.

« Dans l'amour, on n'ose hasarder parce que l'on craint de tout perdre : il faut pourtant avancer, mais qui peut dire jusques où ?... Il n'y a rien de si embarrassant que d'être amant et de voir quelque chose en sa faveur sans l'oser croire ; l'on est également combattu de l'espérance et de la crainte...

« Quand on aime fortement, c'est toujours une nouveauté de voir la personne aimée. Après un moment d'absence, on la trouve de manque dans son cœur. Quelle joie de la retrouver ! L'on sent aussitôt une cessation d'inquiétudes... La vie de tempête surprend, frappe et pénètre.

« Le premier effet de l'amour est d'inspirer un grand respect. L'on a de la vénération pour ce que l'on aime... Il semble que l'on ait toute une autre âme quand on aime... On s'élève par cette passion et l'on devient toute grandeur. A mesure qu'on a plus d'esprit, les passions sont plus grandes... L'amour n'a point d'âge, il est toujours naissant... Le cœur a ses raisons que la raison ne connaît point... »

N'est-il pas piquant de constater que deux des plus purs exemples d'amour spiritualisé au xviie siècle soient donnés par le fils de Henri IV, père de Louis XIV? La beauté, la modestie, la candide vertu, l'âme héroïque de Mlle de Hautefort, touchent d'abord Louis XIII, qui prend plaisir à causer avec elle et la place comme fille d'honneur auprès d'Anne d'Autriche : bientôt elle inspire tant de sympathie à la reine, qu'elle devient sa confidente et reste celle du roi. Après les parties de chasse, il se met dans le carrosse de la Grande Mademoiselle avec elle, et les entretient agréablement de toutes choses; le roi compose même des morceaux de musique avec les paroles dont le sujet « n'était jamais que de Mlle de Hautefort. » On sait l'anecdote du billet: un jour qu'il entre à l'improviste chez la reine, Mlle de Hautefort tenait un billet; il la prie de le lui remettre, elle refuse et le cache dans son sein ; la reine, en riant, lui prend les deux mains, et dit au roi d'aller le chercher où il était. Louis XIII, n'osant se servir de ses mains, s'empare des pincettes d'argent qui étaient près du feu, mais elle avait mis le billet trop avant, il ne put l'atteindre. Cette passion innocente n'allait pas sans quelque jalousie : que Mlle de Hautefort n'aimât personne, cela ne suffisait pas encore ; Louis XIII aurait voulu que personne ne l'aimât, ne lui parlât, ne la regardât même avec attention. De là des petites brouilles dont toute la Cour se ressentait ; Mlle de Hautefort, sensible aux hommages du roi, n'avait aucun goût pour lui et le maltraitait de son mieux. « C'était, dit Mademoiselle, une mélancolie qui refroidissait tout le monde, et pendant ce chagrin le roi passait la plus grande partie du jour à écrire ce qu'il avait dit à Mlle de Hautefort, et ce qu'elle lui avait répondu : chose si véritable, qu'après sa mort on a trouvé dans sa cassette de grands procès-verbaux de tous les démêlés qu'il avait eus avec ses maîtresses, à la louange desquelles on peut dire, aussi bien qu'à la sienne, qu'il n'en a jamais aimé que de très vertueuses (1). » Plus le temps marchait, plus Mlle de Hautefort se dévouait à la reine délaissée, persécutée, et c'est en vain que Louis XIII essaya de la détacher d'elle ; il finit par prophétiser : « Vous aimez une ingrate, et vous verrez un jour comme elle payera vos services. » En même temps, Mlle de Hautefort dédaignait les avances de Richelieu qui voulait la mettre dans ses intérêts : on ne peut tourner plus noblement le dos à la fortune.

Louis XIII essaya de se consoler ou de se venger, en portant ses platoniques hommages à une autre fille d'honneur, Louise-Angélique de La Fayette, dont la beauté brune n'était pas si éclatante que la beauté blonde de Mlle de Hautefort, mais qui avait cependant beaucoup d'agréments, avec un jugement droit, de la fermeté, un cœur tendre et une piété sincère : elle aima le roi comme un frère pendant deux ans, et, se

---

(1) « L'amour du roi n'était pas comme celui des autres hommes, car il aimait une fille sans dessein d'en avoir aucune faveur, et vivait avec elle comme avec un ami ; tellement que, quoiqu'il ne soit pas incompatible d'avoir ensemble une maîtresse et un ami, à son égard cela se pouvait accorder, parce que sa maîtresse était son unique ami et une confidente à laquelle il soumettait tous les mouvements de son cœur. » (MONGLAT, I, p. 238.)

trouvant à son aise avec une femme pour la première fois, celui-ci laissa paraître enfin ses qualités très réelles. Un jour cependant, il se départit de sa réserve accoutumée, et, vaincu par la passion, pressa Mlle de La Fayette d'agréer qu'il la mît à Versailles pour y vivre sous ses ordres et y être toute à lui. Cette démarche effraya si fort la jeune fille qu'elle songea à entrer en religion ; d'ailleurs, à l'exemple de Mlle de Hautefort, elle n'avait cessé d'encourager le roi à se réconcilier avec la reine et à secouer la domination du cardinal. Celui-ci n'était pas homme à ne pas se défendre, il attisa les pieux scrupules des amoureux, et, après mainte lutte, Mlle de La Fayette entrait en 1631 au couvent des Filles de Sainte-Marie de la Visitation : elle fit profession le 28 juillet 1638 (1).

Quant à Mlle de Hautefort, après avoir rendu à la reine des services trop grands pour que celle-ci pût faire mentir la prédiction de Louis XIII, après une nou-

---

(1) Il faut citer ici une excellente page de M. Louis Batiffol dont les études ont fortement contribué à ébranler les légendes accréditées par les dramaturges, voire par certains historiens et essayistes, sur Louis XIII (*Revue de Paris*, septembre 1901) : « Pauvre petit Dauphin, travaillé par des contradictions de nature, que l'éducation ne sait pas corriger, bientôt sa mère sera la maîtresse de ses destinées ; il ne trouvera chez elle qu'indifférence blessante, égoïsme odieux, puis agitation vaine ou criminelle. Né réservé et contenu, pudique, le milieu libre et désordonné où il vivra offensera tous ses goûts. Il ne trouvera personne près de lui pour le comprendre : mère, femme, frère, amis, favoris, il ne verra qu'intérêts personnels, ambitions froides, trahisons ou sarcasmes, et il en aura un haut-le-cœur, un dégoût de tout et de tous. Malade, obligé de se faire aider pour gouverner l'État, ayant la bonne fortune de rencontrer le plus parfait génie politique que le royaume ait vu, l'appréciant, le gardant, il se verra accusé

velle reprise d'amitié émue avec celui-ci, après avoir repoussé les vœux des plus grands seigneurs français et étrangers, elle fait la guerre à Mazarin comme elle avait tenu tête à Richelieu (car son cerveau se confondait avec son cœur, et son âme était toute cornélienne) ; adorée de cette cour de Louis XIII que Victor Cousin appelle : le paradis de la beauté, elle épouse en 1646 le maréchal duc de Schomberg, mène désormais une vie paisible, et meurt en 1691, à l'âge de soixante-quinze ans. Elle mérite d'être rangée parmi les saintes laïques du siècle. Au temps de sa disgrâce, Benserade lui avait adressé des stances assez belles :

> Votre âme, qui n'est pas de la trempe commune,
> Et dont les mouvements sont sublimes et droits,...
> Fait aussi peu de cas du vent de la Fortune
> Que des soupirs des Rois.

---

d'être son jouet, dans le moment même où Richelieu ne sait pas le matin s'il ne sera pas en disgrâce le soir. Roi de volonté froide, d'énergie appliquée, et de fermeté inexorable, il décidera la plupart des rigueurs de son règne, et, la robe du cardinal emportant tout le rouge du sang, Louis XIII passera pour un roi débile auquel le ministre omnipotent a dicté ses vengeances. Prince actif, laborieux, annotant les dépêches, faisant le détail de toutes les troupes, donnant son sentiment sur chaque chose, montant à cheval, guerroyant courageusement sans crainte des fatigues comme pas un des Bourbons après son père, il sera jugé un homme médiocre et plat, sans valeur, à peine roi, à peine un homme, incolore symbole, ou, comme dit le poète, « pâle lanterne dont l'Éminence est le flambeau. » Héroard raconte que, parfois, le petit Dauphin, abandonnant son monde, se retirait à l'écart, immobile et mélancolique. Il pressentait peut-être les tristesses et les bizarreries de sa vie ! »

Et, dans la *Vie manuscrite* de la duchesse, on trouve ce sonnet à peu près copié sur l'épitaphe d'Élisabeth Ranquet par Corneille :

Ne verse point de pleurs sur cette sépulture,
De l'illustre Hautefort le tombeau précieux,
Où gît de son beau corps la cendre toute pure ;
Mais sa rare vertu vit encore en ces lieux.

Avant que de payer ses droits à la nature,
Son esprit s'élevant d'un vol audacieux,
Allait au Créateur unir la créature,
Et, marchant sur la terre, elle était dans les cieux.

Passant, qu'à son exemple un beau feu te transporte,
Et, loin de la pleurer d'avoir perdu le jour,
Crois qu'on commence à vivre en mourant de la sorte.

Les pauvres bien mieux qu'elle ont senti sa richesse ;
Ne chercher que Dieu seul fut sa seule allégresse,
Et son dernier soupir fut un soupir d'amour.

Une peinture admirable de l'amour platonique nous est présentée par Mᵐᵉ de La Fayette dans *la Princesse de Clèves*, le plus beau roman du XVIIᵉ siècle, non parce que le nom de Dieu n'y est pas une seule fois prononcé, comme l'ont remarqué avec satisfaction les partisans des doctrines positivistes (1), mais parce que, à travers une trame plutôt gauche et des défauts de composition assez apparents, Mᵐᵉ de La Fayette a introduit la pre-

______

(1) Il paraît aussi que le nom de Dieu n'est pas une seule fois écrit dans le *Livre d'Esther*, qui cependant est canonique.

mière le naturel dans le roman, et, avec le naturel, la simplicité noble et la sobriété parfaite du style. Aux romans d'aventure, aux prolixes ouvrages de d'Urfé, Gomberville, La Calprenède, Scudéry, elle a substitué le roman psychologique, le roman des gens de bonne compagnie, le roman de la femme mariée. Comme le remarque M. d'Haussonville dans sa brillante étude, « cette femme spirituelle et tendre, joignant un jour l'expérience de son cœur aux rêves de son imagination, en a su tirer cette œuvre de vérité. » Elle a résumé sans doute en une seule plusieurs aventures de cœur, et son livre donne la sensation exacte de la vie mondaine et de certains salons, ceux par exemple de Mme Henriette d'Angleterre, de la duchesse de Longueville après sa pénitence, de la marquise de Sablé ou de la comtesse de Maure. Peut-être aussi Mme de La Fayette pensait-elle à Mlle du Vigean, qui, aimant Condé et ne pouvant l'épouser, entra aux Carmélites, — Mlle du Vigean célèbre pour sa beauté à l'égal de Mlle de Boutteville et de Mlle de Bourbon, si fêtée à la cour de Chantilly, au temps où Voiture la chantait :

> Sans savoir ce que c'est qu'amour,
> Ses beaux yeux le mettent au jour,
> Et partout elle le fait naître
> Sans le connaître.

De 1640 à 1644, Condé l'aima d'une respectueuse et tendre amitié ; et cela alla même au point qu'il chercha à rompre son mariage avec Claire de Maillé-Brézé, nièce du cardinal de Richelieu : Rocroy, Thionville,

Nordlingen, combattaient pour lui, et il avait mis sa mère dans ses intérêts ; mais son père s'opposa à ses désirs, pour ne pas laisser échapper la succession du cardinal, et Mazarin, Anne d'Autriche, refusèrent d'y donner les mains.

Et comme tout, dès lors, finissait par des chansons, on fit ces deux couplets sur la prise de voile de cette jeune fille qui, repoussant plusieurs partis brillants, s'ensevelissait dans un couvent, en pleine fleur de beauté et de jeunesse.

> Lorsque Vigean quitta la Cour,
> Les Jeux, les Grâces et les Amours
> Entrèrent dans le monastère.
> Laire la laire lan lère
> Laire la laire lan la.
>
> Les Jeux pleurèrent ce jour là ;
> Ce jour la beauté se voila,
> Et fit vœu d'être solitaire.
> Laire la laire lan lère
> Laire la laire lan la.

Tout dans le style et les sentiments de la *Princesse de Clèves* est en nuances, l'aveu lui-même, lorsque la princesse ne peut plus cacher au duc de Nemours qu'elle l'aime : « Je ne vous dirai point que je n'ai pas vu l'attachement que vous avez eu pour moi ; peut-être ne me croiriez-vous pas quand je vous le dirais ; je vous avoue donc non seulement que je l'ai vu, mais que je l'ai vu tel que vous pouvez souhaiter qu'il m'ait paru. » Sa probité scrupuleuse se reproche les émotions les plus fugitives ; « la Monime de Racine a moins de pudeur et de générosité. » Elle en vient à recourir à son mari contre elle-même, bien qu'elle n'ait jamais été tentée de faillir, et dans cette confession si singulière elle garde une modestie charmante. « Eh bien ! Monsieur, soupire-t-elle en s'inclinant à ses genoux, je vais vous faire un aveu qu'on n'a jamais fait à son mari, mais l'innocence de ma conduite et de mes intentions m'en donne la force. Il est vrai que j'ai des raisons de m'éloigner de la Cour, et que je veux éviter les périls où se trouvent quelquefois les personnes de mon âge. Je n'ai jamais donné nulle marque de faiblesse, et je ne craindrais pas d'en laisser paraître si vous me laissiez la liberté de me retirer de la Cour, ou si j'avais encore Mme de Chartres pour m'aider à me conduire. Quelque dangereux que soit le parti que je prends, je le prends avec joie pour me conserver digne d'être à vous. Je vous demande mille pardons : si j'ai des sentiments qui vous déplaisent, du moins je ne vous déplairai jamais par mes actions. Songez que, pour faire ce que je fais, il faut avoir plus d'amitié et plus d'estime pour un mari que l'on n'en a jamais eu. Conduisez-moi, ayez pitié de moi, et aimez-moi encore si vous pouvez. » Son mari malgré tout devient jaloux, tombe malade de chagrin, et meurt rassuré sur la fidélité de la princesse qui repousse le duc de Nemours lorsqu'il vient demander sa main, et termine dans la dévotion la plus austère une existence brisée par le chagrin et le repentir. Là-dessus M. Anatole France conclut avec plus d'esprit que de justesse, ce me semble, que cette héroïne met la vertu à bien haut prix, puisqu'elle ne croit pas la payer trop cher de la mort d'un mari et du désespoir de deux amants.

Donc Mme de La Fayette a fait là une demi confession à la troisième personne ; dans son admirable vie *d'Henriette d'Angleterre*, elle raconte une autre histoire de cœur, un amour platonique, celui de la charmante princesse avec, avec... le personnage le moins platonique du monde, avec son beau-frère le roi Louis XIV. Chose plus étrange encore, c'est Mme Henriette qui elle-même pousse son amie, sa confidente, à écrire cette aventure ; elle se la fait lire au fur et à mesure, ajoute plusieurs pages de sa main. Histoire très incomplète sans doute, où l'auteur ne dit pas tout ce qu'il sait, ne dit que ce qu'il veut ; où la réalité du sentiment s'idéalise d'autant plus qu'il s'agit de justifier une situation fort scabreuse. Elle était d'une coquetterie intrépide, cette princesse ; elle avait la beauté du diable ; avec une épaule un peu plus forte que l'autre, elle s'y prit si bien qu'on la vanta pour sa belle taille. Elle se croyait née *le jour où elle fut aimée pour la première fois,* et l'on eût dit qu'elle s'appropriait les cœurs, au lieu de les laisser en commun. « Il semblait qu'elle demandât l'amour, quelque indifférente chose qu'elle pût dire. Ses regards signifiaient tout ce qu'elle voulait, et elle voulait toujours plaire. » Accordons-lui cependant le bénéfice de sa déclaration à son mari, à son lit de mort : « *Je ne vous ai jamais manqué, Monsieur,* » — et rangeons, puisqu'elle l'affirme solennellement, Guiche, Vardes, parmi les amants platoniques, ceux de la quatrième catégorie, j'imagine. Il est vraisemblable en effet qu'il n'y eut pas plus de faute grave dans son fait que dans celui de Marie-Antoinette.

Voici quelques lignes du récit de Mme de La Fayette :

« Monsieur et Madame s'en allèrent à Fontainebleau (1661). Madame y porta la joie et les plaisirs... Le roi s'attacha fort à elle et lui témoigna une complaisance extrême. Elle disposait de toutes les parties de divertissements, elles se faisaient toutes pour elle, et il paraissait que le roi n'y avait de plaisir que par celui qu'elle en recevait... Je crois qu'elle lui plut d'une autre manière que comme belle-sœur, je crois aussi qu'elle pensa qu'il ne lui plaisait que comme un beau-frère, quoiqu'il lui plût peut-être davantage ; mais enfin, comme ils étaient tous deux infiniment aimables..., qu'ils se voyaient tous les jours au milieu des plaisirs et des divertissements, il parut bientôt à tout le monde qu'ils avaient l'un pour l'autre cet agrément qui précède d'ordinaire les grandes passions. »

Et un peu plus loin :

« Madame vit avec chagrin que le roi s'attachait véritablement à La Vallière. Ce n'est peut-être pas qu'elle en eût ce qu'on peut appeler de la jalousie, mais elle eût été bien aise qu'il n'eût pas eu de véritable passion, et qu'il eût conservé pour elle une sorte d'attachement qui, sans avoir la violence de l'amour, en eût eu la complaisance et l'agrément... »

Nous voilà en pleine amitié amoureuse, et, le plus rare, c'est que Louis XIV s'en accommode pendant quelques mois. Encore fallut-il que, même dans une équipée sentimentale, ce prince visât la personne à laquelle il eût dû le moins songer, sa propre belle-sœur, comme s'il voulait détruire le caractère de cette incursion dans l'idéal par l'addition d'un ragoût demi incestueux : d'ailleurs le rôle d'amoureux transi ne lui seyait guère, il ne tarda pas à jouer un tout autre personnage auprès de La Vallière, semblable à ce libertin qui réclamait le droit de prendre une femme pour la morale, une amie pour le plaisir. Plus heureux que son aïeul Henri IV, auquel Marguerite de Navarre rendit « pain blanc pour fouace et fève pour pois, » il eut l'amour des dames les plus belles et parfois les plus spirituelles de son temps, et personne n'osa prendre de sa femme le même soin qu'il prenait de celle des autres.

Il va de soi que la théorie de l'amour platonique a été battue en brèche, et par l'artillerie du raisonnement et par l'arme légère de la plaisanterie, et par des grands seigneurs et par des gens de lettres, par les prédicateurs, par les épicuriens, par les parangons de morale, ceux qui se piquent de vertu rigoriste, de *vertu diablesse,* comme dit Molière. De notre temps aussi, la querelle continue de diviser les beaux esprits, et il me souvient d'avoir entendu l'un d'eux soutenir qu'il n'y a pas de milieu entre le mariage et l'amour mercenaire, terminer sa paradoxale improvisation en portant plaisamment un toast à la débauche ! « Ménagères ou courtisanes ! s'écrie Proudhon, pas de milieu ! » Saint-Évremond fait en ces termes le procès de l'amitié amoureuse et de ses zélatrices :

...« On dit un jour à la reine de Suède que les précieuses étaient les *Jansénistes de l'Amour*, et la définition ne lui déplut pas. L'amour est encore un dieu pour les précieuses. Il n'excite pas de passion en leurs âmes, il y forme une espèce de religion. Mais, à parler moins mystérieusement, le corps des précieuses n'est autre que l'union d'un petit nombre de personnes, où quelques-unes, véritablement délicates, ont jeté les autres dans une affectation de délicatesse ridicule.

« Ces fausses délicates ont ôté à l'amour ce qu'il a de plus naturel, pensant lui donner quelque chose de plus précieux. Elles ont tué une passion toute sensible du cœur à l'esprit, et converti des mouvements en idées. Cet épurement si grand a eu son principe d'un dégoût honnête de la sensualité, mais elles ne se sont pas moins éloignées de la véritable nature de l'amour, que les plus voluptueuses ; car l'amour est aussi peu de la spéculation de l'entendement que de la brutalité de l'appétit. Si vous voulez savoir en quoi les précieuses font consister leur plus grand mérite, je vous dirai que c'est à aimer tendrement leurs amants sans jouissance, et à jouir solidement de leurs maris avec aversion. »

Saint-Évremond raille l'amour, même lorsqu'il se réfugie dans la religion.

« La dévotion fera retrouver quelquefois à une vieille des délicatesses de sentiment et des tendresses de cœur, que les plus jeunes n'auraient pas dans le mariage ou dans une galanterie usée. Une galanterie nouvelle plaît en tout jusqu'à parler des vieux péchés dont on se repent ; car il y a une douceur secrète à déserter ce qui en a déplu et à rappeler ce qu'ils ont eu d'agréable.

« Ce n'est donc point ce qui plaisait qu'on quitte en changeant de vie ; c'est ce qu'on ne pouvait plus souffrir. Il y a peu de conversions où l'on ne sente un mélange secret de la douceur du souvenir et de la douleur de la pénitence.

« Il y a quelque chose d'amoureux au repentir d'une passion amoureuse.

« J'en ai connu qui faisaient entrer dans leur conversion le plaisir du changement ; j'en ai connu qui, se dévouant à Dieu, goûtaient une joie malicieuse de l'infidélité qu'elles pensaient faire aux hommes.

« Pour quelques-unes, Dieu est un nouvel amant qui les console de celui qu'elles ont perdu ; en quelques autres, la dévotion est un dessein d'intérêt et le mystère d'une nouvelle conduite. »

Et peut-être Saint-Évremond proposait-il, en forme de moquerie, une variété d'amour platonique dans ce quatrain où il s'adresse aux vétérans de la galanterie, à ceux qui sont parvenus à cet âge néfaste où l'amour ne rend plus d'arrêts, où l'on reçoit plus de confidences que d'aveux :

> Qu'il te faut d'art avec des belles
> Que tu veux tendres et cruelles !
> Que d'art à vaincre les rigueurs !
> Que d'art à borner les faveurs !

L'auteur de la *Conversation du maréchal d'Hocquincourt avec le P. Canaye*, un des courts chefs-d'œuvre de notre littérature, eût sans doute goûté ce vers de Monselet, qu'un ironiste a complété de façon fort irrévérencieuse :

> Tout homme a dans le cœur un c..... qui sommeille ;
> S'il s'endort trop longtemps, la femme le réveille.

Qui n'a présentes à la mémoire les tirades de Molière dans les *Femmes savantes?* Au reste, Molière était lui-même épicurien, disciple de Gassendi. Et j'admets que ni la nature, ni une religion austère, ni une morale rigoureuse, ne s'accommodent de l'amour platonique tel que l'a conçu la bonne compagnie; mais d'abord, qu'est-ce que la civilisation, sinon la lutte de l'homme contre la nature presque toujours païenne, sensuelle et amorale? Si ces doctrines raffinées semblent faire échec à certains principes absolus, comment oublier aussi que la morale, la religion, admettent des tempéraments à l'infini? La vie d'un peuple se compose d'une multitude d'actions, de principes opposés comme la thèse et l'antithèse, qui se réconcilient ou tout au moins s'équilibrent dans une synthèse supérieure. Les salons français ont aussi leur fonction sociale, leur rôle économique : c'est d'eux que s'élance la femme pour prendre sa place légitime dans les sociétés modernes, c'est par la conversation, par la grâce, qu'elle fonde et maintient son influence, c'est l'amour platonique qui, invisible et toujours présent, moyen pour beaucoup, but pour d'autres, se joue au fond de cette conversation et préside, divinité charmante, à ses destinées ; c'est lui qui fait de la belle galanterie (toujours au sens du xviie siècle), un manuel de savoir-vivre, de politesse et de morale. Un sentiment qui a pour admirateurs et apologistes Platon, Dante, Pétrarque, Michel-Ange, Corneille, Descartes, Pascal, Lamartine, Balzac, Sully-Prudhomme, etc., peut braver ses adversaires, ceux qui le raillent, peut-être en raison directe de leur ennui de ne pouvoir ni l'inspirer ni l'éprouver. Et l'on comprend aussi qu'il ait été imaginé par une femme, qu'il ait pour principaux apôtres des femmes, puisqu'il rehausse leur prestige et contribue à leur émancipation, comme tout ce qui nous éloigne du règne de la violence, comme tout ce qui grandit le domaine des puissances idéales. George Elliott, contemplant un tableau de Rosa Bonheur, fit cette réflexion : « Voilà pour les femmes la vraie manière d'établir leurs droits. » L'auteur du *Moulin sur la Floss* oubliait l'amour platonique qui, lui aussi, joue un fort grand rôle en pareille matière, est un instrument du féminisme raisonnable, comme le salon est du féminisme en action, la quintessence et la parure du féminisme.

Tout ce platonisme du xviie siècle a une double origine : l'Italie, celle des sigisbés, de l'*Aminte* et du *Pastor Fido,* surtout l'Espagne. Don Quichotte n'est que la caricature sublime de la chevalerie et de la galanterie : encore Cervantès, après avoir fait son héros tout de bon ridicule, s'est-il pris à l'aimer, à l'ennoblir, et la transformation commence à s'accomplir vers la fin de la première partie, pour se parachever dans la seconde. C'est donc en Espagne qu'il faudrait étudier ce platonisme, à demi littéraire, à demi réel, à la fois touchant et un peu risible. Toute la littérature héroïque ou comique, dans la première moitié du xviie siècle, n'est-elle pas espagnole? Elle ne l'est même jamais plus que quand elle veut se faire romaine.

De croire au désintéressement sensuel de tous ces seigneurs sanguins, violents et durs, héritiers de la païenne Renaissance, ce serait assurément trop demander à la naïveté de l'historien et du lecteur. Lamartine a dit magnifiquement :

L'homme est un dieu tombé qui se souvient des cieux.

Le plus souvent le dieu se complaît dans sa chute. Il y avait beaucoup de littérature dans ces attitudes pâmées; ces bergers, amants parfaits, se mettaient en règle avec quelque sonnet comme celui d'Oronte, et s'en allaient chez Marion de Lorme dont Retz a dit qu'elle était « un peu moins qu'une prostituée. » Le mot, cruel, injuste, signifie simplement que Marion passait pour avoir favorisé Richelieu, l'ennemi mortel de Retz : c'est là une aménité comme celles de nos journaux contemporains à l'endroit des gens qui ne sont pas de leur avis. Ou ces platonistes n'aimaient guère, ou ils avaient des revanches cachées, oh! bien peu cachées à tout prendre, la discrétion n'étant pas alors la maîtresse vertu des gens de qualité : nous en avons mille preuves, hélas! et je n'en citerai qu'une. Dans le *Misanthrope*, les petits marquis se comportent comme des drôles avec Célimène, puisque, après avoir montré des lettres compromettantes, assez invraisemblablement écrites par cette prudente personne, ils vont publier partout la chose.

> ...Nous allons, l'un et l'autre, en tous lieux,
> Montrer de votre cœur le portrait glorieux.

Et ce qui étonne le plus, c'est qu'Alceste ne souffle mot là-dessus : il n'a pas même l'idée de dire leur fait à ces faquins habillés en gentilshommes.

Oui, tout ce platonisme masculin n'était le plus souvent qu'en peinture, et les dessous n'étaient que grossièreté : en dehors de Dante, de Michel-Ange, il n'y eut qu'un seul platoniste absolu, comme il n'y eut qu'un seul chevalier errant : don Quichotte.

Quant à l'amour mystique, on ose à peine effleurer un tel sujet qu'il convient de ranger dans une classe supérieure. Des âmes, comme celles d'une sainte Thérèse, d'un saint François de Sales, d'un saint François d'Assise, ne peuvent être comprises que par leurs pareilles, et ces pareilles sont rares. De tels êtres sont autres que nous, pour ne pas dire plus ; ils sont autres par leur conception morale de la vie, comme certains génies par leur conception de l'esprit, et, en parlant de ces génies supérieurs, on pense à ceux qui eurent un sentiment surhumain des choses, à ceux que Taine appelle : des âmes de dieux tombés, à Dante, à Michel-Ange, à Shakespeare, à Pascal, à Beethoven, à Wagner, à Victor Hugo.

TABLE DES MATIÈRES

II. — Les Couvents de femmes avant 1789.

III. — Les Libertins et Saint-Évremond.

Importance et nombre des libres penseurs au xviie siècle. — Il y a deux siècles de Louis XIV. — Vanini brûlé vif en 1619. — « La crainte rafraîchissante des fagots. » La libre pensée se montre hardie ou timide, en raison directe de la sévérité ou de la tolérance du pouvoir.

V. — L'Amour platonique au XVIIᵉ siècle.

LIBRAIRIE ACADÉMIQUE PERRIN ET C⁑

CHAMBRIER (JAMES DE). **La Cour et la Société du second Empire**, 2ᵉ série. — Artistes et Hommes de Lettres. — Quelques salons. — Poignées de Princes. 1 volume in-16 . . . . **3 fr. 50**

CHATEAUBRIAND. — *Un Dernier amour de René*. Correspondance de Chateaubriand avec la Marquise de V... Avec une introduction et des Notes par T. DE WYZEWA. 1 vol. in-8° écu orné d'un portrait. **3 fr. 50**

DOUMIC (RENÉ). — **Les Hommes et les Idées du XIXᵉ siècle**. — Bonaparte au 18 brumaire. — Madame de Staël et Napoléon. — Victor Hugo. — Alexandre Dumas père. — Théâtre romantique. — Beyle-Stendhal. — La science et la littérature. — Taine. — Pasteur. — La psychologie collective. — Les crimes passionnels. — Barbey d'Aurevilly. — Paul Verlaine. 1 v. in-16. **3 fr. 50**

DUBOIS (PAUL). — **Cousin, Jouffroy, Damiron**. Souvenirs publiés avec une introduction par Adolphe LAIR et suivis d'un appendice par A. WADDINGTON, membre de l'Institut, 1 vol. in-16 . . . . **3 fr. 50**

JOUFFROY (THÉODORE). — **Correspondance** publiée avec une étude sur Jouffroy, par Adolphe LAIR, 1 volume in-16 . . . . **3 fr. 50**

LACOMBE (BERNARD DE). — **Talleyrand, évêque d'Autun**, d'après des documents inédits. 1 volume in-16. (*Couronné par l'Académie française.*) . . . . **3 fr. 50**

MAULDE LA CLAVIÈRE (R. de). — **Louise de Savoie et François Iᵉʳ**, Trente ans de jeunesse (1485-1515). 1 beau vol. in-8° orné de 3 planches en héliogravure. **8 fr. »**

— *Vers le bonheur!* **Les femmes de la Renaissance.** I. *La vie de famille :* Le mariage, la femme mariée, les enfants, l'éducation des filles, le mari et les diverses manières de s'en débarrasser. — II. *La vie du monde :* La philosophie de la vie, la science du platonisme, le sacerdoce de la beauté, le cadre mondain, les ressources intellectuelles, la conversation. — III. *L'influence des femmes :* L'influence politique, l'influence morale, l'influence intellectuelle, l'influence religieuse. 1 volume in-8° écu . . . . **5 fr. »**

NOAILLES (VICOMTE DE). **Marins et Soldats français en Amérique**, pendant la guerre de l'Indépendance des États-Unis (1778-1783). 1 volume in-8°. (*Couronné par l'Académie française.*) . . . . **7 fr. 50**

PAUL-DUBOIS (L.). — **Frédéric-le-Grand**, d'après sa correspondance politique. 1 volume in-16 . . **3 fr. 50**

SÉRIGNAN (COMMANDANT DE). — *Les préliminaires de Valmy*. **La première Invasion de la Belgique** (1792). 1 vol. in-8°. (*Couronné par l'Académie française.*) **7 fr. 50**